好莱坞之父

Col. William Selig, the Man Who Invented Hollywood

威廉·塞利格

[美] 安德鲁·A. 艾瑞什　著

Andrew A. Erish

王　喆　译

世界图书出版公司

北京·广州·上海·西安

图书在版编目（ＣＩＰ）数据

好莱坞之父：威廉·塞利格／（美）艾瑞什（Erish,A.A.）著；王喆译.— 北京: 世界图书出版公司北京公司, 2016.2
书名原文：Col. William Selig, the Man Who Invented Hollywood
ISBN 978-7-5192-0800-4

Ⅰ.①好… Ⅱ.①艾… ②王… Ⅲ.①塞利格，W.—传记 Ⅳ.①K837.125.78

中国版本图书馆 CIP 数据核字（2016）第 036535 号

著　　者：〔美〕安德鲁·A. 艾瑞什
译　　者：王　喆
责任编辑：郭意飘　陈俞倩

出版发行：世界图书出版公司北京公司
地　　址：北京市东城区朝内大街 137 号
邮　　编：100010
电　　话：010-64038355（发行）　64015580（客服）　64033507（总编室）
网　　址：http://www.wpcbj.com.cn
邮　　箱：wpcbjst@vip.163.com
销　　售：新华书店
印　　刷：北京博图彩色印刷有限公司
开　　本：787 mm × 1092 mm　　1/16
印　　张：21.25
字　　数：320 千
版　　次：2016 年 7 月第 1 版　　2016 年 7 月第 1 次印刷
版权登记：01-2013-4919
定　　价：58.00 元

前言 被遗忘的先驱

    1948 年 3 月 20 日，第二十届奥斯卡金像奖颁奖典礼隆重举行，其目的是为了给 1947 年上映的最佳电影颁奖。这一盛事同时也是为了庆祝美国电影艺术与科学学院（Academy of Motion Picture Arts and Sciences）成立二十周年。时任评委会主席的琼·赫尔肖特（Jean Hersholt）极其重视这一契机，不遗余力地带头正式追认美国电影工业的奠基人。四位老人获得了当年的奥斯卡终身成就奖——威廉·塞利格、艾尔伯特·E. 史密斯（Albert E. Smith）、乔治·K. 斯波（George K. Spoor）和托马斯·阿马特（Thomas Armat）。塞利格和史密斯都亲临现场参加了颁奖典礼。

    戴着金丝眼镜、胡子花白的塞利格接过了他的"小金人"奖杯，用颤巍巍的声音向赫尔肖特和全球广播听众自述成绩。早在 1909 年，他就已经在洛杉矶投身于电影事业，他本人更是从 1896 年起就决定为电影事业献身。就在此次颁奖典礼举行的一周之前，他刚刚庆祝完自己的八十四岁生日。

一辆车开离塞利格透镜公司的太平洋分部

四个月后，威廉·塞利格的消息再次出现在了公众的视野之内，但遗憾的是，这次是他逝世的消息。不久之后，他就被人们彻底遗忘了。

他最早将美国的电影工业带到了洛杉矶，他也是好莱坞电影创世纪的开拓者和见证者，但奇怪的是，为什么他会在影迷和影史学家中如此默默无名？草率的答案是，由他一手创办的塞利格透镜公司（Selig Polyscope Company）在 1918 年就已经停止电影摄制业务了。实际上，塞利格本人在二十世纪三十年代仍然是一名非常活跃的独立制片人。他的电影作品鲜为人知，不过却没有多少人收藏他的作品。事实上，在这六十年当中，影史学家和一些专业研究者完全可以享用大量有关塞利格透镜公司的资料和档案。

1946 年到 1947 年，威廉·塞利格将公司的电影资料如数捐赠给了美国电影艺术与科学学院图书馆。在他的捐赠中，光是资料就占据了足足四米长的空间，其中包括书信、制片文件、剧本和剪贴簿等，远比其他电影公司所提供的资料更加丰富。塞利格还捐赠了许多照片，摞起来足有两米厚，这其中甚至还包括了三千五百多部现已遗失的电影剧照。事实上，在塞利格从 1896 年到 1938 年出品的部电影中，只有二百二十五部留存至今。这些影片在电影商业化进程中的意义非凡，影响深远。遗憾的是，除了少数电影专家以外，大多数研究者都对这些沉甸甸的史料熟视无睹。

绝大多数的电影史仍是基于自吹自擂的过时报道、自说自话的回忆录、粉丝的臆想著述以及关于早期电影工业的不实论述。一般而言，人们都笃信好莱坞源起自塞西尔·B. 戴米尔（Cecil B. DeMille），他在 1914 年与其他导演共同执导了影片《红妻白夫》（The Squaw Man）。不过早在几年以前，威廉·塞利格就已经在洛杉矶发展起了自己的电影事业。他的成功无疑成为其他美国电影公司前进道路上的指明灯，在戴米尔和他的公司来到洛杉矶之前，这里已是一座欣欣向荣的电影都市。事实上，在塞利格的追悼会上，戴米尔自己也承认，他一到洛杉矶就去拜访了塞利格，并且向他学习电影摄制的相关经验。

D. W. 格里菲斯（D. W. Griffith）同样被认为是好莱坞的缔造者。1972 年，他出版了未完成的回忆录，名为《好莱坞的缔造者：格里菲斯自传》（*The Man Who Invented Hollywood: The Autobiography of D. W. Griffith*）。毋庸置疑，格里菲斯确实创造了一直使用至今的电影视觉语言，但他的创造更多局限在了银幕影像的呈现和剪辑范围之内。虽然这些技艺仍是电影艺术的基石，但"好莱坞"的意义却远远不止这些。

尼尔·盖布勒（Neal Gabler）曾批判性地表明《他们自己的帝国》（*An Empire of Their Own*）一书的副标题是"犹太人如何缔造了好莱坞"（*How the Jews Invented Hollywood*）。如同战无不胜的军队一般，美国第二代电影人重写了电影的历史，以此来满足他们的利益并传承电影先驱的衣钵。然而，很多归功于这些电影大亨的创新其实塞利格早就已经实践过了，并在这些电影人事业起步之时就提供了无私的帮助。犹太电影人从美国东北部来到洛杉矶，这并不仅仅是为了躲避人身迫害，同时也是为了追随塞利格的成功以及他的艺术模式，比如选择一处气候舒适、地理环境多样的外景地，以实现全年无休的摄制目的。

为了更好地论述为什么说威廉·塞利格缔造了好莱坞，我们可以参考塞利格所做出的以下创新和获得的成就：

• 与同时代的其他竞争对手相比，他坚持不懈地选择制作时长更长、内容更复杂的电影，并且完成了美国最早的、两卷长的叙事电影，以及最早的两小时电影长片；

• 制作了美国最早的冒险系列片，影片的高潮部分紧张跌宕；

• 通过与报纸等其他媒体的创造性合作，他开始逐渐推广个人电影；

• 为大型企业客户制作了一系列最早的商业化电影；

• 在美国西部拍摄了第一批西部片，片中涉及真正的牛仔和美国原住民，这也使得真实的地理元素成为西部片这类电影的主要特征；

• 创造和发展了"丛林—冒险"电影；

• 打造了一个可以作为公共主题乐园的摄影棚；

• 出品了美国第一部恐怖片；

• 成功发展了"美式新闻短片"〔这是与威廉·鲁道夫·赫斯特（William Randolph Hearst）合作的成果〕；

• 成为最早将摄影棚与外景地结合起来拍摄的美国电影人；

• 鼓励合同演员自编自导；

• 利用自己的电影培养起遍布全球的观众，为美国电影的霸主地位做出了巨大贡献；

• 出品了一部导致天主教教会禁止教徒观看的影片；

• 资助考古学家、探险家对世界偏远地区的探索活动，积累了极具价值的纪实片和大量底片，大大丰富了情节剧和"丛林—冒险"电影中的异域场景；

• 帮助美国第二代制片人在电影行业起步、立足，由此才有了华纳兄弟、米高梅和二十世纪福克斯等好莱坞著名影业公司；

在南加州地区建立了拍摄基地，此后他又在洛杉矶制作了第一部故事片，并在洛杉矶建立起第一家长期可供使用的摄影棚。

从上述创举中我们可以看出，所有电影人几乎都跟随塞利格的步伐，他们不仅模仿了他的电影和商业实践，而且还跟着他去了洛杉矶。

从第一次世界大战到现在，对于所有影迷而言，好莱坞指的已经不仅仅是洛杉矶的一个地名，它还包括多种电影风格与支持它不断发展的商业模式，这些内涵远在"洛杉矶"本身的意义之外。著名导演约翰·福特（John Ford）曾经说过："好莱坞并非一个地理概念，我们都不知道它到底在哪儿。"米高梅电影公司黄金时期出品的大多数电影结尾都有这样一行字幕："全剧终，摄制于美国好莱坞"，但其实它的片场和办公大楼都坐落在卡尔弗城（Culver City）。华纳兄弟影片公司的情况也大抵如此，虽然它的总部位于伯班克（Burbank），但大多数影片都摄制于好莱坞。如果塞利格没有率先前往洛杉矶，并且证明了那里是拍摄圣地，恐怕也不会有人考虑在洛杉矶附近进行电影拍摄工作了。

虽然有上百人将他们的聪明才智贡献给了塞利格透镜公司，但那些被冠以威廉·塞利格名字的电影仍然让他全身心地投入其中。一篇发表于1911年的文章指出，塞利格和他的公司是一体的："当有人提到'塞利格透镜公司'时，其实这专指塞利格，他堪称其奠基事业的领袖人物和领跑的精神力量。他无时无刻不在关注这项事业的各个细节。"

目前，关于塞利格的著作仅有一本出版，即由卡尔顿·C.拉休（Kalton C. Lahue）编辑的《电影先锋：塞利格透镜公司》（*Selig—Motion Picture Pioneer: The Selig Polyscope Company*）。虽然这只是一个起点，但这本书还是提供了这家公司七年内拍摄的所有电影的上百张剧照，以及十几篇评论文章。

诸位现在读到的这本书就是我在拉休编著的基础上著作而成的。这段历史尚未定论，塞利格和他的员工以及电影工业发展的诸多层面息息相关，难以涵盖在一本书中。虽然拉休的著作确实对塞利格最重要的作品进行了美学分析，但它并非是一本研究电影主流话语的理论沉思。本书力求提供一份空前的关于塞利格和早期电影工业更完整、更准确的历史，查漏补缺，纠正对于电影工业奠基和发展的长期错误和认知。

我希望这本书能带给电影学者们一些挑战，让他们重新研究自己疏忽已久或被轻视的资料，并且能够激发对这位被忽视的开创者和先锋进行进一步研究的兴趣。

目录

第一章 电影公司的诞生

威廉·尼古拉斯·塞利格出生于1864年3月14日芝加哥的克拉默街。他在约瑟夫·弗朗茨（Joseph Franz）和安东尼娅·林斯盖·塞利格（Antonia Llinsky Selig）的八个孩子中排行第五。塞利格的父亲是一位鞋匠，他从波西米亚流亡到这里，他的母亲则来自普鲁士。威利·塞利格早年的生活鲜为人知，大家只知道他说着一口流利的德语，生活十分困难，他们全家都是坚定的罗马天主教徒。塞利格十三岁前就读于公立学校，之后他成了一名家具商和装修工人，但那个时候的他还只是一名学徒。

在他青春年少之时，塞利格违背了父母的意愿，成了一名魔术大师的学徒。随后，他渐渐成长为一名优秀的大众娱乐从业者，很快他便离开了家具行业，在小型廉价的博物馆和各色剧院中进行演出。塞利格在芝加哥麦迪逊西路的科尔和米德尔顿博物馆进行了首演，并且一步步发展到在美国中西部进行巡演。

由于体弱多病，塞利格在十九世纪八十年代后期重新回到了气候更加舒适的加利福尼亚地区，这里的环境十分利于他进行疗养。他也因此成了芝加哥公园小镇上一家水果店的老板。冬天，塞利格重操就业，在街头变起了魔术，他从自己的帽子里变出了无数只兔子，给当地的矿工和农民带来了欢乐。

待他的身体好转之后，威廉·塞利格放弃了水果店的经营工作，他搬到了旧金山，重新全情投入到娱乐业中，他一度沿着加州海岸巡回表演了他的魔法秀——"魔术师塞利格"。他更是亲眼见证了情色表演转变为杂耍表演的全过程。在传统意义上，"情色秀"只招揽成年男性观众，而歌舞杂耍表演更加纯洁，并且更易盈利，女人和孩子们都可以观赏。

塞利格在此时就认识到，适合全家观赏的娱乐活动有潜力带来庞大的观众群和丰厚的收益，这些观念也在后来影响了他的电影和美学。

在歌舞杂耍表演兴起之前，吟唱表演一直是美国最受欢迎的娱乐形式。从起源上来说，吟唱的表演风格需要白人演员扮成黑人，用夸张的动作唱歌、跳舞、讲笑话，这种表演一方面贬低了黑人，但同时也娱乐了黑人观众。然而，到了十九世纪九十年代，美国黑人开始将吟唱改编成他们自己喜闻乐见的娱乐形式。

在1893年到1895年两年时间里，威廉·塞利格摇身一变成为两家吟唱公司的老板。他和一名来自旧金山的黑人巴伯鲁·约翰逊（Barberlew Johnson）一起组织了一个吟唱团，这堪称他的第一次事业投资，这个吟唱团被人们称为"塞利格和约翰逊的黑人吟唱团"。约翰逊拥有丰富的经验，他在美国中西部组织小型黑人吟唱团长达三十年之久。他们的十二人吟唱团被誉为"马车秀"，因为他们乘坐自己的马车四处巡演，这架马车由四匹马共同牵引，还载着一个巨大的表演笼子。混合人种

威廉·塞利格，摄于1914年的加利福尼亚

吟唱团极少留下相关记录，除了塞利格、艾德·马丁（Ed Martin）和他受过训练的狗之外，这个吟唱团还包括一名墨西哥司机，两名长号手，以及九名黑人吟唱表演者。

威廉·塞利格常常被描述成"福斯塔夫式"的人。他在成年后成了一个结实的胖子，留着胡子，宽以待人。对他最苛责的评价也不过是他是一个友好的人，只不过有点儿难以取悦罢了。塞利格效仿十九世纪的其他巡演经理人，他也在自己的名字后面加了一个"上校"的称谓。这一称谓意味着他的声望，以及他拒绝成为娱乐公司的经理人。除了资助和管理这个巡演吟唱团之外，塞利格自己也会在巡回演出的杂耍荟萃中一显身手，表演"障眼戏法"。

当这个吟唱团在旧金山被组织起来时，有一名歌手曾经带着一位高大帅气的男人前来面试。用那个年代的话来说，他是个"高个儿人"，他同时还是一名肤色较浅的黑人。这个男人展示了他悦耳动听的男中音，他不仅可以弹奏班卓琴，也可以跳舞。他告诉塞利格他如何被南太平洋铁路公司炒了鱿鱼（在他看来，这根本不是他的过错），随后他就过起了待业的生活。他将自己的动人故事讲得风趣幽默，再加上他极具感染力的笑容，这让塞利格想起了比利·可桑兹（Billy Kersands）——当时的顶级黑人喜剧明星。虽然这位年轻人缺少专业经验，但塞利格和约翰逊还是毫不犹豫地聘用了他。

塞利格和约翰逊的黑人吟唱团有意绕开了铁路沿线的大部分城镇，他们更倾向于在独立的矿区和小镇上进行表演，在那些地方，他们的生意更好。他们首场巡回演出的观众是驻扎在博林纳斯湾（Bolinas）的上千名民兵。民兵和小镇群众兴致勃勃地坐满了共济会礼堂。在马丁的小狗杂耍表演之后，就轮到了伯特·威廉姆斯（Bert Williams）讲笑话，然后他一边演奏班卓琴一边唱歌。但是威廉姆斯患有严重的舞台恐惧症，他在讲笑话的时候忘记了"抖包袱"，于是他在台上哭了起来。还好观众以为这是表演的一部分，他们全都笑了起来。此时，威廉姆斯赶紧进入了演唱环节，但是当众人即将合唱之时，他却突然脱口而出："我想起来了，我想起来了"……接着抖出了他好不容易想起来的"包袱"。据塞利格说，观众们都要笑哭了。威廉姆斯原本以为他毁了整个首演，他甚至想引咎辞职，但是塞利格极力劝服了他。很快，经过当地小商贩们的口口相传，伯特·威廉姆斯令人喜出望外的才能被传播开来，整个巡演也因此而获得了巨大成功。

在吟唱团回到旧金山之后，负责统筹演出事宜的杜·约翰逊（Lew Johnson）离开了吟唱团，他同时还带走了一些表演者。威廉姆斯曾经在一位名叫乔治·沃克（George Walker）的黑人那里学习过舞蹈，当时，那位舞蹈老师恰好也在旧金山进行表演活动。于是，他便让塞利格前去米慎街上的一个酒吧里观看他的表演。表演刚刚开始，塞利格就决定聘用他加入吟唱团，威廉姆斯和沃克这一对好搭档就此诞生。

现在，这个全新的吟唱团已经改名为"马丁和塞利格的吟唱团"，艾德·马丁成了塞利格的表演搭档，他们一同在南加州一带进行巡演，甚至还远赴圣地亚哥，最后才返程北上。这场巡演最引人注目的是一场"喜剧魔术秀"，在这个表演中，威廉姆斯要努力去揭穿塞利格精湛的"障眼法"，与其一唱一和。据威廉姆斯所言，这个新的集体中共有"五个白人，一名墨西哥人，四名有色人种"。虽然在吟唱团五个月的演出季中，发薪水的日子十分稀少，但沃克每周仍有八美元进账，威廉姆斯甚至还拿了"双薪"——身兼演员、导演两职。在贝克斯菲尔德（Bakersfield）短暂停留之后，吟唱团又回到了旧金山，并就此解散。

　　威廉姆斯和沃克创造的常演剧目最终将他们带入了百老汇的星光大道，在旧金山，只要有他们的喜剧上演，票房成绩一定不俗。塞利格则继续在旧金山冬季交易会的"神秘屋"中表演他的魔术。交易会结束后，塞利格又有了新的兴趣，他组织了新的巡演剧团——"布恩的竞技场"（Boone's Arena）的动物表演。他企图在回芝加哥的旅途中一边横穿美国，一边进行表演。显然，此前颠沛流离的生活已经无法再吸引塞利格了。

　　塞利格带着他的团队奔向了南部，他又重新开始在加州海边的小镇上进行巡演。在塞利格的计划中，"布恩的竞技场"在圣地亚哥足以赚够在达拉斯交易会上展演两周所需要的全部费用，可他们却不巧遭遇了长达两周的持续降雨。塞利格因此而破产，狼狈不堪，他随即便解散了整个剧团，失去了他的动物表演秀。

　　如果不是发生了一件永远改变了塞利格人生的事情，这趟旅程恐怕只是一段不愉快的记忆。在达拉斯，他碰巧看到了活动电影放映机。这款放映机是由托马斯·爱迪生（Thomas Edison）的实验室发明出来的，投入一枚硬币就可以从木头橱柜顶部的小洞中窥视到里面翻动的胶片。这个木橱里有总长十五到五十米的打孔胶片，它们围绕一组轮轴运转，大概可以放映二十秒到一分钟的时间。这些电影的主题往往借用已有的商业娱乐项目，这些娱乐形式注重运动本身，包括歌舞杂耍、"狂野西部秀"、舞蹈和运动，它们几乎都拍摄于爱迪生的"黑色玛利亚"片场内或附近。

　　1894年，爱迪生的活动电影放映机开始投入市场，并且大获成功，但当它在1895年的秋天首次出现在达拉斯时，人们对它的兴趣已然开始消退。然而，这次体验却给威廉·塞利格带来了深远影响。这个新媒介所承载的可能性激起了他的好奇心，塞利格是少数认识到个人单独观影这个形式天生就有局限性的人。塞利格尝试解决这个问题，他在同一时间内摆出一整排魔术幻灯，供人们同时观看，这样观众的数量就能和剧场所容纳的人数持平，由此才有可能获得更多的利润。

紧迫感和准确的预见性促使塞利格再次筹备了足够的钱，以此来资助他的"新冒险"，用这样的展演方式他一路返回了芝加哥。他开始着手打造一场"灵异秀"，这场秀也算是从他"变戏法"的专业背景中衍生出来的一个不合时宜的分支。正如塞利格表演杂耍的经历影响了他的电影制作方式，他用戏法"忽悠"观众的技巧，这一背景也为他的电影制作提供了灵感。

1895 年到 1896 年，塞利格并没有在芝加哥待上多长时间。此时，爱迪生开始售卖一款影片放映机，这款放映机的专利是他从首创者托马斯·阿马特（Thomas Armat）手里买来的。这个阿马特就是多年以后和塞利格一起领取奥斯卡终身成就奖的人。1896 年，在纽约的科斯特和拜尔音乐大厅，大量观众付费观看的第一部电影就是由这台机器放映的。为了能资助他的电影放映事业（购买放映机、支付放映员的工资等），塞利格又开始在晚上表演起他的魔术戏法。这一时期，他白天进行商业电影放映活动，晚上还要在剧场放映魔术幻灯。

为了不触及"阿马特－爱迪生模型机"的专利，塞利格萌生了打造一台属于他自己的放映机的想法，播放来自喜乐杂耍剧场电影样片的想法。为了落实他的设计，他向联邦模型店（Union Model Works）寻求帮助。这家器械店的一位一流机械师安德鲁·舒斯特（Andrew Schustek）曾受一位神秘法国客户的嘱托，一直在为其打造卢米埃尔摄影机－放映机的雏形。卢米埃尔摄影机－放映机有一部分是在爱迪生摄影机和阿马特影片放映机的基础上设计而成的，但是这家法国公司的这种行为并不算侵权，因为爱迪生没有申请任何海外专利。塞利格偷看到工作台上卢米埃尔摄影机的蓝图，便决定雇用舒斯特来为他打造一台投影仪。舒斯特深受塞利格的影响，他也看到了电影的潜力，很快他就离开了联邦模型店，成了威廉·塞利格的首位员工。随后，塞利格标准摄影机和塞利格透镜放映机正式诞生，可以通过爱迪生的输片齿轮胶片进行摄影和放映。

当时，伊士曼·柯达（Eastman Kodak）是美国唯一的电影胶片制造商，胶片不经过打孔就可以直接进入市场。当塞利格准备调试新机器时，他整晚都孜孜不倦地在暗房中测量和标记三千毫米底片边缘应该打孔的位置，然后用三角锉打上一个又一个小孔。塞利格用亲手打孔的第一卷胶片拍摄了行驶中的火车。尽管这卷胶片在冲洗环节由于缺乏稳定性，最终造成画面非常模糊，但塞利格坚信他的努力能够换来成功。

如果能够有一架用于打孔的机器，这一定能堪称早期电影制作公司的必需品，幸运的是它最终被设计了出来，代替人类手工在胶片上打孔。经过一两次试拍，1896年12月，塞利格拍摄了一部关于芝加哥牲畜围场的影片，并把该片卖给了一家杂耍歌舞剧院。这是塞利格早期制作电影的惯常流程：他在白天前去拍片，往往用一个镜头拍完寻常的动作或者人们习以为常的生活，晚上在父母家中的地下室里冲洗胶卷，第二天一大早将影片直接卖给杂耍歌舞剧院。他日复一日地重复着同样的过程。

当塞利格开始制作商业电影时，美国主要的电影公司几乎同时诞生：纽约美国电影放映机公司（American Mutoscope Company of New York）、费城的西格蒙德·卢宾公司（Siegmund Lubin of Philadelphia），以及纽约的维太格拉夫影片公司（Vitagraph Company）。再加上爱迪生，这五家主要的美国电影公司在二十世纪经历了二十年之久的繁荣。这些电影制作先锋必须要处理许多技术问题，比如胶片经过冲洗后会皱缩，图像或乳化剂会从赛璐珞底片上脱落下来等。

在卷带盘被创造出来之前，胶片直接穿过摄影机或投影仪，它们被塞到不透光的袋子里。世纪大转折之前，流浪艺人、嘉年华帐篷演出、杂耍剧院以及其他展演都会放映电影，但是这些电影分属于不同的电影人，因为技术规格在 1900 年之前并没有形成统一。后世的电影人永远不会知道，在当时制作电影其实是一件非常轻而易举的事情。

1897 年 4 月，塞利格已经有能力在帕克庭院 43 号租借一间办公室了，这个地点后来被人们称为"第八大道"，位于芝加哥田德隆区的斯戴特大街（State Street）和沃巴什大道（Wabash Avenue）之间。这个办公室用来开展他刚刚起步的电影制片事业，最初取名为"幕透电影公司（Multoscope and Film Company）"。塞利格把赚来的所有钱都投入到这家公司中，为了节省开支，他每天必须要步行八千米上下班。关于塞利格的公司是何时开始通过售卖电影来盈利和壮大的，我们并没有找到相关记录，不过他已经不再直接售卖原始底片，转而开始售卖拷贝版本了。可以肯定的是，他在 1899 年是这样经营他的公司的——力求将那些能获得稳定收益的电影资本化，并一跃成为发展迅猛的电影工业中的主要操盘手。

《流浪汉和狗》（*The Tramp and the Dog*，1915）是一部非常简单的故事片。与许多早期喜剧片一样，该片的主角也是一名流浪汉，放到今天他可能会被称为"无家可归的人"。在传统观念中,流浪汉总被认为是懒惰的、好逸恶劳的、不劳而获的,于是在新教徒的勤勉道德处于美国文化的巅峰时期,他们成了被嘲笑的对象。在塞利格的电影中,一个女人刚刚烘焙好了一个派,她随手把它放在了窗台上等它慢慢变凉。一名途经于此的流浪汉看到了这个派,便一把夺走了它,并且飞快地逃走了。就在这时,一只斗牛犬紧随其后,正当流浪汉快要翻过篱笆之时,斗牛犬跳了起来一口咬住了他的屁股。篱笆倒下,流浪汉摔了个四脚朝天,而那只狗用牙叼着流浪汉的裤子,快步跑开了。

虽然我们并不清楚这部电影最后卖出了多少份拷贝版本,但很多观众都觉得该片十分滑稽。在 1909 年之前,只有少数电影卖出的拷贝版本超过了一百份。不过,塞利格之后便宣告了一个惊人的结果,就在这几年当中,他大概卖出了两千五百到四千份拷贝版本,虽然每部电影只有一分半钟的时间,但其售价却高达十三点五美元。后来人们才知道,《流浪汉和狗》在英国、法国和德国都进行了放映,这也激发了一系列效仿之作。半个多世纪以后,塞利格最初的成就和竞争对手对他的模仿行为在汉纳–巴伯拉动画公司(Hanna-Barbera)出品的卡通片中出现,成为战后婴儿潮中耳熟能详的片段。

忙于事业的威廉·塞利格是个单身汉,他一直在父母的家中待到了三十五岁。得益于影片《流浪汉和狗》的成功,塞利格迎娶了玛丽·平卡姆(Mary Pinkham),1899 年 9 月 7 日二人在芝加哥举办了罗马天主教式的婚礼。玛丽也被称为玛咪和梅,她来自加利福尼亚州的斯托克顿市(Stockton)。塞利格之所以能够与她相识,这很有可能是因为他在十九世纪九十年代初的时候曾经住在那附近。二人的婚姻持续了五十年之久,玛丽与塞利格相伴一生,直到 1948 年塞利格去世时,玛丽也一直守护在他的身边。不过遗憾的是，他们一直都没有孩子。

影片《流浪汉和狗》带来的意外收获使得威廉·塞利格在帕克庭院又兴建了一个办事处，最后他甚至直接租下了整座大楼。这座大楼里设有总务办公室、暗房和组装道具、布景和投影仪的机房。

除了摄制电影以外，塞利格还为美国中西部和南部的表演团团长组装和贩卖电影投影仪，在二十世纪，他的机器主导了芝加哥、密尔沃基、孟菲斯和路易维尔地区大部分"黑色帐篷"中的演出。美国电影放映机公司与传记公司（Aka Biograph）在 1901 年开始把它们的产品卖给公共公园，在这一行为的引领下，仅在丹佛的城市公园内，塞利格的电影就向将近三万人进行了公映，并且持续了整个夏季。电工汤姆·纳什（Tom Nash）成了一名全职摄影师，他偶尔也会充当放映员。每当塞利格来到一个新城市开展电影摄制工作时，他都会让纳什去拍摄一些当地的名人和名胜，接着纳什会培训当地的摄影师来放映这些影片。

1898 年，美西战争对美国的电影制作人和观众而言是一个非常热门的主题。威廉·塞利格在斯普林菲尔德的军营里拍了好几部战士出征的影片，如《嬉戏的士兵》（*Soldiers at Play*，1898）、《军营中的洗衣日》（*Wash Day in Camp*，1898）和《首次行军》（*First Regiment Marching*，1898）。在他早期拍摄的战争电影中，最具深度的一部当属《一名战士的美梦》（*A Soldier's Dream*，1903），该片描绘了战士们坐在营火旁玩牌、演奏乐器时的场景。一名睡梦中战士的美梦从营火上像一朵灰烟一样冉冉升起，影片随即展示出远在家中的妻子和孩子。这幅双重曝光的图景催人泪下，塞利格很有可能受到了乔治·梅里爱（Georges Melies）"戏法"电影的影响，因为塞利格一直都非常崇拜他。

　　1900 年，"肉类加工业大王"菲利普·D. 艾慕（Philip D. Armour）钦点塞利格为他制作一系列商业影片，来展示艾慕公司的整条产业链是如何运转的。塞利格从停靠在农庄的火车车厢上卸下牲畜开始拍起，镜头一直持续到了肉最终被封装在罐头中。最后，这些影片被统称为《芝加哥的牲畜农场——从牲畜到市场》（*The Chicago Stock Yards*，1900）。当时，塞利格从理查德·曼斯菲尔德戏剧公司（Richard Mansfield Theatrical Company）借来了一些聚光灯，这些灯通常在大歌剧宫（Grand Opera House）中被当作舞台灯使用，然而塞利格却用它来照亮艾慕屠宰间和罐头制作大楼的室内墙壁，这种做法能为底片增加更充足的反光。塞利格和他的团队至少拍摄了五十八部短片，展示了从清洁牲畜到过热水、刮毛、肢解的全过程，甚至还有领头羊带着一群小羊走进屠宰间的片段。艾慕公司的宣传影片放映了几年之久，这也成为塞利格职业生涯中最赚钱的作品。

　　到了 1900 年 12 月，威廉·塞利格通过售卖电影拷贝版本和投影仪获得了非常丰厚的利润，于是他重组并重新命名了他的公司——塞利格透镜公司（Selig Ployscope Campany）。塞利格的代理人们各自选了公司的一小部分来代替他们的工资，但是到了 1907 年，塞利格把这些分部又重新买了回来，除了一些股权，他几乎控制了一切。在重组公司的时候，这家公司被估价为五万美元。与其他电影公司不同的是，塞利格的产业都是自筹投资的。在他的第一个十年中，要想成功，这往往是由一部电影的收益决定的。除了现金流，这家新公司的资产还包括了一百五十部电影底片。

　　塞利格公司拍摄的电影清单让我们瞥见了十九世纪后期的电影类型，自电影诞生以来的第一批电影观众非常喜欢这些电影。五六年之后，自动点唱机才开始渐渐风靡起来。这些电影一共有十二个系列，它们几乎囊括了所有的事情，从内战老兵到汽车的诞生等。塞利格至少为六七位政客拍摄了专题片，这其中就包括参加奠基仪式的第二十五任美国总统麦金莱（President McKinley），以及待在内布拉斯加林肯家族中的威廉·詹宁斯·布赖恩（William Jennings Bryan）。清单上的二十部喜剧片中，有一些是嘲讽美国黑人和爱尔兰人的，还有一些则贬低了乡下人。有十部旅行片是在穿越风景如画的中西部和西部火车上拍摄而成的，十部舞蹈片展现了从步态舞到芭蕾的多样舞种，还有五六部体育赛事短片，包括斗牛和赛马等竞技项目。其他十五部戏法／特效影片虽然也在清单之上，但大多数其实都是乔治·梅里爱拍摄的，然后被塞利格非法翻拍。

那时几乎所有的美国电影人都翻拍过梅里爱的影片，包括爱迪生、西格蒙德·卢宾（Siegmund Lubin）和詹姆斯·斯图尔特·布莱克顿（J. Stuart Blackton），不过他们从来都没有承认自己曾经翻拍过梅里爱的作品。在世纪之交，大多数一流的英国和法国电影制作人的作品都被爱迪生和卢宾翻拍过。1902 年，塞利格透镜公司和维太格拉夫影片公司甚至盗版了卢米埃尔兄弟的史诗巨作《受难记》（*Passion Play*，年份不详），而没有署名卢米埃尔兄弟，更不用说与兄弟俩分享收益了。美国的电影公司之间也会时不时互相"盗版"，不过这些"翻拍"始终带有一丝愧疚之情。比如，爱迪生翻拍了塞利格拍摄的芝加哥街景——麦迪逊大街和斯戴特大街交叉的十字路口。塞利格的《理发店一景》（*Scenes in a Barbe op*，1915）实际上是爱迪生《黯然理发店》（*Demoralized the Barbershop*，1898）的复制品。

从一开始，托马斯·爱迪生就坚信如果他的竞争者不付给他钱，他们就无权拥有合法权利来制作和展示电影。历史学家戈登·亨德里克斯（Gordon Hendricks）证实，玛尔立（Marey）、弗里斯－葛瑞（Friese-Greene），甚至就连爱迪生旗下的职员迪克森（Dickson）都对电影的诞生堪称有功，他们不仅仅只是门洛帕克村庄的发明家。然而，由于爱迪生在自己的实验室里曾经创造过一些前期模型，他就为摄影机申请了专利，并在1897年拿到了专利权。他与卢宾以及传记公司的官司持续了数月之久。当时甚至还有一些小公司，因为吃了官司而迅速倒闭。迪克森离开了爱迪生的工作室，并且成为传记公司的创始人之一，这家公司毋庸置疑也成了爱迪生工作室的竞争对手。西格蒙德·卢宾得到了一个万人嘲弄的绰号——"盗版大王"，因为在1897年的八个月中，他买下了"每一个为人所知的出品方的电影，无论是国外还是国内的"，并且尽其所能地复制出更多的拷贝版本，使得那些真正的电影人几乎一无所获。1905年5月，卢宾发表了一份他自己出品的电影清单，其中包括七十五部百代公司的盗版影片，不过这份清单上总共才有九十部电影。爱迪生的律师成功地将卢宾驱逐出境长达一年之久。然而，爱迪生自己也并非那么洁身自好，查尔斯·马瑟（Charles Musser）指出，"在爱迪生1904年1月发表的三十四部电影清单中，有十九部是复制他人的。而在1904年9月的电影清单中，五十二部电影中有三十六部是'拷贝片'。"

1900年12月5日，托马斯·爱迪生开始指控塞利格透镜公司的侵权行为，他同时还指控了西尔斯和罗巴克公司（Sears and Roebuck Company）这些分销塞利格影片的公司。塞利格相应减少了他的电影制作工作，法庭在1902年3月开始对爱迪生侵权案进行审理工作，不过这次的控诉方却是传记公司。在爱迪生的启发下，塞利格成功申请了四十项专利，包括他的摄影机、透镜投影仪和其他配备器材。由爱迪生引发的这场"你死我活"的专利权诉讼持续了十年之久，这差一点儿毁掉了美国的电影工业。

塞利格的电影事业在1901年10月还经历了一次打击，当他们在肯塔基州路易维尔的天普剧院进行表演时，透镜投影仪突然爆炸了。在场的十四名观众在撤离时严重受伤。塞利格也因此失去了他当时最大的客户——亚瑟·霍普金斯表演团（Arthur Hopkins），它在美国南部和中西部拥有多家剧院。

路易维尔的火灾致使塞利格的投影仪生意损失惨重，但是直到1912年，他仍然坚持制作防火投影仪的改进版本。无所畏惧的塞利格将"火灾营救"的桥段搬上了银幕，他与不同地方的消防支队进行合作——从纳切斯（Natchez）到什里夫波特（Shreveport），还有托皮卡（Topeka）和希博伊根（Sheboygan）。那些消防员也很乐意将电影票卖给当地的小镇居民。

虽然塞利格关于"火灾营救"的影片没有留存下来，但是1902年上映的《丹佛消防员的火线营救》（*Denver Fireman's Race for Life*）有几张剧照得以保存至今。在这些剧照中，摄影师托马斯·纳什（Thomas Nash）和塞利格以及一名来自科罗拉多州的制片人H.H.巴克沃尔特（H. H. Buckwalter），将摄影机架在小镇的有轨电车尾部，拍摄马匹拖着"消防车"飞驰，人们整齐地在第十七大道的两旁为消防员们喝彩的画面。这个早期的跟拍镜头极具运动感：不仅是拍摄对象在取景框内运动，整个取景框同时也在运动，这带给人们一种连续不断的运动视角，令观众感到了深深的紧迫感。托马斯·纳什痴迷于詹姆斯·威廉逊（James Williamson）原创于1901年的短片《小偷别跑！》（*Stop Thief*）和《起火了！》（*Fire*）中的创新之举——将不同镜头中的动作串联起来，他的跟拍镜头就是学习自这些各种各样的追逐戏法，他将这些镜头用在了塞利格执导的西部片中。这些电影代表着纳什的最高成就，他将创新的镜头和复杂的理解带入了电影这一新兴媒介之中。我们还需要注意的一点是，就在埃德温·S. 波特（Edwin S. Porter）为爱迪生导演了广为人知的《美国消防员的生活》（*Life of an American Fireman*，1903）两年以前，塞利格和威廉逊就在他们的电影中做出了许多创新，大大影响了电影语言的建构。

几年之后，塞利格援引了他拍摄于 1903 年的电影《矮胖子》（*Humpty Dumpty*）作为他首部"真正的"电影，这意味着他用多重场景和机位打造了首部剧情片。《矮胖子》只是二十世纪之交时，童话电影中的一部，很多童话故事在默片时代都重获新生。塞利格的电影本质上是十九世纪中叶剧院哑剧的影像记录，在美国，乔治·L. 福克斯（George L. Fox）的哑剧最富盛名，他的作品非常适合电影这个新兴媒介。对于之后的好几代美国人而言，塞利格的童话电影不仅是他们睡梦中的摇篮曲，还有很多他们无比熟悉的其他续集，比如《矮胖子惹了洗衣妇》（*Humpty's Trouble with the Washer-woman*，1903）、《矮胖子和花花公子》（*Humpty and the Dude*，1903）、《矮胖子和制派女人》（*Humpty and the Pie Woman*，1903），以及《矮胖子和恶魔》（*Humpty and the Demon*，1903）都堪称他们人生中的美好回忆。展演者可以选择只购买一部电影或者买下八部电影合集，但据塞利格后来的回忆，当时没有人乐意放映那么长的合集。对于塞利格而言，《矮胖子》使他从简单的单镜叙事电影转向了更加复杂的故事和银幕建构。

塞利格在 1904 年和 1905 年制作了一些新电影，这当中最有名的当属记录罗斯福总统和费尔班克斯副总统就职典礼的纪实片。虽然维太格拉夫影片公司也拍摄了类似的影片，但该片还是打出了"记录这一事件的唯一'运动影像'"的广告语。1905 年，塞利格似乎只拍摄了两部剧情片——《小夜曲》（The Serenade ）和《负心汉》（The Gay Deceivers ）。《小夜曲》是一部在《流浪汉和狗》的基础上扩展成拥有十二个镜头的影片，在这部电影中，一个年轻人正向他的心上人唱出爱情之音，但却惨遭其父亲放出的恶狗追着四下逃跑。现存至今的电影剧照重现了《流浪汉和狗》的高潮场景，当年轻人正要翻过篱笆之时，恶狗一口咬住了他的屁股。

《负心汉》是一部美国国产喜剧，影片讲述了两名已婚男人分别被妻子发现自己正在与两个年轻、漂亮的女人幽会的故事。在电影中，一张带有欺骗性质的通知单让两名男人得以离开自己的家中，他们的妻子和那两名年轻女人的男朋友一起看到了他们正在划船幽会的情景。最后，两名已婚男人得到了应有的报应，这些故事情节和桥段都和劳拉 – 哈迪公司出品的电影《他们的紫色时刻》（Their Purple Moment，1928 ）、《男人或战争》（Men O' War，1929 ）以及《老瑞和哈迪之沙漠王子》（Sons of the Desert，1933 ）有着惊人的相似度。究其原因，这很有可能是劳拉 – 哈迪公司的编剧莱欧·麦卡雷（Leo McCarey ）深受塞利格电影的启发而撰写了那些剧本。不幸的是，影片《小夜曲》和《负心汉》几乎整整花费了一年时间才拍摄完成。

电影越来越受欢迎，然而爱迪生对国内竞争者不断的诉讼还是对 1905 年的美国电影工业造成了灾难性的影响，所以法国百代公司（French Pathé Company ）成了美国电影主要的提供者。在接下来的几年时间里，诺德斯克（Nordisk Film ）和意大利电影（Italian Cines ）

《丹佛消防员的火线营救》电影剧照

等欧洲电影公司也加入了百代公司，共同主宰了美国的电影放映业。1904 年，传记公司尝试取代爱迪生来占领大部分美国市场，这在很大程度上得益于纽约银行的赞助以及爱迪生对电影制作的兴趣渐渐消退。不过，在此期间，塞利格并没有那么幸运。到了 1906 年年初，由于与毫不留情的爱迪生打官司期间的恶性支出，塞利格透镜公司处在了濒临破产的边缘。

1906 年 2 月，厄普顿·辛克莱（Upton Sinclair）控诉肉类包装工厂的报告文学名著《丛林生存》（*The Jungle*）出版了，这本书的文风极其煽情、感人，自出版以后就受到了大量民众和批评家们的赞扬。《丛林生存》对艾慕的装罐工作环境进行了毫不留情的控诉，这强而有力的披露几乎迫使艾慕公司撤出美国市场。菲利普·艾慕焦急地想要采取一些正面的公关手段来与这本书进行抗衡，于是他要求塞利格在他们 1900 年拍摄的宣传影片的基础上再制作出一些新的影片。塞利格告诉艾慕他已经无力拍摄任何电影了：与爱迪生的官司让他所剩无几。此时，艾慕自己的处境已然非常糟糕，但他毅然决定接手塞利格的官司，作为拍摄与发行合乎他心意的影片的酬劳。菲利普·艾慕迅速接管了塞利格透镜公司，公司因此得到了拯救。虽然仍有一位国会委员为辛克莱辩护，但是公众的呼吁致使美国于 1906 年通过了"肉类监管法案"，艾慕公司最终还是熬过了这场风暴。

1906 年夏天，塞利格在他位于芝加哥的片场重新开始制作故事片和喜剧片，他聘用了吉尔伯特·M. 安德森（Gilbert M. Anderson）担当导演，或者说，他此时的职位其实是后来才出现的"制片人"。1906 年下半年，安德森在塞利格位于芝加哥的片场导演了至少六部影片，包括三部故事片［其中一部是《女劫匪》（*The Female Highwayman*）

和两部喜剧片，最先拍摄影片的是《假小子》（*The Tomboys*）]。

为当下"坏男孩/坏女孩"类型影片开创先河的有传记公司的《妈妈的小天使》（*Mother's Little Angel*，1905），百代公司的《小流浪汉》（*Les Petits Vagabonds*，1905）和爱迪生的《火车小劫案》（*The Little Train Robbery*，1905）。与之类似，影片《假小子》描述的是两个刁蛮任性的小女孩在逃学期间，用各种花样的恶作剧将好几个成年人耍得团团转的故事。虽然这些伎俩早在一百年前就已经有人使用过了：比如，她们抽开了一个毫无设防的老人身下的椅子，害他跌坐到了洗衣池里；她们将"来踢我"的纸条贴在了一个男人的身后，然后眼看着其他人去踢他；她们将绳子的一头拴住一位流浪汉，另外一头系着一名警察，看着他们二人"摇摇晃晃地滚成一团"……影片的结尾是女孩们用一根木棍挑逗两名无精打采的爱尔兰人，这使得他们几乎快要打起来了。随后，塞利格还将《假小子》剪辑成几部小短片，进行独立放映和售卖。

在电影上映后不久，出演两个调皮女孩之一的女演员玛格丽特·莱斯利（Margaret Leslie）被同为演员的霍华德·E.尼古拉斯（Howard E. Nicholas）吊死在了芝加哥酒店的房间内，谋杀她的男演员则在《假小子》一片中扮演了跌入洗衣池中的男人。莱斯利和尼古拉斯共出演过六次塞利格的电影，这也包括了在谋杀发生时还没有上映的《女劫匪》。此外，二人与科罗拉多西部公司（Colorado Western）也有一纸合约。有消息称尼古拉斯是为了夺取莱斯利的钻石而杀了她，然而事实上他们一直是情人，所以爱情之疯狂才是这场惨案发生的真正原因。这恐怕也是自电影诞生以来的第一起绯闻事件了。

影片《女劫匪》毫无疑问地受到了传记公司的犯罪电影《男劫

匪》（*The Gentlemen Highwaymen*，1905）和《孤独劫匪》（*The Lone Highwayman*，1906）片名的影响。《女劫匪》一片主要讲述了一名狡猾而又十分残酷的女盗贼犯下了四桩大案，她在其中三桩盗窃案中女扮男装。她在舞会上偷了朋友的口袋书，抢劫了一家珠宝店，用枪逼迫车主交出他所有的财物并抢走了那辆车，随后她又偷了一位银行通信员的旅行箱。当她最终被警察抓获时，她宁可服毒自杀也不愿被活捉。只有在好莱坞制片规定出台之前，一部电影才有可能讲述具有侵略性、自我毁灭的女强盗最终自杀的故事。塞利格为《女劫匪》所设计的公告封面上印有这位著名女盗贼的两张照片。在一张照片中，她穿着时髦的衬衫、长裙，戴着帽子；另一张照片中，她则扮作男人，跨坐在一张迪特里克风格的椅子上，拿着一把左轮手枪对着她的两腿之间。

在1907年以前，嘉年华和马戏团黑蓬表演秀中所使用的电影和放映机主要是由塞利格提供的。其他的忠实顾客是像A. M. 威伦（A. M. Whaylen）这样的巡演艺人，当电影投影在油画布上时，威伦绘制的"狂野西部秀"油画成为放映时的必要补充。威伦开着车穿行在小镇之间，当人群聚集时，他会用汽车的电池来启动放映机，放映塞利格的电影。塞利格当然也会在特殊场合持续提供影片、放映机和放映员，比如他在亚什兰和内布拉斯加商人协会举办的大型展览期间所放映的电影，每场放映活动几乎都聚集了五千余人。但是到了1907年，一种新的、永久性的电影放映场所如雨后春笋般在美国国内涌现。

第一座公认的临街五分钱影院于1905年在匹兹堡诞生。一年之后，一位在科罗拉多州极具竞争力的策展人写信给塞利格，他迫不及待地索要新的影片，因为他已经放映了美国西北部电影制片商能够提供的所有影片，但观众们还是吵着要看更多的电影。五分钱影院是在城市中发展起来的第一处专供电影放映的场所。要开设一家五分钱影院，它所需要的费用并没有想象当中昂贵，只需要为数不多的资金就可以租下空出来的临街小店。在大多数情况下，一台放映机和影片或买或租，依靠着五分钱的电影票钱不断进账，这笔钱在电影开售后的几天时间里就可以收回。

一群受到鼓舞的五分钱影院创业者们自称"杜肯娱乐供应公司"（Duquesne Amusement Supply Company），他们在离匹兹堡不远的地方开始创业。他们没有钱，甚至连椅子也买不起，因此他们只好从附近的殡仪馆租了一些过来。当葬礼需要椅子时，他们的观众就只能站着观看电影。杜肯娱乐供应公司由华纳兄弟影片公司持有和经营。他们订购的第一部电影就是塞利格的《盗贼之王》（*The Bandit King*，1907），塞利格还允许他们可以在交货时付款。很快，华纳兄弟影片公司就威胁塞利格，如果不允许他们开户订购的话，他们就会撤销订购行为。当华纳兄弟影片公司拿出近三百美元的账单时，塞利格的心中虽然有些不高兴，但他最终还是屈服了。这对兄弟不断扩张新的影院，他们也向其他五分钱影院租赁影片，并对外宣称他们的发行放映公司是"美国南部最大的影片交易中心"，但同时他们又继续拖欠塞利格的账款。更糟糕的是，塞利格了解到，华纳兄弟影片公司的某位客户总是在首映的前一天就开始放映电影，这让竞争愈演愈烈。塞利格给这位心急的客户直接寄去了他的下一部电影。这次华纳兄弟影片公司似乎有些妥协了，他们还清了那笔巨额欠款。华纳兄弟影片公司由此成为美国电影的主要发行公司，兄弟二人最终依靠发行《爵士歌王》（*The Jazz Singer*，1927）一举成为第二代美国制片人中的佼佼者。接下来，塞利格继续和华纳兄弟影片公司做了近二十年的生意。

在现存的上千份关于塞利格的文件中，只有少数人留下了他们严厉的指责声。塞利格最大的仇敌恐怕就是卡·莱姆勒（Carl Laemmle）了。莱姆勒是五分钱影院的运营者和发行商之一，之后他成立了环球影业（Universal Pictures）。此时的华纳兄弟影片公司看上去仿佛童子军一样。莱姆勒将他的收益全都回流到公司的运作中，他不断在全美各地建立新的影院和发行办公室，同时还在商业报纸上不屈不挠地展开了凶猛的、巨额的广告宣传活动，以求和塞利格透镜公司以及其他新兴公司进行对抗。与此同时，莱姆勒却拒绝偿还他拖欠塞利格的巨额账务——与之相比，华纳兄弟影片公司的欠款真的是一笔微不足道的小钱。1909 年，当塞利格得知莱姆勒计划开始电影制作业务时，他立刻督促行业联合会要求莱姆勒"立刻停止"他接下来的行动。

1907 年，当威廉·福克斯（William Fox）终于拥有了自己的第一座五分钱影院时，他开了一张清单，购买了塞利格全部电影的拷贝版本。与此同时，塞利格也给马库斯·洛（Marcus Loew）提供了大量影片，洛在格林威治村的五分钱影院渐渐发展成为一个电影帝国，最终成了米高梅电影公司的雏形。洛告诉塞利格，他可以肆无忌惮地从一位中介手中拿到塞利格电影的非法拷贝版本（这位中介很有可能就是莱姆勒），并且他的价格远低于塞利格的报价。塞利格和洛达成了友好协议，因此洛继续成为塞利格稳定的客户之一。

许多五分钱影院的经理和他们的观众一样都是美国移民，或者像塞利格一样，是第一代美国移民。在曼哈顿以及其他城市地区，中产阶级和上层阶级的观众仍然不太乐意去影院观影。威廉·塞利格和西格蒙德·卢宾、维太格拉夫影片公司的艾尔伯特·E.史密斯以及詹姆斯·斯图尔特·布莱克顿为了盈利和提高他们在行业中的社会地位，不遗余力地吸引大量中产阶级白人观众前去影院观影。美国电影工业要想扩展观众群，并与欧洲电影人区分开来的方法之一就是追随塞利格的领导，回避色情淫秽的电影内容。塞利格受到一位来自洛杉矶首屈一指的放映商的赞赏，他称赞塞利格"克制自己不去制作令人意淫的主题"，而这种主题"正是欧洲电影制作人在挑选主题时的弱点之一"。1908年，一位达拉斯放映商放映了塞利格的所有电影，他发现"美国电影——特别是塞利格的电影非常受欢迎，而那些法国电影制作人则失去了他们的观众"。事实上，几乎所有的第二代美国制片人都采取了塞利格的模式——打造具有家庭亲和力的电影。

与詹姆斯·斯图尔特·布莱克顿或卢宾不同的是，这一时期的塞利格并没有运营他自己的电影发行公司，他没有直接将电影租赁或贩卖给五分钱影院。相反，他用自己的电影支持了许多发行公司。塞利格甚至亲力亲为，资助了威廉·斯旺森（William Swanson）的公司开展发行业务。斯旺森因此得以买下来自世界一流制片公司出品的所有电影的一部分拷贝版本。

从1907年到1908年年初，斯旺森共赚得了六十万美元的净利润。与其他放映商一样，俄亥俄州的五分钱影院经营者 H. H. 弗瑞兹（H. H. Franze）也向塞利格直接索取了电影订购目录，他后来成了波士顿红袜队（Boston Red Sox）的老板，为了资助类似《不，不，娜娜试》（*No, No Nanette*，1930）这样的百老汇表演，他甚至不惜将贝比·鲁斯（Babe Ruth）卖给了洋基队。像弗瑞兹这样的放映商既可以从塞利格的手中直接购买影片，也可以用较便宜的价格从他的发行网络中租借影片。

五分钱影院催生了一批贪得无厌的观众，他们几乎每天都会惠顾五十到三百座不等的街边表演场所。管理者因此而感到自己被逼着一周至少要更换三次表演剧目，有时候甚至还会一天更换三次。同时，从早到晚不间断地上映长达一两小时的表演，这也导致了观众和放映商对新电影极大的需求。待菲利普·艾慕还清了大部分欠款之后，塞利格开始了新的叙事长片的制作，在 1907 年他新电影的出品平均速度是每个月三部。那时他主要的竞争对手是维太格拉夫影片公司和西格蒙德·卢宾公司，两者同期平均每周生产一部电影。

在塞利格 1907 年出品的电影中，最著名的当属《男孩时光》(*When We Were Boys*)，这是对坏男孩类型电影的一次新尝试。这部电影在两个老男人之间不断拍摄正反打镜头，他们快乐地聊着他们的过往趣事——童年的恶作剧。在他们还是小男孩的时候，他们在一个农夫的果园里偷果子，结果被一只恶狗追得四下逃窜；在对他们的哥哥开了个玩笑后，他们挨了一顿痛打；他们还偷偷吃掉了奶奶烤出来的派，但却将这事儿赖在了一个碰巧路过他们家的流浪汉身上。在影片《男孩时光》中，塞利格首次尝试运用了闪回，这恐怕也是整个美国电影史上的第一个闪回镜头。

随着五分钱影院的观众越来越多，美国电影制作开始呈爆炸式增长，甚至一度出现了娱乐业商业出版物，比如《纽约剪报》(*New York Clipper*)、《纽约戏剧镜报》(*New York Dramatic Mirror*)、《综艺》(*Variety*)和《公告牌》(*Billboard*)等，它们开始报道和评论影院中上映的电影。美国第一本专业的电影期刊是《电影观影索引》(*Views and Films Index*)，由维太格拉夫影片公司和百代公司共同资助，自 1906 年开始出版发行。在这之后，很快又有了《电影世界》(*The Moving Picture World*)，它在第一次世界大战之前成了美国最具影响力的电影商业出版物。1907 年，塞利格也开始在主要的电影商业杂志上为他的新电影进行宣传。他在《公告牌》上最早的一份整版广告不仅宣传了他最新出品的电影和最新的透照镜放映机，同时他还宣告了他即将建造新片场的消息。

对新电影不断增长的需求使得电影人不断兴建全新的室内片场，室内片场不会受到东北部和中西部地区雨雪、大风和气候变化的影响。由于安全且方便的电灯还在发展之中，因此片场需要被建造得像温室一样，特别是装有棱形玻璃的屋顶，可以透下均衡的阳光照亮整个片场。第一个类似的片场是由百代公司在巴黎郊外建造的。从1903年到1906年，詹姆斯·斯图尔特·布莱克顿在布鲁克林建造了类似的美式片场，在1908年又将其扩展成了三座片场。1900年，爱迪生在曼哈顿某建筑的屋顶打造了一座小型玻璃片场。1907年7月，他又在布朗克斯（Bronx）建造了一座九十平方米的片场。一个月之后，塞利格也揭开了他新片场的神秘面纱，这成了片场的经典原型，接下来每一个主要的电影制片公司都追随了这个样式。

西部大道和欧文公园大街的十字路口当时还位于芝加哥城外，这一区域曾经是一大片农田，塞利格买下了它。在这块地皮上，塞利格兴建了一座一百六十平方米的玻璃屋顶片场以及一些砖房作为办公室。摄影师托马斯·纳什受到了提拔，成为这座片场的管理者。与此同时，塞利格聘用了他的两个兄弟，奥古斯特·塞利格（August Selig）和约翰·塞利格（John Selig），他们之后的表现出类拔萃，分别成了经理人和重要资料的管理人员，他们一直为塞利格的这家公司效劳，直到1920年公司倒闭。

1908年，塞利格贷款了五千美元，买下了整个街区，并且建造了美国当时最大的片场。他们的大楼有五层楼高，用钢筋和砖头搭建起来，顶楼的两层被改造成了第二大的片场（五十五米长，二十五米宽），它的屋顶和墙壁都是玻璃制成的，可以同时拍摄七八场戏。楼下的一层设有塞利格的私人办公室、试衣间、木匠工作室和一个机器车间，塞利格所有的摄影器材都是在那儿制造的。在炎炎夏日，大楼底层的冷气机会抽入空气，将冷气输送到片场之中。此外，他们还搭建了一座钢筋桥，将管理大楼／片场和服装部门、道具部门所在的另外一座砖房连接起来。当然，还有一些其他的通道让楼与楼之间畅通无阻，这样演员、剧务和拍摄团队就不会七零八落地沟通不便了。另外一座砖头大楼放置了片场的发电机，并设有冲洗胶片的暗房，以及制作组装透照镜放映机的厂房。1909年，塞利格又在大楼中设置了防火地下室，用来存放几个月积累下来的胶片。

由于片场建造在城外的农田上，塞利格的王国拥有其他美国片场所无法拥有的优势——一个大到一万两千多平方米的外景地。在这个外景地的中间有一个人工湖，蓄有二百二十七平方米的水。这个人工湖非常大，大到可以在湖面上划船并搭建小桥，甚至足以再建一座小小的磨坊，如果影片中有这些需要的话。这座片场的最北端是一座七米高的石墙，可以悬挂多达五张布景，而且在它的附近还有一些固定布景，比如假房子和商店的墙面。外景地还修建了一处马厩，后来还建造了一个巨大的牲口棚，这让塞利格不断增加的奇珍动物有了居住之处。在片场中，高大的摄影机摇臂随处可见，以提供可以规避周围建筑物干扰的俯拍视角。

当演员和技术人员无法集体抵达真实的拍摄地时，这个巨大的外景片场就派上用场了。紧接着，西格蒙德·卢宾和威廉·斯波（William Spoor）就仿照了塞利格的模式建造了摄影棚和外景片场。在新的摄影棚完工之后，塞利格就可以自己处理各式各样的制片工作了，这极大推进了他的事业。然而，就在几个月之后，一场意外几乎迫使他关闭了自己的电影公司。

1907年，电影制片呈现指数级增长，与此同时，爱迪生不折不挠的诉讼案也终于有了结果。1907年3月，法庭宣判传记公司的摄影机是原创设计，因此并没有侵犯爱迪生的专利。然而不幸的是，传记公司最关键的创新人才，比如制片主任弗兰克·玛丽昂（Frank Marion）和塞缪尔·隆（Samuel Long）都已离开了老东家，跳槽去了它的竞争对手卡勒公司（Kalem Company），从而导致传记公司被纽约信托公司（Security and Trust Company）所接管。与此同时，许多交易市场都开始欺骗制片人和五分电影院的经理，他们只将最好的电影和最佳的价格卖给他们自己的电影院或朋友，或者罔顾合约地将电影卖给那些愿意出高价钱购买的人。交易市场还在暗地里转租影片，而不必缴付额外的酬金，或者交易大量粗劣版本以及二手的"垃圾"影片，这给整个电影工业笼上了一层巨大的阴影。举个例子来说，塞利格在1905年以五十四美元的价格将《警犬追踪》（*Tracked by Bloodhounds*，1904）和《克里普尔·克里克的私刑》（*A Lynching at Cripple Creek*，1904）的拷贝版本卖给交易市场，而奥马哈人哈利·拉扎（Harry Raza）却以四十美元的价格售卖劣质拷贝版本。此外，观众也开始对电影中的性和暴力镜头持有抵触情绪，在美国中西部，政府组织、女权团体、律师和报纸一同发力，促使当地组建审查部门。一时之间，美国电影工业本应蓬勃发展，但不间歇的抗争和混乱的商业市场危及到了它的生存，塞利格透镜公司更是岌岌可危。

虽然爱迪生输掉了他与传记公司的官司，但法庭的裁决却支持了

塞利格的芝加哥片场，建于第二座玻璃屋顶摄影棚完工之后，位于拜伦大街和克莱蒙特大街的街角，1909年摄于加利福尼亚州

芝加哥外景片场

他对其他美国制片人的诉讼，于是他与塞利格的侵权诉讼案又再次被提案审理。塞利格非常害怕失去他奋斗已久的事业，特别是当下近在眼前的利益，他决定与爱迪生达成庭外和解。

遗憾的是，塞利格没能如愿以偿。1907 年 10 月 24 日，芝加哥法院的克里斯汀·考尔萨特（Christian Kohlsaat）法官宣判塞利格设计和使用的摄影机侵害了爱迪生的专利。一周之后，塞利格透镜公司收到了法院禁令，不允许该公司从事"制作、使用或贩卖任何含有和体现托马斯·爱迪生专利的电影机械"。万幸的是，维太格拉夫影片公司的詹姆斯·斯图尔特·布莱克顿和新成立的埃塞尼影片公司（Essanay Company）的乔治·K. 斯波意识到他们也同样处于电影事业的边缘，他们也即将被电影工业所驱逐，因为他们的摄影机都基于爱迪生的模型。于是他们联合塞利格，同意付给爱迪生和他的律师团队所提出的专利索赔费，以停止法律制裁——这近乎是在勒索。塞利格、维太格拉夫、埃塞尼、卡勒、卢宾，以及百代和梅里爱公司，都成为爱迪生的专利被许可方。事实上，到了 1908 年 1 月 31 日，美国所有电影制片公司都变成了爱迪生的专利被许可方，传记公司除外。

根据托马斯·爱迪生和威廉·塞利格签署的协议，两家公司可以使用三十五毫米胶片，该协议持续生效至 1914 年。爱迪生不允许塞利格透镜公司继续贩卖胶片，他们必须以最低二十七美分、最高三十六美分每米的价格来租借胶片，这将基于严格的价格定位。除此之外，如果每年租借了一万两千米以下的胶片，塞利格还要付给爱迪生一点五美分每米的专利费。两家公司的胶片租借人不允许私自制作二手拷贝版本，并且每个月的第一天都必须要归还胶片。做出这样的规定，很有可能是因为其他制片公司也与爱迪生签署了类似的协议，虽然有些公司只答应给他每米三美分的专利费。

该协议同时也旨在控制和维护那些声誉较好的交易商，他们组成
了电影服务协会（Film Service Association，FSA）。爱迪生专利方禁
止向非协会成员的交易商售卖或租赁电影，而 FSA 成员也不可以从非
专利被许可方那里租赁或购买电影。这是爱迪生、塞利格和其他被授
予专利公司一致的目的，以阻止更多电影制片方的出现。罗伯特·杰克·
安德森（Robert Jack Anderson）将这些专利被许可方的态度总结如下：
"这些电影先驱们承担了很大的风险，现在是时候得到一些回报了。"
毕竟，美国电影工业终于迎来了和平与稳定的发展，从此之后，塞利
格在经营他的电影事业时将无需担惊受怕了。

在 1907 年的春天，导演兼编剧的吉尔伯特·安德森（Gilbert
Anderson）离开了塞利格透镜公司，他与芝加哥交易商乔治·K. 斯波
一起组建了一个新的制片公司——埃塞尼影片公司，这家新公司在"塞
利格模式"建立之后很快成型。为了满足对新电影不断增长的需求，
塞利格很快便聘用了两名经验丰富的戏剧导演：奥蒂斯·特纳（Otis
Turner）和弗朗西斯·博格斯（Francis Boggs），来取代安德森。特
纳拥有长达二十五年的、数一数二的戏剧制片人［如查尔斯·弗洛曼
（Charles Frohman）和亨利·萨维奇（Henry Savage）］和制作舞台剧
的经验。博格斯以前曾是一位就职过多家公司的演员，他也是其妻子梅·
霍斯默（May Hosmer）所创立的戏剧公司的导演，他于 1907 年 9 月
左右加入了塞利格透镜公司。也许是因为特纳拥有更丰富的经验，而
且也稍早于博格斯加入塞利格透镜公司，因此他总是执导一些大制作、
高成本的电影。特纳和博格斯往往在进入摄影棚拍摄之前就完成了外
景拍摄，这一做法无疑遵循了塞利格创立的尽可能使用实景的宗旨。

虽然特纳成了行业中的重要导演，但他同时也公开表达了自己对于这个新媒介的鄙夷——这几乎是当时所有戏剧人共同的态度。

特纳并非特立独行。电影故事片不断变长，叙事也越来越复杂，电影正在努力成为一门艺术。事实上，每家电影制片公司都在改编流行的、被批评家认可的文学和戏剧主题，以此将戏剧观众吸引到影院中来，并争取那些高层次文化评论家们的青睐。

在 1908 年年初，塞利格出品了《化身博士》（*Dr. Jekyll and Mr. Hyde*）一片，这恐怕是美国最早的恐怖电影了。与同时期的其他电影一样，《化身博士》改编自罗伯特·路易斯·史蒂文森（Robert Louis Stevenson）在 1886 年发表的小说的戏剧版本。一位长期参演该戏剧的演员也在塞利格的电影中出演了某个角色。《电影世界》对《化身博士》不遗溢美之词，但这并非是因为它忠实于原著小说，而是因为它"和剧院中上映的戏剧一样十分逼真"，并特别指出它忠实地援用了戏剧的服装、场景和走位。塞利格电影版本的开场画面是缓缓升起的帷幕，以展示舞台上的真实表演，这一设定有意与戏剧版本进行类比。从本质上来说，《化身博士》是一部戏剧电影。在这段时间里，弗朗西斯·博格斯也正在执导他的第二部电影，一个将戏剧《基督山》（*Monte Cristo*）改编得更加电影化的作品。然而，片中却存在一些十分枯燥的部分，摄影机像一个坐在剧场第八排中间的观众一样，直到 1912 年的法国电影《伊丽莎白女王》（*Queen Elizabeth*）之后，一板一眼的戏剧改编电影才真正发生变化。

通过在 1909 年制作《化身博士》一片，塞利格因此而成为第一位认识到恐怖电影之讽刺意味的美国制片人。依靠独具特色的摄影手法以及流行喜剧形象，影片《化身博士》利用了广受欢迎的人物角色，并通过"神药"来让人物发生变化。一名银行大盗喝下了一瓶药水，这让他可以随心所欲地改变自己的样貌以躲避警察的追捕，他变成了一名女人，一匹站在"意大利香蕉摊"旁边的野马，一个"捡破烂的犹太人"，一名少女，然后是一个"骗子"（同性恋）……最后他终于被警察逮捕。

在 1908 年之前，塞利格会根据自己的需要从芝加哥戏剧代理机构那里聘请演员。但是到了 1908 年的夏天，一家拥有十七名演员的公司与塞利格签署了一份为期一年的合约，在他芝加哥的摄影棚每周工作六天的时间。那时，塞利格曾公开说他的制片费用加起来需要花费一千美元，但实际上每部电影的成本大概只有一百美元。塞利格现在每周可以拍摄两部电影，像特纳和博格斯这类执导长片戏剧的导演非常有价值，不仅因为他们编排场景的出众能力，还得益于他们非常熟悉戏剧桥段，能够将其炮制成银幕故事。

新闻报道往往也为电影提供了故事来源，至少有那么一则经典广告为塞利格的情节剧提供了灵感来源。那则广告是这样的："急需一个温暖的家庭，位于乡村，给两名小孩提供庇护，他们的母亲病重，父亲则是一个酒鬼。（请联系）救世军中心。"塞利格派人去了那个中心，并向他们咨询、学习如何为孤儿和被遗弃的孩子寻找家庭。这促成了影片《蓝帽子》（*The Blue Bonnet*，1908）的诞生，该片在救世军中心的许可和合作下被拍摄而成，军队的管弦乐队有二十人出演了这部影片。该片的外景就是在他们位于斯戴特大街的中心拍摄而成的，展现出每天等待救济的长队，增加了这部电影的真实感。在 D. W. 格里菲斯开始在传记公司拍摄电影之前，传记公司至少制作过两部模仿《蓝帽子》的喜剧电影。与传记公司不同，塞利格是带着崇敬之心来拍摄这个组织，以及他们的慈善事业的。

　　塞利格的电影在当时有多受欢迎呢？当时的文字记录和数据统计却显示出相互冲突的结果。根据非官方的调查，1908 年 6 月期间在纽约五分钱影院上映的电影中，塞利格透镜公司只有二十六场排片，而维太格拉夫影片公司则有八十二场，但是这个表单非常值得怀疑，因为传记公司完全没有出现在其中。虽然 FSA 禁止影院之间非法"二次使用"电影，但很多交易商都无视了这条规定。因此在那时，对于一名制片人而言，他们能否获得成功，最主要的决定因素是考察在交易市场上租出了多少部电影。传记公司在这一时期每部电影平均租出了四十份拷贝版本。根据公司的内部文件显示，1908 年 3 月，塞利格和全美二十五个州、共计六十位交易商签署了合同，其中一些交易商则与他签署了长期合约，塞利格的每部电影他们都会预订，并将其提供给不同地区的五分钱影院。因此，我们可以推断出，在 1908 年，塞利格的每部电影大约能租出七十五到一百份拷贝版本，那些广受欢迎的影片当然还不止这个数字。我们可以预测，爱迪生的专利被许可方每周可以为 FSA 成员提供一部电影，而塞利格往往超过了这个数目。不过，由于交易商和影院经理仍然堂而皇之地无视 FSA 制定的规则，电影的发行和放映事业仍然处于一片混乱之中。

　　爱迪生之所以会与他曾经的对手达成协议，最主要的目的之一就是将传记公司驱逐出美国的电影工业体系内。传记公司的报复手段则是公开提议所有的交易商和影院经理以同等的合约来经营有专利和无专利的电影。当租赁合约到期之后，威廉·福克斯直接无视了 FSA 的要求，将影片退回给了制片方，这一行为造成制片方直至 1908 年年底堆积了大约三千份拷贝影片。任何电影在经过几番租赁后便可以收回成本，此后的环节便是一些无良交易商从中牟取暴利。其他大型交易公司也继续转租、砍价，以及贩卖专利方和非专利电影制作方的"非法次品"和"垃圾"影片来继续获利。FSA 尝试通过容忍交易商的种种行为，来获得他们无良竞争的信息，以阻止侵权人的行动。

一年之内，爱迪生和传记公司都意识到他们需要合作，以终结这种残害美国电影工业的混乱局面。他们相信，如果将专利整合成一个总库，则可以让他们的法律僵局转变为共赢的利益：爱迪生拥有电影摄影机专利，传记公司则控制放映机的专利。因此，1908 年 12 月 18 日，此前的爱迪生产权被许可方也加入了传记公司，而电影进口商乔治·克莱恩（George Kleine）则成立了电影专利公司（Motion Picture Patents Company，MPPC），官方公文在 1909 年 1 月 1 日公布。威廉·塞利格意识到 MPPC 内部为争夺影院的竞争会日益激化，而这也会促进电影质量的提高，这将有利于电影成为一门艺术以及大众商品。

MPPC 采用了一套最新的有效系统，涉及电影制片、发行和展映各个环节，在接下来的四十年中这个系统一直行之有效。彼时，MPPC 实际上囊括了美国所有的制片人，旨在通过阻碍潜在的新人电影事业来消灭竞争。除此之外，MPPC 重新拟订了电影工业运营规范，创造了自己的发行部门——统一电影公司（General Film Corporation），只与那些有执照的交易商进行合作，致使其内部会员能够获得大部分的利润，而不像之前那样让利润被中间商攫取，同时还去除了五分钱影院时期遗留的影院偏祖问题。MPPC 同时还为它的放映商提供了火灾保险，并关闭了存在安全隐患的影院。像卡·莱姆勒和威廉·斯旺森（他是通过塞利格的介绍才得以涉足电影业的）这样被激怒的交易商和放映商开始大肆诋毁 MPPC，并将其称为"非法基金会"。

虽然被 MPPC 关闭或劝退的很多交易商和放映商确实没有按照合同规定来进行交易，但斯旺森仍然控诉电影专利公司的行为实际上是反犹太人主义的。他所呈送的证据是 MPPC 的主席、爱迪生的首席律师顾问弗兰克·戴尔以及埃塞尼影片公司的乔治·K. 斯波曾公开发表过贬低犹太人的评论。但是，斯波的合作伙伴犹太人吉尔伯特·安德森（Gilbert Anderson）无疑更能驳斥斯旺森指控费城交易商路易斯·斯瓦伯（Lewis Swaab）的证词，在他和塞利格的通信中，含有那些对反犹太主义之人的贬斥。斯瓦伯声称 MPPC 的犹太人会员西格蒙德·卢宾曾告诉他，电影专利公司会在费城清除除卢宾之外的所有交易商，而斯瓦伯就在 1911 年初失去了他的许可证。

虽然有这些一而再、再而三的对于 MPPC 限制犹太制片商进入电影工业的控诉，但事实上，比起这些后来者，塞利格、卢宾和詹姆斯·斯图尔特·布莱克顿更多地遭受了爱迪生诉讼案长期所带来的困扰，他们一度濒临破产，最后为了避免法律责难，不得不为自己拍摄的每一米胶片进行付费。尽管面临种种艰难困苦，塞利格仍成了美国第二重要的电影人，他无疑是最具影响力的电影先驱。当塞利格竭力开创并发展他的事业时，他也致力于首创重要的电影类型——西部片，这类电影被称颂为美国电影产业的奠基影片。

电影专利公司成立当日1908年12月18日。前排（从左到右）：弗兰克·L.戴尔
（Frank L. Dyer），西格蒙德·卢宾，威廉·T.洛克（William T. Rock），托马
斯·A.爱迪生，詹姆斯·斯图尔特·布莱克顿，耶利米·J.肯尼迪（Jeremiah
J. Kennedy），乔治·克莱恩，以及乔治·K.斯波。后排（从左到右）：弗
兰克·J.玛丽昂，塞缪尔·隆，威廉·N.塞利格（在爱迪生和布莱克顿之
间），艾伯特·E.史密斯，雅克·A.伯斯特（Jacques A. Berst），哈瑞·N.
马文（Harry N. Marvin），威廉·辛海（William Singhi），以及皮特·休伯
（Peter Huber）。

第二章 去西部，拍西部片

威廉·塞利格是少数几个在二十世纪之交奔赴西部拍摄纪实电影（后来发展为纪录片）的先驱之一。对影像的选择和拍摄这些电影的方式形成了塞利格西部片的基础，这也使得他的电影风格和内容在接下来的几年中都能够明显区别于其他电影人。塞利格的西部片至今仍作为经典发挥着非凡的影响力，他的制片也从不同层面给他人以灵感。

从十九世纪晚期的文学作品、绘画和戏剧中都能看出普遍存在于美国人身上的对西部的浓厚兴趣。作家欧·亨利（O. Henry）、布勒特·哈特（Bret Harte）和欧文·威斯特（Owen Wister），画家乔治·凯特林（George Catlin）和弗雷德里克·雷明顿（Frederic Remington），以及野牛比尔·科迪（Buffalo Bill Cody）的狂野西部之行都夸大了西部的风景如画和浪漫氛围，同时也彰显出了地域冲突，因而塑造了流行化、风格化的西部概念。电影人理所当然也利用了既有的西部主题和画面感觉，以满足不断增长的观众需求。

托马斯·爱迪生和传记公司都制作了关于野牛比尔开拓队、牛仔管理牛群和黄石国家公园的纪实电影。据达丽尔·E. 琼斯（Daryl E. Jones）所说："这些电影准确地捕捉了历史和文化上的重要性，因为他们预测了西部长片的发展，这些电影继而也代表了西部片类型演化过程中的重要史前阶段。"

威廉·塞利格拍摄的纪实片其实也鲜为人知，虽然根据现存的资料，在商业电影的第一个十年中，塞利格很有可能比其他公司制作了更多基于西部的纪实电影，但其中只有唯一一部为人所知并保留至今。幸运的是，很多公司的编目、书信、剧照和当时的新闻报道留存了下来，记录了许多塞利格早期出品的西部纪实电影。

塞利格的纪实电影很大程度上受惠于丹佛新闻记者兼摄影师哈利·H. 巴克沃尔特（Harry H. Buckwalter）的参与，他对西部最美的风景地了如指掌。塞利格在1901年年初和巴克沃尔特成了好朋友，他们的合作伙伴关系诞生于在西部拍摄纪实电影之中，又在拍摄西部故事片中发展壮大。二人的关系非常亲密，两家人也经常一起度假，而这份友谊也让巴克沃尔特得以无偿地付出。塞利格往往被同事描述为一位独来独往之人，他成年后最亲密的关系恐怕就是他和巴克沃尔特之间的友谊了。

巴克沃尔特协助安排了塞利格在落基山快速列车以及横穿科罗拉多州皇家峡谷的火车上拍摄电影。这是在科罗拉多地区拍摄的第一部纪实电影。爱迪生的公司于1898年在此拍摄了三部美国原住民歌舞片。但是塞利格关注的不仅仅是科罗拉多州的人民，他还体悟到了这里独一无二的地理环境。然而，当塞利格在科罗拉多的事业正要起步之时，他却遭遇了意想不到的挫折。

1900年12月5日，他与托马斯·爱迪生的官司终于有了结果，法院勒令塞利格在 1902 年 3 月之前停止一切电影活动。恰恰就在这一年，塞利格摄制的落基山纪实电影正在世界各地的影院、音乐厅和公园热映，包括加拿大、墨西哥、英国、德国、荷兰、意大利、西班牙和葡萄牙。他的西部纪实片获得了质量上的公认，有两部电影在 1903 年伦敦影像协会国际竞赛中分别获得了一等奖和二等奖，在这场恐怕是国际上首届电影影像竞赛中，他打败了众多比他更有名气的对手，比如巴黎的卢米埃尔兄弟和柏林的美思特（Messter）。塞利格的科罗拉多纪实电影广受欢迎，它们在美国东部的二十五家影院、避暑圣地和公园中都有常规排片，除此之外这些影片还进行了其他独立放映。

巴克沃尔特为塞利格的摄影师托马斯·纳什创造了拍摄铁路电影的机会，他们拍摄了科罗拉多州的中部地区、格兰德河流域，以及横穿科罗拉多州南部以及匹克峰沿线的铁路。纳什将摄影机架在火车头上方，或者立于车厢尾部的平台上，从摄影机的主观视角中，观众看到了拉斯维加斯红岩峡谷（Red Rock Canyon）高耸的七堡巨石，还有尤特关口延绵八千米的陡峭、峻险峡谷。

除了通过铁路电影向观众展示真实的西部美景之外，塞利格还拍摄了一些其他主题的电影，这些主题很快被纳入西部故事片的视听语言系统之中。比如，托马斯·纳什拍摄了马车掠过格林伍德溪水（Glenwood Springs）之时，车上的漂亮女孩挥舞着她们的手绢［《失控的马车》（Runaway Stage Coach，1902）］，摄影机在无意中吓到了马匹，这才有了后来人们所熟悉的西部片场景和故事元素——驰骋的马车。

塞利格的西部纪实电影不仅在科罗拉多州进行拍摄，摄影师纳什还被派往了怀俄明州的谢里顿（Sheridan）。1902 年夏天在柏林顿铁路局的资助下，他又拍摄了一系列铁路电影。大约有一千名来自克劳

托马斯·纳什正在拍摄影片《失控的马车》

保留地的美国原住民聚集在一起，最后一次跳起了他们神圣的、充满文化内涵的舞蹈，在这之后，政府就禁止了"印第安恐怖舞"和"印第安火舞"。根据塞利格电影目录中的记载，这些影片"从人类学角度来看是极具价值的"，它们是"前所未有的、最吸引人的电影，原住民的真诚和独特魅力为电影增添了额外的价值"，他进一步指出，一些参与者甚至还保留了他们"受伤的膝盖"。除此之外，纳什还在谢里顿拍摄了《骑兵游行》（*Cavalry Parade*，1902），电影的宣传语称影片"展示了扎根于西部边疆要塞的士兵们的真实生活，并且极具价值"，《骑兵游行》无疑是少数几部拍摄了真实骑兵部队和前哨基地的电影。

纳什在电影中运用了三十秒的长镜头，塑造了西部片中重要的视觉呈现，也在美国电影美学中留下了浓墨重彩的一笔。一千名克劳保留地的印第安人扛着未上膛的机枪聚集在怀俄明州的大草原上，摄影机在八百米之外记录下了这一切。纳什指导他们一边鸣枪一边朝着自己和摄影机前行。当他们到达摄影机面前时，骑兵分成左右两列，在中间留出一条小道。一位印第安人打马而过，正好滑到了摄影机前方，在草地上打了个滚儿。另外一名印第安人发现这条小道太窄无法通过，于是他令他的"杂色坐骑"跃过了摄影机，以抵达开阔之地。

托马斯·纳什从这个角度拍下的影片，就像真实冲突中九死一生的惊险场景，这是任何现场表演都无法企及的。克劳保留地的印第安人仿佛正在向观众发起进攻，只有电影中的主观镜头才能实现这一视觉奇观。而无意中拍摄到的那两名印第安骑兵更是提供了令人眼花缭乱的奇景，这后来也成了西部故事片中老道的惊险特技。与之类似，纳什让骑兵冲向摄影机的镜头编排也成为所有动作片中的经典镜头。

1902 年秋天，在史密森尼研究院（Smithsonian Institute）的建议下，塞利格令巴克沃尔特和纳什前往美国西南部，拍摄尤他、普艾布罗、阿巴契和纳瓦霍斯等地的自然风光。史密森尼研究院想要拍摄一些被政府禁止的部落舞蹈和宗教仪式，以在它们被彻底遗忘之前还能留下一些影像作为历史记录。这其中就包括派尤特族的"蛇舞"，这种舞蹈每年只在庆祝丰收时表演一次，以此来向蛇致敬，在他们的眼中，蛇具有超自然的力量。

1902 年年底，美国电影业正意欲拓宽故事片的主题，塞利格与其他竞争者却因为爱迪生公司新一轮的专利费调价而变得束手束脚。对于塞利格而言，这意味着他要被迫放弃一年以来在西部的所有拍摄工作，转而在家乡附近拍摄一些小成本喜剧片和纪实电影。

英国电影人则没有这些限制，英国电影在此期间发展繁荣，创造了诸多电影技艺来实现复杂的戏剧化叙事。影片《火车大劫案》（*The Great Train Robbery*，1903）在查尔斯·马瑟（Charles Musser）看来是"前格里菲斯时代中最广为人知，也是在商业上最成功的电影"，但它其实是 1903 年发行的英国电影《铤而走险的偷猎》（*A Desperate Poaching Affray*）、《光天化日下的抢劫》（*A Daring Daylight Robbery*）和《穷追不舍的侦探》（*Trailed by Bloodhounds*）的翻拍版本。马瑟称《火车大劫案》的名声其实是在后来追加的，这部电影原本并未打算拍成西部片，而且在最初的时候，观众也并没有将其视为一部西部片。类型电影理论家里克·奥特曼（Rick Altman）也对《火车大劫案》提出了如下观点：

1910 年，许多由埃塞尼、卡勒和塞利格出品的西部电影其实并不是严格意义上的西部片。具体来说，它们只是披上了当时流行的"狂野西部秀"的外衣，而且在片中提供了典型的西部场景。它们往往套用现存的电影类型，大多数影片都缺乏后来西部片的类型特征——文明和野蛮的叙事动机。换句话说，这些电影并没有塑造西部片这种电影类型，因为它们主要依靠的仍然是其他类型电影。

与奥特曼、马瑟相比，塞利格对此则持有不同的意见，他认为《火车大劫案》无疑是一部西部片，或者说它正力图创造西部片。这部电影是一种过渡，爱迪生公司的宣传语是这样描述该片的："真实再现了遥远西部不同黑帮之间闻名遐迩的'持枪大劫案'。"

马瑟认为《火车大劫案》最别具一格的一点在于它的"现实主义"，这得益于导演波特"对于火车劫案细节的细心观察和对故事发展的重视，影片呈现出来的场景几乎令人信以为真，它似乎带有纪实片的倾向"。但是，《火车大劫案》中的一些镜头和其他的早期西部故事片，在那些真正生活在西部的人们看起来，真是一点儿也不真实。这一窘况直到威廉·塞利格的介入才开始有所转变。

塞利格试图改进《火车大劫案》中模糊不清的地理空间、华丽的装扮和毫无经验的马夫，他是唯一一个想要有所改变的电影人。在他看来，这些电影如果能在真正的西部拍摄的话，它们无疑能够更加写实、更加可信，他打赌一定有足够多的观众也是这么认为的。

当时发生在西部诸多事件中独特的风格元素，恰好是塞利格想纳入他第一部戏剧化、多场景的西部故事片中的。1891 年，在科罗拉多州的克里普尔克里克（Cripple Creek）发生了一起由一大群法外之徒组织的淘金罢工事件。在这之后，"西部正义"这个词进入了美国国家词典之中，用以指代在西部这样与世隔绝、野蛮荒芜的地区，在法庭外或由违抗法令的愤怒民众以私刑进行"一命偿一命"的裁决。塞利格因此而受到启发，他写下了一个故事，讲述的是一个乞丐从一位贫困潦倒的家庭主妇那儿获得了食物，但这位主妇拒绝施舍他钱财，乞丐起了杀心，随后将她杀死。主妇的丈夫迅速组织了一帮当地人马，在赏金猎人的帮助下，他们一路追踪，最后在小镇外的深山中发现了这名乞丐。在与不同的追捕者斗争一番之后，乞丐最终被抓获，他被吊死在了一棵树上。为了向 R. W. 鲍尔（R. W. Paul）的英国犯罪电影《穷追不舍的侦探》致敬，塞利格也将他的这部电影命名为《穷追不舍的侦探》，又称《克里普尔克里克的私刑》（*Trailed by Bloodhounds*，1904）。纪实电影和"一镜到底"的故事片过渡到时长更长、镜头更多的故事片，这一时期，电影制作者们往往会采用两个电影名来帮助观众更好地理解这些相对复杂的叙事。

影片《穷追不舍的侦探》于 1904 年 4 月在克里普尔克里克开拍，该片由塞利格执导，纳什掌镜，巴克沃尔特则担任了剧务一职管理剧组。当电影还在制作之时，《克里普尔克里克时报》（*Cripple Creek Times*）就发表了评论，夸赞这部电影展现出"在克里普尔克里克，正义并不一定只在法庭上见分晓，罪犯最终仍可能逃之夭夭"。

影片中的流浪乞丐由一位黑人演员扮演，当美国黑人协会知道这件事之后，他们开始担心这部电影会使一些白人采取类似的暴力手段来对付黑人。有传言声称，如果有哪位黑人演员接拍了这个角色，他将会受到残酷的报复。1904 年 7 月 18 日，当《穷追不舍的侦探》在克里普尔克里克的棕榈树影院（Palm Theater）上映时，观众中的美国黑人认出了扮演乞丐的演员就是沃什·爱德华兹（Wash Edwards），他是普尔曼公司（Pullman Company）的一名义工。这部电影在现实中确实引发了恼人的效仿行为，爱德华兹在影院外被一位愤怒的黑人暴徒抓获了。有人制作了一副绞架来惩罚爱德华兹，让他求饶活命，条件是他必须要乘坐早上的第一班火车离开克里普尔克里克。

七十五年后发生在影片《中国综合征》（*The China Syndrome*，1979）的故事也在当时发生了，在《穷追不舍的侦探》放映前发生的种种事件使得这部电影意外地获得了公众的关注。在影片《穷追不舍的侦探》拍摄期间，当地发生了美国史上规模最大的劳工斗争——克里普尔克里克抗争。其中一次长期性的罢工由矿工西部联盟（Western Federation of Miners，WFM）在1904年6月6日发动，这场罢工起源于一次矿场爆炸事故，其中十三名工人死亡，六人身受重伤。克里普尔克里克当地警察非常同情罢工的矿工，但在私刑的威胁下，那些警察被迫辞职。塞利格电影中涉及的赏金猎人全部都被调动了起来，用以追踪这场爆炸案所谓的犯罪嫌疑人。发生在克里普尔克里克的悲剧事件迅速成为全国报纸的头版头条。

塞利格迅速利用了这一突发事件。他暗示在影片《穷追不舍的侦探》中，有一部分内容则像纪实片那样被呈现出来——在事件发生时拍摄于真实的科罗拉多州淘金地，那些陷入被驱逐出境麻烦的矿工和市民都可以在电影中被清楚地辨认出来。他预测到了"克里普尔克里克的噱头在接下来的几个月内可以让人们对这部在克里普尔克里克实地拍摄的电影感到分外饥渴"。电影的长度大概有四分半钟，但塞利格的每份拷贝版本则卖出了五十四美元的高价。

《穷追不舍的侦探》是一部原生态西部片，影片展示了当时在美国边境发生的一系列故事，以及长久以来具有标志性的自发性正义事件。事实上，在当地大型的民兵团体中，成年人都佩有手枪或者来复枪。电影中出现的所有演员穿的都是自己的衣服，简单、破旧，他们并没有从其他地方租借过任何衣物。许多男人的帽子都是后来人们非常喜爱的牛仔帽，不过，与后来大多数电影中的牛仔相比，他们的帽子则显得皱皱巴巴、邋邋遢遢的。

西部片定型后必然出现的标志性动物——马，在这部电影中并没有出现。塞利格似乎有意做了这个决定，因为流浪乞丐和受害者都非常贫困，如果他们拥有一匹马，那么对于观众而言这就显得不那么真实可信了。除此之外，徒步追寻的场面也会使追逐戏码的表演更上一层楼。

故事本身以及片中的视觉场景是决定《穷追不舍的侦探》成为一部真正意义上的西部片的关键。在上演追踪戏码之前，第三者视角的镜头让观众看到一大群扛着枪的民兵团跑过的画面。这一场景是在山顶上拍摄的，因此观众得以俯瞰山道纵横的克里普尔克里克居住地。这样的画面无法在任何一个位于东北部的片场里进行拍摄，无论是塞利格竞争对手的摄影棚还是他自己位于芝加哥的外景地。视觉上的写实和叙事故事有机地结合起来，这一镜头展现出一座真实的西部采矿小镇以及居民们的真实生活。在拍摄突如其来的乞丐绞刑时，镜头一直切入到他的尸体、欢呼的暴民之中，这些镜头虽有排演之感，但无疑能令观众感到一种冷峻的真实感。

威廉·塞利格在 1904 年 8 月和 10 月重返科罗拉多地区，以拍摄更多的西部主题电影。《牛仔背带裤女孩》（*The Girls in Overalls*，1904）是一部拥有七个镜头的西部片，该片讲述了一位科罗拉多州农夫的独子和七个女儿在他们的父亲死后，一夜之间成了孤儿，但仍继续为持家而经营着位于谷宁森附近的一片四千多平方米的牧场的故事。电影的新意在于让观众看着漂亮迷人的姑娘穿着工装裤，投身一般由男人负责的体力劳动之中。除了展示少女们砍树、耙草之外，电影还拍摄了她们吃西瓜、玩跳山羊以及从干草垛上滑下时的情景。塞利格在纽约、芝加哥、波士顿、旧金山买下了一整版报纸来为这部电影进行宣传，该片的广告语这样写道——"源自科罗拉多山区生活的原创之作，触动人心"。这部电影不仅让都市和小镇观众见识了世纪之交时西部牧场的面貌，同时也让他们得以窥视年轻女人的另类生活。

和大多数科罗拉多人一样，巴克沃尔特也对《穷追不舍的侦探》的故事内容感到极为不适，他认为这部电影展示了他为之宣传的科罗拉多州的负面影像。在塞利格该阶段的事业中，他并没有偏颇于劳工抗争或是政治斗争，原因在于有倾向性的言语会离间潜在的观众。由于二人都迫不及待地想要拍摄配得上秀丽如画的落基山美景的电影，所以他们一致同意下一部电影要以年轻人为主要拍摄对象。因此，关于旧式西部法外之徒的故事只要能反衬出更加文明的现代社会即可。

影片《莱德维尔马车劫案》（*The Hold-up of the Leadville Stage*，1905）中有一架在十九世纪晚期非常著名的马车，它在无数次印第安人攻击和抢劫中完好无缺。为了增强这部电影的真实感，塞利格利用了真实的莱德维尔马车作为道具，他甚至还邀请了驾驭这架马车的最后一位车夫客串剧中角色。在世界上最大的银矿于1877年在这座城市被发现之后，他就忙于在这片区域内运送金银和旅客。除此之外，所有的场景均在贯神花园（Garden of the Gods）和尤特关口古老的莱德维尔小路上拍摄而成。

　　与影片《牛仔背带裤女孩》一样，塞利格也为宣传《莱德维尔马车劫案》买下了报纸的整版广告。该片的广告向人们保证，这部电影的历史精确性和秀美的外景地将使它"永垂青史，夺人眼球"。

　　在开场后不久，四个蒙面的骑马大盗追逐着这架马车，与马车上的护卫展开了激烈枪战。当马车停下之后，所有的乘客都被洗劫一空，一个哭着要逃命的小孩被他们开枪打死。强盗们重新上马，沿着山间小道径直跑向了远处。当地的一名民兵用绳索套住了一名强盗，并且将他勒下马来。其他三名恶人下马，他们试图从狭窄的岩缝中逃脱，但其中一个盗贼被子弹击毙。侥幸生还的两名强盗跑进了一间无人居住的小木屋中，但他们却为了争夺战利品而刀剑相对，一名强盗当场被刺死。当全副武装的民兵团冲进小屋时，最后仅存的一名强盗也被抓住了。

　　1905 年 1 月当这部电影上映时，观众已经非常痴迷于纪实片和其他媒体中播放的西部故事了，他们能够迅速辨认出落基山的美景、马车、骑马的强盗团伙、恶人与民兵团之间的枪战以及用绳索捕捉歹徒等特征。影片的片名也显示出该片就是一部西部故事片，以及犯罪是如何发生、恶人是如何被逮捕的。

　　虽然《莱德维尔马车劫案》并没有任何胶片留传至今，但影片的一些剧照仍保存至今，其中一张剧照展示出四名亡命之徒并排骑在马背上，冲着马车开枪射击。演员装扮得非常用心，方便当时的观众能够迅速辨认出这部电影是一部名副其实的西部历史片。

　　随着电影工业进入五分钱影院时期，一部电影的放映周期一般只有短短三天时间，塞利格 1904 年至 1905 年拍摄的科罗拉多州西部片在全国各地进行了放映，放映周期长达三年之久。虽然电影大获成功，但塞利格却整整沉寂了两年的时间才得以重返影坛，这都是因为他受限于爱迪生无情的专利法令。在此期间，巴克沃尔特仍在西部持续制作一些低成本的铁路纪实片，通过塞利格提供给当时流行过一阵子的黑尔旅游团（Hale's Tours）的特许经营商。

黑尔旅游团让观众坐在仿制的火车车厢中观看在火车上拍摄的电影，以假乱真地替代了真实的铁路旅行，这是现代游乐园中高科技虚拟短途游玩的前身。塞利格不仅是这些电影的主要提供者，这些特许经营商也非常需要他的透镜放映机和银幕。巴克沃尔特说，在芝加哥的两处黑尔旅游列车上，一周之内共有五万名"旅客"付费前来观看这些拍摄于科罗拉多州的铁路电影。然而，黑尔旅游团所带来的利润仍不足以抵消塞利格与爱迪生"持久战"的法律开销。

从菲利普·艾慕那里获得的经济资助使塞利格得以在1906年下半年在芝加哥片场重新开始制片工作，1907年1月他又开始拍摄了他的科罗拉多州西部片。塞利格本可以通过在芝加哥摄影棚和它附近的公园拍摄西部片以争取尽早回归。这是东部竞争者的惯常做法：传记公司在它位于曼哈顿的摄影棚拍摄了《边疆恋情》［*A Frontier Flirtation*，又名《新来者的胜出》（*How the Tenderfoot Won Out*，1906）］，波特则在斯塔藤岛（Staten Island）拍摄了《牛仔的生活》（*Life of a Cowboy*，1906），该摄影棚和爱迪生的摄影棚离得很近。一些法国电影人也选择这样去做，百代公司于1904年下半年在巴黎的街道上拍摄了《印第安人和牛仔》（*Indiens et Cow-boys*）。

由于塞利格在芝加哥的事业蒸蒸日上，他不再有时间自己编剧或是执导科罗拉多地区的西部片了，于是他聘请了吉尔伯特·安德森来接管这些事宜。在为塞利格工作之后，安德森大受欢迎，可谓是电影界

影片《莱德维尔马车劫案》的明信片，第一部真正在西部拍摄的西部历史片

第一位如布朗乔·比利（Broncho Billy）一样的牛仔明星。安德森此前曾在《火车大劫案》中饰演过三个次要角色（虽然他之前从未骑过马），在加入塞利格透镜公司之前，他也曾在维太格拉夫影片公司担任导演。安德森通过为塞利格在芝加哥制作喜剧和现代故事片来提高他的导演技巧，随后他才被派往科罗拉多州前去拍摄西部片，并且是在哈利·巴克沃尔特的指导和审核之下。1907年年初，气候十分反常，安德森一口气在六周之内导演了三部科罗拉多地区的西部片和五部喜剧电影。整体来看，他在科罗拉多州拍摄电影花费了近千美元，这几乎是塞利格在1907年最大的一笔开销了。

在加入塞利格透镜公司之后，安德森第一部亮相于大银幕的作品是《来自蒙大拿的姑娘》（*The Girl from Montana*，1907），潘西·佩里（Pansy Perry）主演了一名当地女孩，像其他牛仔一样骑着一匹马，这部电影的灵感来自大卫·比拉斯科（David Belasco）大获成功的戏剧《黄金西部的姑娘》（*The Girl of the Golden West*）。年轻的女孩和一位牛仔坠入爱河，她拒绝了东部人的求爱，这令那位东部人怀恨在心。东部人买通了一位墨西哥混混，他设计陷害牛仔偷了她父亲的战马。东部人假装发现了失踪的马匹，并组织自卫队准备私刑处罚牛仔。女孩快马赶来拯救她的爱人，她连开两枪击中了绞刑架，拿枪威胁在场的民众不可轻举妄动。团聚的情人双双骑马逃到不远的镇上，准备结婚。女孩再次用枪抵挡了前来追捕的自卫队，直到婚礼完成。婚礼上出现了一位黑人，他告诉女孩的父亲和在场的民众到底谁才是真正的凶手。最终，东部人和墨西哥混混被逮捕归案。

与影片《牛仔背带裤女孩》一样，《来自蒙大拿的姑娘》也以西部年轻女子为主角，让她们做一些往往由男人做的事情。在电影中我们可以看到年轻的女孩骑马飞驰，以及她们用枪指着无计可施的自卫队队员的场景，这些剧情设置非常出人意料，因为在后来的西部片中，往往是男主角处于这样的情景之中。影片中最震惊的时刻无疑是当牛仔被吊至半空之时，女孩开枪击中了绞刑架，枪声过后绞刑架裂开，她救下了自己的爱人。这一场戏的编排看上去就像真实发生的场景一样，六十年之后，相似的剧情设置也出现在了塞尔乔·莱昂内（Sergio Leone）的《黄金三镖客》（*The Good, the Bad and the Ugly*，1967）中。

与后来的西部故事片不同的是，《来自蒙大拿的姑娘》中的女主角是一位主动的行动者，她同时也是无助的牛仔爱人的保护者。《来自蒙大拿的姑娘》的票房成绩并不是很理想，这恐怕是因为五分钱影院的观众对女性作为主角拯救男性受害者的故事并不感兴趣。

黄金小镇成了影片《盗贼之王》的外景拍摄地。陆上官邸成了被抢劫的"乡镇银行"，而陆上舞台在拍摄期间仍可以使用，于是塞利格将其仿制成了烟囱峡谷（Chimney Gulch Canyon）。影片的主角是巴克·布雷迪（Buck Brady），他是一个强盗团伙的领导人，他从马车上抢劫了美国富国银行（Wells Fargo）的保险箱，并用炸弹炸开了它。这伙强盗后来又抢劫了一家银行，随后他们被当地的警察自卫队追捕。这伙不法之徒从马上跳了下来，逃到了森林之中，但最终他们均遭到枪击身亡。

在安德森执导的三部西部片中，《盗贼之王》当属最受欢迎的一部电影。这是塞利格第一部被新晋五分钱影院经理威廉·福克斯所订购的电影。在1907年年终的一次报纸采访中，巴克沃尔特声称，1907年塞利格卖出了大量西部片的拷贝版本，足以维持收支平衡，利润源源不断。由于这些电影一直维持了首映时的火热程度，科罗拉多州也因电影宣传而受益良多。

虽然拍摄于科罗拉多州的西部电影带来了丰厚的利润，但塞利格能够用于守护他电影事业的资金仍然相当有限。于是他做出了一个决定，他准备为了专利保护上缴两部最新拍摄的西部片。传记公司和爱迪生将电影中的所有镜头都拷贝成照片，但塞利格透镜公司和维太格拉夫影片公司则选择了一种更加经济实惠的方式，他们只将影片中的一部分镜头拍成照片，然后也只提交一小部分。不幸的是，这些照片成了《来自蒙大拿的姑娘》和《盗贼之王》仅有的现存版本。《来自蒙大拿的姑娘》原始版本的片长大约十三分钟，但照片版本只有一分半钟的时间，万花筒般不断变幻的画面和一些迷人的片段杂糅在一起。在二十世纪六十年代，坎普·尼韦尔（Kemp Niver）把《来自蒙大拿的姑娘》和塞利格其他片段化的纸版胶片错误地解读成完整的电影。他漏洞百出的描述至今仍然被不断引用。

虽然安德森只为塞利格工作了不到一年的时间，但他仍然坚持成为公司的合作伙伴。不过塞利格拒绝了安德森的请求，1908 年 4 月，安德森和芝加哥电影交易经理乔治·K.斯波一起成立了一个新的制片公司，即埃塞尼影片公司。他尝试将塞利格旗下的摄影师托马斯·纳什和汤姆·帕森斯（Tom Persons）挖过来，但是他们都拒绝了。在这之后，安德森改名为布朗乔·比利·安德森，他在近五百部自编自导的短片中饰演了主角。影片《布朗乔·比利和小流氓》（*Broncho Billy and the Greaser*，1914）就模仿了《来自蒙大拿的姑娘》中的桥段，片中不断丑化了对于墨西哥人的刻板印象。

在他接下来的漫长职业生涯中，安德森似乎一直都对塞利格怀有敌意，并对他们短暂的合作嗤之以鼻。他称塞利格无趣且缺乏活力，缺少对电影未来发展的真知灼见，他十分轻视塞利格所拍摄的西部片。更进一步来说，安德森宣称是他劝服塞利格让他去和巴克沃尔特在科罗拉多州拍摄西部片的，也是他聘用了一些"壮实的姑娘"来充当自卫队成员，因为他找不到看上去很像牛仔的演员。在离开塞利格近五十年后，安德森宣称他和斯波之所以涉足电影业是因为塞利格不愿再拍摄其他的西部片了。安德森的这番谎言很容易就被戳穿了，在安德森离开公司之后，塞利格和巴克沃尔特又继续在科罗拉多州拍了很长时间的西部片。除此之外，为了拍好电影，塞利格和安德森召集了真正的牛仔，在此期间他从未遇到过任何困难。至于他对塞利格缺少"对电影未来发展的真知灼见"的鄙夷，只需要比较一些塞利格和安德森电影中的格局和创新就可以看出这种说法的荒谬和卑鄙。安德森不负责任、不公平的评说恐怕也呼应了他将西部片的发展归功于自己的说法，不幸的是这些说法竟然保留在了早期电影发展史之中。

在安德森离开公司之后，塞利格相应地缩减了他的制片日程，这一状况一直持续到新的芝加哥片场完工之时。受惠于有山有水的巨大外景地，塞利格可以专注制作现代故事片和喜剧电影，这些电影通常都由奥蒂斯·特纳和弗朗西斯·博格斯执导。与此同时，巴克沃尔特仍在继续为公司制作西部纪实片。

1908年，塞利格前往科罗拉多州拜访了巴克沃尔特，向他咨询可供拍摄的故事和片场，然后他派导演博格斯和摄影师纳什以及一些专业演员再次拍摄了西部片。塞利格科罗拉多州摄制组的拍摄进度特别快，他们赶在多云天气到来之前完成了拍摄工作，并以每天二十二场戏的速度进行着。想象一下，科罗拉多州的演职人员必须要骑马或驾驶马车穿梭在外景地之间，我们不免对这样的拍片速度大为惊叹。1908年

7月27日，摄制组正前往菲舍尔城外二十四千米的一处外景地，一辆马车从狭窄的山路上滑出，跌入了六十米的深谷之中。幸运的是，马车上的七名演员并未身受重伤，但两匹马都摔死了。虽然科技的发展异常迅猛，但是塞利格的西部摄制组在当时的住宿条件几乎和他们力图在银幕上还原的旧式西部生活一模一样。他们甚至从来没有享受过"安全座椅"，这种生活方式也可以用来比喻几年后好莱坞电影的制作状况。

1908年，《纽约戏剧镜报》赞颂塞利格透镜公司将"广袤、震撼的场景效果"展现得淋漓尽致，"事实上，它是唯一一家前往落基山区拍摄美妙绝伦的自然风景的电影公司，那里的风景无法在地球上的其他地方被欣赏到"。威廉·塞利格不仅向观众，同时也向他的竞争对手定义了西部片的视觉呈现。

1909年塞利格制作的第一部西部片在芝加哥完成。这是因为落基山区那个季节非常糟糕的天气状况并不适合拍摄，另一部分原因在于塞利格迫不及待地想要用上他新建成的大型外景地。他所拍摄的西部片承载了迄今最大的野心，他希望能在芝加哥外景地后方的人工小山中进行拍摄，以模仿西部的地理环境，这部电影还原了小巨角河战役（Battle of Little Big Horn）发生时的状况。

《小巨角河战役》[*On Little Big Horn*，又名《卡斯特的背水一战》（*Custer's Last Stand*，1910）] 于1909年1月开拍。除了让十二名白人群众演员扮成骑兵和印第安战士之外，塞利格还为这部电影聘请了二三十名印第安苏族人。

其中有三名苏族人在1876年参与过在怀俄明和蒙大拿山区边境发生的真正战役。塞利格的本意是希望这些幸存者能够重现战斗的真实性，但他们却说"战斗结束得太快了，他们几乎记不起什么了"。然而，他们还是告知了塞利格一些印第安人管理马队的传统方式，这是大有神益的。

塞利格让小巨角河战役中真实的参与者加入到电影的拍摄队伍中——就如同他之前选用真正的牛仔和幸存的莱德维尔马车车夫一样，这使得塞利格的制片与当时大多数以及后来的西部片区分开来。因此，塞利格的西部片可谓是以地理和演员的真实性为特色的。

根据保存下来的剧本和幕间字幕来看，三名小巨角河战役的幸存者并没有在影片中被特别提及，他们的参与只体现在了广告和宣传电影的文章中。他们很有可能比电影中其他的苏族人年龄要大上许多，他们的舞蹈及"马上功夫"可能不那么灵活。因此，并不是三名幸存者的表演让观众觉得这部电影很真实，而是他们的存在就是一种合成的真实性美学。

《小巨角河战役》没有留下任何胶片，但是两张爱德华·S.柯蒂斯（Edward S. Curtis）拍下的剧照无疑显得异常珍贵，从剧照中我们可以看出大概有五十名印第安人，其中一些在帐篷围起的圆形场地中跳舞。正如凯文·布朗洛（Kevin Brownlow）所言，一些早期的默片可谓是"西部历史的惊鸿一瞥"，虽然他也只是复述着当时的主流观点——"现实片段不经意间被捕捉到了镜头中去"。但是对于塞利格而言，事实并非如此，如果他无法奔赴真正的地理空间（西部落基山区）去拍摄电影的话，他会想方设法采用其他真实的元素，比如小巨角河战役中的印第安幸存者那样。他的电影夹杂着虚拟的娱乐享受和真实的美国历史，正如《电影世界》对他的评价——"触碰真实的最高技艺"。当他的竞争对手回到东部以及欧洲电影人也开始制作全人工打造的西部片时，塞利格开始追寻更写实的制作，使它们看上去就像纪实片一样。无论是真实事件的二度创作还是取材自现实生活，所有的故事从某种程度上来说都是虚构的。电影艺术通过混杂虚构和纪实元素得到了提升，同时也将塞利格的西部片和当时的其他电影区别开来。他的成功鼓舞了其他电影制作人，一些电影人也纷纷开始采用类似的策略，最终超越了类型本身，为后续的美国电影制作提供了经验。

影片《小巨角河战役》并不是电影史上的第一部西部历史片，由于该片重现了十九世纪的著名战役使它成了美国第一部史诗电影。在当时，该片也被称为"宏大的战争历史奇观"。野牛比尔狂野的西部娱乐演出也曾经再现过这场战役，并且也选用了真正的苏族人，遵循他们的传统进行演绎，编剧兼导演奥蒂斯·特纳的剧本也对史实进行了一定程度的自由发挥。特纳将冲突的导火索归咎于血脸酋长（Chief Rain-in-the-Face）和卡斯特兄弟之间的冤冤相报，卡斯特的哥哥在两年以前曾经逮捕过血脸酋长。在真正的小巨角河战役结束后不久，血脸酋长被误认为是杀害卡斯特的凶手，而亨利·沃兹华斯·朗费罗（Henry Wadsworth Longfellow）甚至还断言他将会把卡斯特的心脏挖出来吃掉。将这场大屠杀归咎于个人恩怨，使得卡斯特免于政治上的非难，同时也使塞利格不必违背将苏族人妖魔化的普遍趋势，人们更乐于将苏族人视为"彩绘的赤裸恶魔"。

影片《小巨角河战役》将虚构想象融入以史诗为依托、男性化的电影叙事之中，在宣传上将这种二度创作称为"野史"，开创了史诗电影范式的先河。塞利格追随从狄更斯到托尔斯泰这些小说家的模式，在革命和战争传奇的大背景之下书写恋爱故事，同时塞利格也将战争的冲突个人化，以此来吸引更多女性观众，扩大受众市场。这部电影拥有十八个镜头，介绍情节的幕间字幕大致与其数量相同。与其他现存的电影及片段不同，这部电影的幕间字幕也许是塞利格透镜公司制作史上占比最大的一部电影。《小巨角河战役》的幕间字幕不仅增强了电影的历史精确度，同时也阐明了电影中篡改史实的虚构部分。

影片《小巨角河战役》只拍摄了一卷胶片，一般拍摄一卷胶片的时长不超过一周的时间，但是恶劣的天气大大阻碍了影片的拍摄工作，使得这部电影最终花了一个月的时间才得以完成。塞利格将他短期聘用的苏族群众演员的价值放大到最大，他至少又让他们参演了三部电影：《出征途中》（*On the Warpath*，1909）、《乘骑号音》（*Boots and Saddles*，1909）以及《荒野之中》（*In the Badlands*，1909），这三部电影都由奥蒂斯·特纳在芝加哥导演完成。与影片《小巨角河战役》不同的是，这三部电影的高潮都是骑兵在千钧一发之际赶来拯救了白人居民，并最终打败苏族人。

在 1909 年的夏天，奥蒂斯·特纳还导演了《百万牛仔》（*The Cowboy Millionaire*，1909），这是塞利格出品的最受欢迎的一部西部喜剧电影。塞利格透镜公司已经稳坐西部故事片第一的市场宝座，现在它的职责已经变成改进这类电影在发展过程中日益工具化的视觉呈现和故事元素。这种工具化的现象正出现在塞利格的竞争对手埃塞尼影片公司和野牛公司（Bison Company）所拍摄的电影中，他们当时正在制作自己的西部片，这些电影在日后被错误地追认成西部片的奠基之作。

影片《百万牛仔》讲述的是一个牛仔得到了一百万美元后搬到了芝加哥生活的故事。他在芝加哥待了几天便思乡情切，于是他邀请了自己在西部的老朋友来芝加哥玩。没想到他的朋友们骑着马来了，他们走在芝加哥的大街上，并且还一边朝天鸣枪。后来，这些未开化的

在《小巨角河战役》这部电影中，三十名苏族演员中有三人曾经参加过真正的小巨角河战役

牛仔们将戏剧演出错认成正在真实发生的事件，一枪击毙了饰演坏人的演员。从此，男主角不得不决定和他过去的生活一刀两断，将他的朋友们遣返回家。最后他以一个象征性动作结束了这个故事，将他卧室墙上的牛仔画像朝里翻了个面。

塞利格为《百万牛仔》所设计的广告语——"广袤西疆转瞬即逝的景色交融着美国城市生活的奢华与安逸，影像故事娓娓道来"。这个故事的道德训诫似乎在告诉我们只有那些有一定经济实力的牛仔们才能适应城市的生活方式，从而帮助美国西部走向文明开化。这个理念彻底颠覆了美国长期以来的流行文学和戏剧传统。从十八世纪晚期到十九世纪中期，自给自足的纽约农场男孩、边疆居民和拓荒者在流行文化中都是英雄角色，无论是在生理上还是道德上都远胜于羸弱的反面角色，这些角色一般都是富有、堕落或是柔弱的男性，比如城市佬或者欧洲贵族。随着工业革命时期城市的迅速发展，文学开始出现了新的转向，在文学中城市游荡者被描述成高人一等的角色，这不是无知的乡巴佬可以媲美的。这种浪漫美好的美国英雄反映了文化中的新转向。

影片《百万牛仔》在全美各地声名鹊起，一位五分钱影院的经理将这部电影称为"鼎盛时期的杰作，两年之内该片将会家喻户晓"。塞利格并没有再拍摄过其他类似的电影，在城市背景中将西部人置于下等地位，牛仔还是继续保持他的英雄形象。

1909 年 11 月 25 日，在《小巨角河战役》上映后不久，一则短小的文章出现在了《纽约戏剧镜报》上，正好刊登在了电影广告的对页。这篇文章宣称人们很快就会看到电影史上最重要的事件："据说塞利格透镜公司很快就要在洛杉矶搭建一座全新的片场，他们已经选定了一大片较为合适的建筑用地。很明显，塞利格透镜公司的事业将一往无前，所向披靡。"塞利格选址的要求是当地的气候和地理环境都适合全年不间断地拍摄西部片以及其他需要外景的故事片，早在该报道见报的几个月以前，他就已经开始筹划这件事情了。

在 MPPC 成立的那几周时间里，塞利格重新开始在芝加哥拍电影，他不再受到之前法律约束带来的种种困难。同时，导演弗朗西斯·博格斯被派往了洛杉矶，随行的还有九名演员及技术人员。塞利格意识到，在以晴天为主、气候干燥的环境中建立一个专门拍摄西部片的独立摄制组是非常必要的。

塞利格透镜公司在洛杉矶拍摄的第一部西部片是《本的孩子》（Ben's Kid，1909），这部电影的亮点在于银幕上首次出现了戏剧名角胖子罗斯科·阿巴克尔（Roscoe Fatty Arbuckle）的身影，他在这部电影中饰演了一名配角。影片似乎将喜剧和话剧粗糙地混杂在一起，讲述了一个有家暴倾向的丈夫强迫他的妻子遗弃他们孩子的故事。这个父亲写了一封信，无情地解释他为何要遗弃他们的孩子，一切听上去都非常可信："生活非常艰难，我们破产了——谁发现了这个孩子谁就领养他吧。"在垃圾堆里，一位牛仔发现了这个孩子，一时间他措手不及。最后，这个丈夫被处以私刑，而牛仔和孩子的母亲结了婚。这部电影在当时的观众看起来是一部既富历史意味又有现代感的西部片，因为他们会联想到在美国西部的乡村中，这样的事情仍然在继续发生。

在洛杉矶临时的城镇片场中，塞利格的西部公司拍摄了影片《穿越分水岭》（Across the Divide，1909）的室内场景，后来他们又在亚苏莎（Azusa）的圣加百利大峡谷（San Gabriel Canyon）营地拍摄了外景。与大多数反映刻板印象的西部片不同，《穿越分水岭》主要讲述的是白人和印第安同伙淘金的故事，故事中的白人还是一个有人格缺陷的人——沉溺于赌博之中的弱者。这部电影是博格斯领导下的加利福尼亚摄制组的代表作品，全片由二十六个镜头组成，大多数场景都是"一镜到底"拍摄完成的。除了有四场戏拍了三次以外，其他几场戏只拍了两次就结束了。故事的结尾是坑蒙拐骗的赌徒在临死前忏悔了自己的一生，他曾经欺骗过的淘金伙伴和自卫队逮捕了他，他们在他的身边听完了他的忏悔，这反映了基督教的道义，在后来的五十多年时间里，这一直都是西部片中的一个特色。

塞利格在约塞米蒂（Yosemite）拍摄的唯一一部西部片是《活埋》（*Buried Alive*），制作于 1909 年的夏天。故事讲述了两名勘探者被对手埋在了一个洞穴中，但他们被两个女人救了出来，其中一个是印第安人，最后由一名"中国人"（亚裔）抓住了真正的凶手。在早期的西部片中，我们确实可以看到与社会大相径庭的自由度。事实上，影片《活埋》之所以能够区别于其他塞利格竞争者所制作的西部片，原因在于约塞米蒂瀑布和急流的慢人镜头，这些自然景观毫无痕迹地与场面调度及叙事结合在了一起。理查德·亚伯（Richard Abel）认为："塞利格西部片的'真实性'在影片中起到了很大的宣传作用，正如铁路局资助的旅行纪实片使得西南诸州成为人们重新安居乐业的首选。"

当博格斯开始在西海岸导演西部片和其他电影时，塞利格同时又派了另外一个摄制组前往位于俄克拉荷马州的必列斯（Bliss），就是在那里，米勒兄弟（Miller Brothers）在著名的"101 狂野西部农场"（101 Real Wild West Ranch）里独立摄制了西部片。爱迪生在 1904 年的时候也在必列斯拍摄了一些西部纪录片，以及一部"一镜到底"的马车大劫案的故事。塞利格的摄制组由导演杰克·凯尼恩（Jack Kenyon）领导，他充分利用了无边无垠的"101狂野西部农场"来拍摄更具野心的电影。他们共召集了几百名牛仔和印第安人，以及上千头牛和一群水牛，一共摄制了三部电影，其中就包括《与兽共舞》（*The Stampede*，1909）。影片《与兽共舞》最大的卖点在于"狂野的西部特技使得这部电影完美无缺"，这些特技有"马上竞技、套索和其他娱乐形式，由米勒兄弟的'101狂野西部农场'秀中的演员进行表演"。1911年，纽约电影公司（New York Motion Picture Company）受到这部电影的启发，为托马斯·H.恩斯（Thomas H. Ince）拍摄的"桑塔·莫妮卡"系列西部片（Santa Monica Bison Westerns）租下了米勒兄弟的全部演员和牛马。这一事件让那些未曾研究塞利格早期西部片的影史学家轻易地宣称恩斯"捕获了一些真实的东西"，所以至此，狂野西部的早期真实历史终于被搬上了大银幕。

　　早在1910年以前，詹姆斯·杨·迪尔（James Young Deer）和他的妻子红翼公主（Princess Red Wing）恐怕是少有的两位美国本土原住民演员了，他们确实可以被称为电影明星，夫妻二人在一些拍摄于东北部的电影中不断露脸。塞利格认识到采用美国本土原住民演员可以增强影像呈现的可信度。于是在1909年的秋天，他和美国印第安代理公司（US Indian Agent）的E. C.斯威格特（E. C. Swigert）协商，让奥蒂斯·特纳在印第安人的保留地戈登（Gordon）和内布拉斯加（Nebraska）拍摄一系列的西部片。在此期间拍摄的电影《苏族人的女儿》（*A Daughter of the Sioux*，1909）被誉为"在真实环境中展现所有的细节"以及"在内布拉斯加西部平原拍摄的真正苏族印第安人和美国常备军军人现身于银幕之上"。

当博格斯和摄制组于 1909 年 8 月下旬回到洛杉矶，以在恩登戴尔（Edendale）打造长期片场时，塞利格透镜公司已经有能力将其制片常规化，并且增加了西部片的产出。如今，公司每周都可以摄制完成一部西部片。在抵达恩登戴尔后，加利福尼亚摄制组随即便拍摄了一张全家福，照片展示出混杂又和谐的西部人物风格：三位牛仔，四名墨西哥人，两名印第安人，以及两名穿着时髦长裙的白人女性。片场周围的环境本身就十分利于开拓西部片的布景，但是这种情况只延续到在其他东北部竞争者到来之前。

博格斯编剧、执导了各式各样的西部片，并且延续了公司极其重视真实环境的典型风格。影片《农场主的女儿》（*The Ranch King's Daughter*，1910）的外景地位于太浩湖（Lake Tahoe）附近，影片中出现的那些"真实的伐木木板"最终被带回了恩登戴尔片场，这样在小木屋拍摄室内戏的时候就能与其他部分融为一体了。《综艺》杂志的批评家沃尔特·K. 希尔（Walter K. Hill）称赞塞利格是"记录西部场景、山区和高原简陋生活的最重要的描绘者"，《农场主的女儿》令观众产生了影片是在米勒兄弟"101 狂野西部农场"里拍摄的想法。

塞利格的洛杉矶摄制组稳扎稳打，与此同时，D. W. 格里菲斯正在导演《红人的观点》（*The Redman's View*，1909）一片。这部电影在银幕上还原了一个真实的故事，讲述的是一个名叫基奥瓦的西部部落因为白人开拓者的到来而丧失了自己的土地，他们开始了背井离乡的生活。格里菲斯想要以这个故事寓教于乐，这部电影非常像人类学纪实片或者是在博物馆和世博会上表演的情景剧。在格里菲斯的执导之下，影片用阴沉的基调讲述了白人对美国西部原住民的迫害，虽然这似乎有些主题先行，但《纽约戏剧镜报》高度赞扬这是一部"非凡的

恩登戴尔片场刚刚落成后不久，加利福尼亚摄制组在阿伦桑卓大街

（Allesandro Street）上的合影

电影，充满了诗意想象和艺术美感"。

《电影世界》发现塞利格透镜公司和传记公司其实代表了两种电影流派：前者是为了"我们这些大多数想观看丰富剧情的普罗大众"而拍电影，后者则是为了"那些希望看到精湛表演的观众拍摄电影，他们喜欢电影有一种纤细的质感"。《电影世界》的记者总结说，对于这两种流派而言，"它们的表演都呈现出一种令人欣喜的奢侈感，但剧情无疑才是最重要的"。这番评论恐怕可以概括电影中最基本的二分法，这种二分法甚至一直延续到了今天。

以剧情为驱动的西部片是当时最受欢迎的类型片，在发现这一点之后，理查德·亚伯对塞利格下了一个无知的论断，他认为塞利格透镜公司在这个领域"并非是毫无争议的领头人"，并建议应该将这个头衔授予卢宾公司。虽然在1909年，与其他美国制片人相比，卢宾确实致力于制作西部片，但据当时的媒体宣称，塞利格才是使西部片走向成熟化的最重要推动者。西格蒙德·卢宾公司的西部片是在费城郊区拍摄的，主演往往是来自野牛比尔巡演团的两位成员，配角则由当地街上的小孩扮演牛仔和印第安人，他自己也非常清楚他所拍摄的电影没有任何写实性。一些专业电影报纸也非常认同这一点。《镜报》的批评家这样评价卢宾在费城拍摄的影片《牛仔论争》（*Cowboy Argument*，1909）："在东部乡村拍摄的牛仔电影实在不如在西部的拍摄那么令人满意，西部的高山、高原和建筑特色无不衬托着剧中人物，人物和环境是和谐统一的。"同样的批评也开始出现在对西部片的广泛讨论中。

到了1909年，无论是市场还是影迷都开始将西部片视为"土生土长"的美国电影，它彰显了这个国家的"民族文学"。《电影世界》嘲笑百代公司制作的影片《一位西部英雄》（*A Western Hero*，1909），认为片中虚假的场面调度竟让印第安人穿着格子衬衫、住在秸秆制成的帐篷里，而牛仔则骑在架有英式马鞍的短尾马上，行走在巴黎大街上。到了 1910 年，这种对于非本土化西部片的嘲讽论调也蔓延到了美国国内那些不真实的西部片上，这些电影因此而得名"拍摄于东部的西部片"，更明确的称号则是"泽西影像"或者是"新泽西西部片"。

这类西部片的典型代表作品有《在亚利桑那》（*In Arizona*，1910），该片由坐落于新泽西州贝荣纳（Bayonne）的内斯特公司（Nestor Company）拍摄而成，它的广告是这样说的——"该片由公司旗下的百老汇演员倾情出演，同时拥有来自西部真正牛仔内布拉斯加比尔巡演团的协助演出！"与此同时，爱迪生的《波尼快车》（*The Pony Express*，1909）也受到了《纽约戏剧镜报》的批评，因为它的西部背景和故事内容使观众一眼就可以看出影片是在东部农场拍摄完成的，这实在无法令人联想到西部广阔的平原或高山……影片中最精湛的表演竟然是一匹马装死的镜头。塞利格的电影独树一帜，让观众和其他电影人看到了可信且卖座的西部片应该是什么样子的。美国所有地区都拥有自己可供讲述的印第安传奇，东部的印第安传奇故事一点儿不比西部的少。虽然《纽约戏剧镜报》也承认这一点，但他们也一针见血地指出，西部地区仍然存在一些不可琢磨的事情，正如芝加哥的电影制片人向我们展示的那样，东部地区无法仿效这一切。他们同时还指出，塞利格透镜公司在这一类作品上的成就尤为突出。《镜报》记者对在真实地理环境中拍摄电影的行为极为肯定，他认为真实的环境和故事会达成和谐统一，从而证明了东北部的环境只适用于拍摄"印第安殖民地题材的电影"，最后他在结论补充中说"我们可不希望看到新泽西州出现更多的牛仔了"。

到了 1910 年，西部片已经变得广受欢迎而且非常普遍，其市场份额占到了全美电影制作中的百分之二十一。两篇同时发表的文章解释了为何西部片对电影人和观众都具有极大吸引力，这两篇文章写得非常有见地。根据商业电影杂志《五分钱影院》（*Nickelodeon*）的说法，塞利格和他的同事之所以会对西部故事片感兴趣，是因为西部特定的生活状况吸引了他们，那里的人们拥有强烈的欲望，人的意愿也不会受到法律约束，这成为片中剧情得以合理发展的基础，另外一个原因则是异域般的西部并不是众人所熟知的东部。

《专题》（*Motography*）杂志则将西部片在全世界范围内的流行归结于它在视觉上呈现了"冲突和矛盾"，而且它的叙事非常直接，容易理解。文章同时指出，西部片是建立在神秘性之上的。观众并不在乎这些西部片中的故事和他们之前看过的是否只有些许差别，他们在观影之时看到的是自己长期以来想象或听说过的美国。

根据《电影观影索引》在 1907 年制作的目录显示，当年共计十家公司拍摄了一百六十七部电影在全美发行上映：百代公司有六十九部，紧随其后的是塞利格透镜公司和维太格拉夫影片公司，各有十九部发行。但是，塞利格并不是唯一发行多部西部故事片和纪实片的制作人。截至 1911 年，塞利格每周发行四部电影，他在每周二都要发行一部全新的西部片。《专题》杂志列出了十一家"拥有许可证的"MPPC 成员在该年的一个月之内就发行了一百四十部影片，其中有二十部都是西部片，塞利格透镜公司则高居榜首。同时期的另外一个排行榜，列出了十一家"独立的"未获得许可证的公司，在一百五十五部电影中共发行了二十八部西部片，其中美国阿卡飞 A 公司（Aka Flying A）以十一部电影排名第一，其后是发行了五部电影的纽约电影公司的"野牛品牌"系列电影。值得注意的是，事实上，这些拥有许可证和没有获取许可证的公司均在制作的类型片只有西部片。布朗乔·比利·安德森则执导制作了埃塞尼影片公司的大量西部片。

塞利格恩登戴尔巡演团早期的明星霍巴特·博斯沃思（Hobart Bosworth）继续为塞利格服务着，他以自己二十五年的戏剧表演经验投入到西部片摄制中。然而，由于缺少运动竞技和牛仔技能，博斯沃思的角色往往只能摆出情节剧的动作姿势。比如，《大卫·克洛科特》（*Davy Crokett*，1910）是 1872 年上映的同名戏剧的电影版本，影片的高潮部分是博斯沃思饰演的克洛科特为了躲避一群恶狼的追捕，在门被关上之时将胳膊卡在了门外，并被一群恶狼啃食的场景。而在影片《同伴》（*Bunkie*，1912）中，一个害了相思病的印第安女人企图杀害骑兵队队长博斯沃思，直到博斯沃思的爱马前来将他救下——这场戏恐怕源于"一名牛仔究竟要马还是要姑娘"的笑话。在这些电影中，塞利格牺牲了表演的层次感和叙事的真实性，这么做的目的只是为了能吸引大量女性观众前去影院观影，他希望她们能认出博斯沃思这位"前戏剧界的偶像"。为了弥补偿博斯沃思身体上的缺陷，其中的一个方法就是在他主演的电影中拍摄大量约塞米蒂山谷的胜景。

1911 年，塞利格决定重新在科罗拉多州组建一个由二十名演员、摄影师和布景师等组成的子公司。在子公司最初成立时，由两名导演领导。1912 年 7 月，男演员威廉·唐肯（William Duncan）开始统一管理整个公司，同时他也将公司的制作中心从美国城搬到了佳能城（Canon City）。在这之后，塞利格的科罗拉多公司在当年年底前共摄制了二十五部电影。与八年前公司开始拍摄西部片时一样，时下的西部环境仍然是机会与危机并存的原始状态。在 1912 年最后三个月中，塞利格的子公司经历了一系列波折：女演员梅列丽·斯特德曼（Myrtle Stedman）在无意中被捆在了马上，随后她被狠狠地撞在了树桩上。一驾载满人的马车从四十五米高的坡上滚了下去。骑马下山的唐肯从马背上摔了下来，马匹的铁蹄从他的身上踩了过去，在这之后，他又被霰弹击中，紧急被送往医院。

与此同时，塞利格也开始尝试西部片和情节剧的混合类型电影，他希望以此吸引一部分女性观众的注意力。影片《布兰登队长的妻子》（*Captain Brand's Wife*，1911）是一部由博格斯自编自导的三角爱情剧。在电影的开场，满屏都是郁郁葱葱的柏树林，这与荒芜的沙漠山区形成了强烈对比，彰显出缓缓行进的一驾马车和骑兵队的孤独及无助。从现存的胶片来看，那时的单卷电影很少会采用这样截然不同的地理环境来表达某种情感。博格斯进一步通过展示阿帕奇人冲下险峻的山坡，奔向孤独的马匹和马车的镜头，强调了这一地带的广阔无垠以及潜藏的危险。极具真实感的另一幕则描绘出这些印第安人的飒爽英姿，他们的身体随马的奔跑而摇摆，他们甚至可以完全不用马鞍。

这些电影中的表演明显是在仿效十九世纪的情节剧。主人公往往会直面镜头／观众，表演他们孤立无助的内心戏。黑人仆人由白人演员按照大家的刻板印象化装成黑人出演，影片还会让一名白人扮演阿帕奇人的首领，虽然其他反面角色都是真正的美国西部原住民扮演的。然而，从电影语言上来说，弗朗西斯·博格斯的镜头组合了相对复杂的动作，并对动作戏进行了强调。他最常使用的编排方式是让阿帕奇人站在前景中，射击位于中景的布兰登队长，而其他印第安人则在远景中将他的妻子和小孩拖出马车之外。

影片《无主之地》（*The Country That God Forgot*，1916）由马歇尔·

米奇·内兰（Marshall Mickey Neilan）编剧、导演而成，这应该算得上是在美国沙漠摄制的最伟大的电影之一了。其他在沙漠摄制的电影有 D. W. 格里菲斯的《女性》（*The Female of the Species*，1912）、维克多·斯约史特洛姆（Victor Seastrom）的《风》（*The Wind*，1928）和埃里克·冯·施特罗海姆（Erich von Stroheim）的封镜之作《贪婪》（*Greed*，1925）。在所有这些非传统的西部片中，故事更多地与它的沙漠背景勾连在了一起。《无主之地》是一部当代西部片，影片讲述了一名矿工的妻子感到自己身陷于艰苦、原始的环境之中，不禁与一名城市工程队出纳员私奔的故事。电影的开场画面令寸草不生的广袤天地与孤独、苦闷的女主角形成了呼应。她的丈夫以及其他矿工的无足轻重通过一个俯拍他们从矿井里慢慢升起的镜头得到了强调。在这之后，内兰让女主角站在门廊中，孤零零地眺望着沙漠，这一幕就像是杂志照片上拍摄的时髦的吉布森女郎，靠在墙上诉说自己的欲望一样。约翰·福特在《直线射击》（*Straight Shooting*，1917）中也以同样的方式拍摄了哈里·凯瑞（Harry Carey）。约翰·韦恩（John Wayne）在影片《搜索者》（*The Searchers*，1956）中也以类似的方式拍摄主人公倚靠书架的镜头。

来自城市的第三者留着十分整洁的胡子，而丈夫和那些矿工则恰好相反，他们胡子凌乱，穿着邋遢的衣服。第三者和妻子的相遇用一个相对复杂的蒙太奇展示出来，结合了特写、中景、POV 镜头、淡出和光晕，这些技巧远远早于苏联的剪辑模式。另外还有一个精彩绝伦的深焦镜头，展现出丈夫和矿工们看着自己的老婆与出纳员骑马私奔的场景。在了解到他的情敌窃取了政府下发的救济金之后，他开始追捕自己的妻子。片中的一系列交叉剪辑很像 D. W. 格里菲斯的风格，观众可以看到当出纳员的马折断腿之后，他竟然在沙漠之中抛弃了她。最终，自卫队抓住了那名出纳员，怀着忏悔之心的妻子和既往不咎的丈夫重归于好。《无主之地》在票房成绩和口碑上都获得了巨大成功，特别是扮演丈夫的演员汤姆·杉奇，评论界对他的表演好评如潮。虽然战争阻碍了塞利格的电影在国际上的发行，但是在 1916 年，仍然有十四份电影拷贝版本在英国上映，还有一份拷贝版本在非洲上映了足足七个月的时间。

实际上，当时几乎每一家美国电影公司都开始效仿塞利格在西部拍摄西部片的模式。截至 1912 年，传记公司、卡勒、野牛甚至是百代公司都开始跟随塞利格的步伐，在洛杉矶建立自己的片场。根据《洛杉矶时报》的记载："虽然已有大量电影在拍摄牛仔和印第安人，但是大多数导演都认为，观众对于西部片的需求仍然远远大于其他类型电影，尤其对于欧洲观众而言。"

与其他电影人相比，威廉·塞利格对于修正和塑造西部片早期传统的贡献的确更大，他确立了西部片中最基本的元素。他之所以在洛杉矶建立片场，原因在于拍摄具有地理真实性的西部片的需求，通过将西部片与喜剧、女性情节剧以及历史史诗交融，他创造了早期的混合类型电影，这也大大拓展了西部片在故事叙述上的可能性以及潜在的观众群。更加重要的是，这些电影的大受好评以及大范围的发行使得美国在二十世纪的大多数时间里都极大地主宰了国际电影市场。

然而，塞利格还有另外一项创举，这也对西部片的类型化和工业化具有深远影响——塑造牛仔动作影星，其中最经典的案例当属最受欢迎的西部片影星汤姆·米克斯（Tom Mix）。

第三章　打造银幕牛仔

　　动作戏能成为美国电影工业的一大特色，西部片功不可没。塞利格打造的西部片是对运动的展现，与埃塞尼影片公司、西格蒙德·卢宾公司等竞争对手所拍摄的西部情节剧不同，其西部片中的主角往往是静态的，更不用提百代公司的"西部片"了，那在美国人的眼中只是个笑话。真实的场面调度是威廉·塞利格电影的一大特色，这种特色找到了与之相呼应的最佳搭档——一位广受欢迎、极具影响力的西部片影星汤姆·米克斯。

　　1910年年初，当汤姆·米克斯开始为塞利格工作时，几乎所有的美国制片人都在拍摄西部片。早期西部片中的明星大多都是戏剧舞台上的"老戏骨"，他们除了能骑马以外，并未拥有其他非常有特色的牛仔技能。这些西部片大抵只能算得上是在户外演出的舞台情节剧。相反，魅力四射、行动敏捷的米克斯得以使塞利格将动作剧情与他的个人特点（出类拔萃的肢体技能）结合起来。一份关于米克斯事业的编年史调查恐怕为我们提供了最为清晰的证据，让我们来看一下塞利格是如何让西部片演变成一种"美国影像故事的基石"的。

从文献中我们可以看出，汤姆·米克斯前三十年的人生都在被训练成一个典型的电影牛仔。米克斯于 1880 年出生在宾夕法尼亚西部的一座农场里，十岁的时候他被野牛比尔狂野西部的奇景迷得神魂颠倒，于是他决定成为一名真正的西部英雄。他不断地练习上马和下马，直接骑在马背上，站在奔驰的马上，同时他还训练自己使用绳索和枪的技能。为了寻求荣誉和冒险，米克斯报名参加了美西战争，不过战时的他只是一名驻扎在特拉华工厂和水道的守卫，以防止敌军的破坏。美西战争之后，他擅自离队，被官方列为军队逃兵。

随后，汤姆·米克斯逃往俄克拉荷马州的格思里（Guthrie），他在那儿找到了工作，在农忙季节担任农场保安和酒保。之后，他又前往了杜威（Deway），成了一名助理警察兼夜间值班员。1905 年年末，米克斯被米勒兄弟的"101 狂野西部农场"雇用，成了一名全职牛仔演员，此后的一段时间他一直都在俄克拉荷马必列斯地区附近演出。在养牛场后方，往往会进行马术竞技和农场特技表演，这是生活艰难的牛仔们彼此炫耀自己胆量的娱乐时间。在米勒兄弟的"狂野西部秀"中，米克斯最初扮演了一名小偷，他的皮夹克上被系上了一根绳子，绳子的另一端则被拴在了马上，他在广场的地上被马拽着拖来拖去。到了1908 年，他的技能已经变得首屈一指，被誉为"101 狂野西部农场冠军"，此时的他已被冠以"牛仔冠军"或是"牛仔之王"的称号。不久之后，米克斯又在内布拉斯加州的夏安（Cheyenne）、怀俄明州和格兰岛的边境庆典马术竞技会上斩获多项大奖。

1909 年年初，米克斯和一位马术表演技能精湛的女孩奥丽芙·斯托克斯（Olive Stokes）结了婚。那时，拴在他皮夹克上的绳索已经成为"狂野西部秀"上最吸引人的亮点之一。这个西部秀每一季度都会在西雅图上演，它的另外一个亮点则是四十名印第安黑脚族人的战争表演。1910 年年初，米克斯和他的妻子又加入了威尔·A. 迪基（Will A. Dickey）的"圆 D 农场狂野西部秀"（Circle D Ranch Wild West Show）和印第安公会（Indian Congress），这个公会与塞利格透镜公司签订了合约，为西部片的拍摄提供人力、牲畜和道具。

米克斯在俄克拉荷马州的牛仔、马术竞技和执法经历让他清楚地认识到电影的故事内容以及他自身的表演风格，继而改变了整个西部片的类型风格。更加重要的是，他是美国老西部接受实践训练的最后一代。正如凯文·布朗洛所言，最后一座得克萨斯长脚牛牧场被拍了下来，它记录了一个静寂的西部。对于大多数出生在二十世纪之交以及其后的电影牛仔和特技演员而言，他们能够真正学习西部技能的唯一机会就是参加马术竞技比赛，这些竞技比赛实际上也形成了一个表演产业。因此，米克斯是少数几个横跨了"真正牛仔之死"和"影像牛仔之生"的人。

汤姆·米克斯出演的第一部塞利格旗下的电影是《农场骑手》（*The Range Riders*，1910），该片由奥蒂斯·特纳在密苏里州的弗莱明顿（Flemington）拍摄而成。米克斯饰演了一位身陷三角恋之中的警官。愤怒的情敌带领一群印第安人想要破坏米克斯女友所拥有的农场，这一举动导致农场里的牛群四处惊逃。当时，埃塞尼影片公司拍摄的西部片只是将类型化的情节剧放置在科罗拉多州的美景之中，与之不同的是，影片《农场骑手》已经形成了成熟的电影风格，将观众非常熟悉的冲突与美国西部独一无二的人物及景色结合起来。米克斯在"101 狂野西部农场"学会的牧牛和绳索圈牛技能支撑了整个故事的发展。

塞利格非常清楚汤姆·米克斯代表的是靠出卖劳动力为生的牛仔们，他们日渐被科技和文明所取代，于是影片《农场骑手》的广告语是这样写的："一种日益稀少的典型美国生活模式，然而它却会在几年之内彻底消失不见。"《电影世界》也评论了这部电影：

> 电影是一种重要的公众艺术。它以不朽的媒介形式重新创造了平原上的不羁骑手、独具风格的牛仔和狡诈的印第安人等形象。在短短几年间，这一切都会永远消逝。但是由镜头承载的这一切在未来的好几个世纪都将栩栩如生地再现在银幕之上。塞利格卓绝群伦地再现了这些场景。电影《农场骑手》包含了所有这些元素，成就了一部扣人心弦的电影。

当时所有的评论都认为塞利格有意将过往的生活用镜头保存下来，以便能使未来的美国人了解过去。这一说法盖过了那些俗套的论断，认为早期电影人根本没有想过他们的电影会有历史价值。

米克斯主演的下一部电影是《大西南的农场生活》（*Ranch Life in the Great Southwest*，1910），这往往被错误地认为是他的电影处女作，这部电影也是由特纳导演的。据曾为米克斯撰写传记的作者鲍尔·E. 米克斯（Paul E. Mix）所言，这部电影在俄克拉荷马州的杜威附近拍摄，担任警察一职的米克斯曾在此地短暂停留过。电影中有一个小细节，由五名技艺超凡的牛仔来表演马术技能，这其中就有米克斯，他负责绳索以及掌控方向。这部电影的结构和波特的《牛仔的生活》十分相似，这部半纪实片式的电影于 1907 年年初与观众见面。该片的广告和海报将《大西南的农场生活》视为"人类主题"，所有的参与者都被誉为"直面生死，蔑视科学的发展和人类的界限"，米克斯更是被冠以"曾经的美国警察——擅长绳索和马术的强手"。无论是在美国国内还是海外，这部电影都获得了巨大的成功。俱乐部剧院（Casino Theatre）将米克斯的名字写在了剧院的电影海报上，《大西南的农场生活》在此只上映了两个晚上就掀起了观影热潮，吸引了爱达荷州科达伦市（Coeur d'Alene）百分之四的人口前来观看。《电影世界》抒发了肺腑的赞美之情："噢！这部电影竟这般广博！无垠的平原，奔驰的马群，还有自由。"

米克斯所带来的疯狂效应无疑让《大西南的农场生活》的宣传活动大获成功，这场宣传中的两个宣传点成了汤姆·米克斯的代名词："直面生死"的特技以及对其从影之前事业的过分夸大。与其他人相比，米克斯才是那个创造了一种强调危险特技的电影化表演和叙事风格的演员。然而，随着他的受关注度日渐上升，米克斯对于他过往的历史也开始遮遮掩掩、胡编乱造。比如，他编造了自己曾在古巴作为罗斯福志愿者骑士的经历，以及他参加布尔战争、美西战争和第一次世界大战的经历。对于野心勃勃的米克斯而言，只当一个马术竞技比赛的冠军、工薪牛仔和兼职夜班警察是远远不够的，他想要成为众人皆知的英雄，打赢他生命中的大小战役。可以说，正是他真实的经历和银幕上的动作戏将他与同时期的其他牛仔影星区别开来。

在拍完《大西南的农场生活》之后，米克斯和他的妻子奥丽芙又出演了几部奥蒂斯·特纳执导的其他电影，这其中就包括《荒野之中》（*In the Wilderness*，1911）。在这部电影中，米克斯饰演一位政府官员女儿的未婚夫，他必须要从一位愤怒的求婚者手中救下他的未婚妻，这位求婚者煽动当地的印第安人发动叛乱，作为对求婚未果的报复。从特纳的剧本中可以看出，在倒数第二幕中，米克斯和奥丽芙二人骑在马背上，紧跟其后的是穷追不舍的印第安人。《五分钱影院》称赞《荒野之中》是"塞利格所擅长的早期定居者主题，就这一主题而言，塞利格似乎已经获得了自己的话语权……这类电影的美感在于它们为冲突和动乱提供了合理的缘起……影片中既有天地之大又有人生之广……这真是百里挑一的佳作"。

此后，米克斯继续不时出演主角，比如《东部来的人》（ *The Man from the East* , 1911 ）。该片讲述的是一名东部大学毕业生前往西部农场，他试图以自己的实际行动向女友展现男子气概的故事。他挫败了牛仔们的恶作剧，并最终赢得了他们的尊重，成功获得女友的青睐。拉里·朗曼（Larry Langman）对这部电影写下了如下评论：

> 这部电影是西部片早期经常出现的代表性主题之一——西部重生之力量。在这些电影中，东部人往往被描述成在身体或精神上是屏弱或残缺的，只有接触西部的环境，灵魂或"律例"才使得一个人充沛如新，获得重生。

这部电影或多或少地反映了米克斯的个人信条，该片也因此而大获成功。于是，三年后米克斯又重新拍摄了这部电影。

在1911年的8月初到11月间，汤姆·米克斯——"塞利格旗下著名的西部牛仔演员，以及他的妻子奥丽芙·斯托克斯，他们被誉为世界上最伟大的马术师"。最终，二人都成了塞利格电影摄制组的一分子，他们在科罗拉多州参与拍摄了十一部电影。然而，仅仅拍摄完成三部之后，主创导演和团队主管都相继离开公司，米克斯开始和威廉·唐肯一起担当主管的角色，并在奥蒂斯·B.泰耶尔（Otis B. Thayer）执导的电影中分饰英雄和反派角色。

在电影摄制组驻扎在科罗拉多州期间，米克斯尝试了各式各样的危险特技，铺天盖地的新闻报道使得他在当地名声大噪。1911 年 11 月 16 日，有报道宣称米克斯和一头巨大的公牛进行"决斗"，他从一辆疾驰的机车上一跃而起，将公牛掀倒在地，像是十二秒钟就完成了这一切，这一壮举在科罗拉多州无人能及。这篇报道最后说道："米克斯先生和他的同伴为了电影拍摄而完成的许多特技都是极其危险的，拍摄时需要一定的技巧，他们真是非常了不起。"洋洋洒洒的新闻报道也让观众愈发相信他们看到的一切都是真实的，这也使得虚构的故事变得更加激动人心，也更加真实。

1912 年，汤姆·米克斯决定不再与塞利格续约。同年，他被任命组织第一届卡加里牛仔节（Calgary Stampede），这是一年一度的国家盛典，标志着传奇的西部牛仔在被边缘化进程中的背水一战，正是现代文明敲响了这些野性且敏捷的骑士们的丧钟。米克斯和其他卡加里牛仔节的倡导者因此而找到了举办庆典的动力，正如之前的塞利格和野牛比尔一样，他们开始承认并利用这一逐渐消逝的西部生活。在蒙特利尔进行表演时，米克斯身受重伤——他的下巴被牛角刺穿了，在这之后他便退出了庆典活动。

1912 年感恩节之后，米克斯又回归到塞利格位于科罗拉多州卡农城的拍摄现场，很快他们便重新开始合作。在米克斯缺席的十一个月中，塞利格发现米克斯参演的西部片不仅让他在美国成为大受欢迎的牛仔明星，甚至在欧洲也名声大噪。英国蒂斯河畔索纳比（Thornaby-on-Tees）的中央影像殿堂公司（Central Picture Hall Palace）和克拉德利·希斯（Cradley Heath）的公司都曾向塞利格发出邀请，希望汤姆·米克斯的个人海报能在他们的大厅中进行展出。除此之外，理查德·亚伯已将维太格拉夫影片公司的情节剧、D. W. 格里菲斯的《艾德布许峡谷之战》（*The Battle of Elderbush Gulch*，1913）以及汤姆·米克斯主演的西部片视为在法国最受欢迎的美国电影，这也印证了《电影世界》的观点，电影已然成了一个"美国化的世界"。

　　1911 年到 1912 年，这些证明汤姆·米克斯之名望的证据反驳了一直以来的一个假设，即布朗乔·比利·安德森才是那时唯一的牛仔明星，以及米克斯直到 1917 年加入二十世纪福克斯电影公司之后才真正成为一名影星。实际上，虽然最初的"布朗乔·比利"系列电影是在 1910 年上映的，但是直到 1912 年，安德森才得以"一战成名"。1913 年，西格蒙德·卢宾公司的西部牛仔影星罗马伊内·菲尔丁（Romaine Fielding）在粉丝杂志的票选中被评选为"最受欢迎的西部牛仔演员"。根据皮特·博格丹诺维奇（Peter Bogdanovich）的研究，牛仔影星 J. 沃伦·凯瑞甘（J. Warren Kerrigan）在 1911 年到 1913 年期间，曾出演过埃兰·德万（Allan Dwan）执导的一百多部电影。与安德森类似，菲尔丁和凯瑞甘也都来自戏剧界，不过他们并没有米克斯卓越的牛仔技能和敏捷身手。汤姆·米克斯之所以能捕获观众的芳心，原因在于他从 1913 年起几乎每周都为塞利格拍摄一部电影，只是这些电影不再是在科罗拉多州拍摄的。

　　1912 年，MPPC 各成员公司跟随塞利格的步伐，派遣能够自给自足的制作团队前往西部，以在真实环境中拍摄西部片。到了 7 月份，亚利桑那州的普雷斯科特商会利诱由菲尔丁主管的西格蒙德·卢宾新西部公司前往他们的小镇待上五个月，在此期间，他们共拍摄了十五部电影。在西格蒙德·卢宾新西部公司搬往墨西哥之后，普雷斯科特的商会又为塞利格在卡农城的十六人电影摄制组做好了安排，使他们在 1913 年 1 月的第一周顺利完成拍摄。

在接下来的一年半时间里，汤姆·米克斯继续在普雷斯科特为塞利格拍摄西部片，他们在那里拍摄了丰富多样的场景。小镇外的地理风貌既有连绵不断的群山和深谷，又有大片的绿色森林和被称为"屠宰场峡谷"（Slaughter House Gulch）的死寂沙漠。石头堆叠成五百米高的岩谷，即"花岗岩谷"（Granite Dells），它的奇景足以用一部纪实片来专门展现它。但是对于大多数观众而言，影片中仅拥有秀美的自然风光远远不够——他们更欣赏发生在异域风情中的动作戏。1863 年，普雷斯科特被确立为亚利桑那州最早的四县之一，在塞利格的摄制组抵达那里之时，它仍然维持着老式西部小镇的面貌。正如凯文·布朗洛所记述的，这样的小镇为早期的西部片提供了更加原始的背景，比起那些在好莱坞片场重新搭建的布景，这显然要更加真实。

认识到汤姆·米克斯对公司的重要性之后，塞利格在普雷斯科特外围建造了"钻石 S 农场"用来收养摄制组的牛马，后来这里也发展成为日常拍摄的外景地。这座农场拥有一座大宅，据说这是塞利格专门为米克斯和他的家人建造的。这座农场的名字是塞利格受到自己公司标志的启发，将字母"S"镶嵌在一颗钻石之中，我们可以在所有的电影和广告中看到它。

在 1913 年的大多数时间里，知名影星汤姆·米克斯、威廉·唐肯、梅列丽·斯特德曼以及配角演员雷克斯·德·罗塞里（Rex de Roselli）和莱斯特·库内奥（Lester Cuneo）重新排演起他们在科罗拉多州曾经尝试过的人物类型，这可谓是信手拈来。当米克斯不再饰演电影主角时，他通常会与威廉·唐肯搭档充当反面角色。在《亚瓦派的警长》

（*The Sheriff of Yavapai County*，1913）一片中，米克斯是阿帕奇人弗兰克，一名靠不义之财营生的赌徒；在《驯服得克萨斯的皮特》（*The Taming of Texas Pete*，1913）中，他饰演了一名混血绑匪，洗心革面的酒鬼唐肯千方百计地阻挠着他的阴谋；在《萨莉一枪毙命》（*Sallie's Sure Shot*，1913）中，米克斯又成了印第安大恶棍吉姆，这个不法之徒想要用炸药炸死唐肯的女朋友。上述这些电影均由唐肯编剧、执导而成。

米克斯也曾饰演过一些更加复杂的角色，比如在《大牧场之子》（*A Child of the Prairie*，1913）中，他饰演了一位农场主，在整整十五年时间里，他都在坚持不懈地寻找下落不明的女儿。然而，正是这部电影最终启发了约翰·韦恩拍摄了不朽的名作《搜索者》。在《宗教和枪击》（*Religion and Gun Practice*，1913）中，米克斯变成了一名西部逃犯，他被一位传教士的女儿所感化并最终改过自新，这很像布朗乔·比利·安德森以及后来威廉·S.哈特（William S. Hart）所饰演的经典角色。1913年，汤姆·米克斯在拍摄塞利格旗下的西部片中将自己塑造成了一名粗犷且不修边幅的牛仔，而这只是他漫长演艺生涯中的一个插曲。这些角色在二十世纪汇聚成了银幕上最主要的牛仔英雄形象。

米克斯将一些马术竞技风格的特技融入到他参与编剧的电影《王法与不法之徒》（*The Law and the Outlaw*）中，该片于1913年6月4日上映。电影中的一幕让人们回想起他在"狂野西部秀"中的表现——米克斯被一匹受到惊吓的马拖拽在地上。通过击退愤怒的公牛，他最终救出了农场主的女儿。此外，米克斯还在双手被铐住的情况下，从陡峭的岩石路堤上滚了下来，并最终顺利逃脱。塞利格大张旗鼓地广而告之，他甚至宣称在这部电影的一些场景中采用了真正的子弹进行拍摄。米克斯在《王法与不法之徒》中的敏捷身手以及花样百出的特技迅速引起了轰动。

几个月之后，米克斯又编剧、出演了《偷牛贼的逃亡》（*The Escape of Jim Dolan*，1913）一片。这一次，电影情节提供了大量的机会，让米克斯能够尽情展现他的不凡身手和马术技能。影片讲述了一位心怀嫉妒的阿帕奇人陷害吉姆·多兰（汤姆·米克斯饰）偷了一头牛，吉姆因此而被判处十年监禁。吉姆的女友把锯子藏在食物中并带给他，她还安排了一匹马在监狱外等他。吉姆锯断了牢房的窗户，顺利逃脱了自卫队的追捕。后来，他的马不幸跛了脚，他便躲在水下，用随身携带的来复枪枪管帮助呼吸。不过，吉姆最终还是被阿帕奇人抓住了，他将吉姆拴在马尾上，在地上四处拖着他乱跑。幸运的是，吉姆被一名矿工救下，在精心疗养后他渐渐痊愈。最终，阿帕奇人在一次酒吧酗酒事件中身受重伤，他在临死前坦白了自己的罪行，这让吉姆终于与他的女友再次团聚。

塞利格很清楚汤姆·米克斯独一无二的影像魅力，于是他宣称影片《偷牛贼的逃亡》展示了"汤姆·米克斯绝佳的生死特技"。该片的宣传广告细数了各式特技，但并没有将这些特技与故事中的虚构角色联系在一起，而是归功于饰演这些角色的演员："看看汤姆·米克斯是如何在飞奔的骏马上更换马匹的；汤姆·米克斯被拴在野马的马尾上；汤姆·米克斯在广阔无垠的草原上被野马拖拽着；汤姆·米克斯越狱了……他将如何九死一生……这无疑是银幕上前所未有的、最精彩的西部片。"汤姆·米克斯似乎超越了自己所饰演的角色。

汤姆·米克斯的人气愈发高涨，全美的报纸和杂志都开始报道他的特技，特别是那些千钧一发的惊险时刻，比如在拍摄《偷牛贼的逃亡》

时所发生的小事故。《纽约剪报》的报道甚至宣称，当米克斯想要从一匹奔驰的骏马跳到另外一匹马上时，他一不小心越过了马匹，整个人头朝下重重地摔在了地上，失去了知觉。在第二次拍摄时，马匹虽然以每小时四十千米的速度飞奔着，但他最终还是获得了成功。

这些知名报纸对危险重重的电影特技的报道，无疑为塞利格出品的西部片增添了更多"真实性"，同时也将汤姆·米克斯的个人魅力和成就与其他牛仔影星区别开来。人们口口相传米克斯的特技作品，这也使得动作特技成了西部片英雄特质中的一个关键性因素。所有关于汤姆·米克斯在塞利格出品的电影中，亲自表演特技的说法都是真实的，这也解释了为何《偷牛贼的逃亡》会如此受欢迎，该片不仅红遍了全美，甚至也在欧洲掀起了一阵观影热潮。

在签约二十世纪福克斯电影公司之后，米克斯开始改变自己在拍摄时所穿的戏服，将自己装扮成了一名杂货店牛仔。在塞利格旗下拍摄的所有西部片中，米克斯被设定成了一名农场牛仔。在《王法与不法之徒》和《偷牛贼的逃亡》大获成功之后，他的名声大噪，塞利格便将他的照片印在一系列影片的海报上。在最经常使用的照片中，米克斯双手叉腰、自信满满地直面镜头。他身穿皮裤、脚蹬带有马刺的皮靴，一条方巾系在他的脖子上，头上还戴着一顶牛仔帽。塞利格的"钻石 S 商标"则挂在米克斯的胸前。

影片《偷牛贼的逃亡》塑造了"牛仔超人"的形象，虽然我们并不能因此而认为塞利格的广告宣传影响了钢铁侠的设计，因为在米克斯的照片散布开来的一年之后，超人系列的创造者们才刚刚出生。汤姆·米克斯渐渐成了孩子们心中的童年英雄——野牛比尔·科迪的继承人，他成了一名所向披靡的西部英雄，同时也是第一位牛仔影星。与科迪的现场表演不同，米克斯的电影可以同时被全世界的人们欣赏到。观众很快就厌倦了受限于"五套表演"的情节剧牛仔明星，比如布朗乔·比利·安德森，相较于米克斯，他缺乏丰富的牛仔技能以及对精彩动作的呈现。迫于观众无比渴望勇敢无畏的动作戏的压力，安德森开始采用特技演员充当他的"替身"。公众对于汤姆·米克斯的喜爱，使得电影牛仔英雄被重新定义。这种改变也不再局限于西部片当中，继而囊括了所有的"动作—冒险"电影。米克斯的竞争对手被期许能够参与动作更丰富的牛仔技能展演，而米克斯个人则受到了更大的挑战，为了吸引更多观众，他不断尝试更加惊险的特技。在他接下来参与编剧的电影《警长和盗马贼》（*The Sheriff and the Rustler*，1913）中，米克斯从奔驰的骏马上一跃跳到了飞驰的火车顶部，并在车厢顶部展开了徒手搏斗，最后从火车顶部跌入河流之中。1913 年，米克斯在他出演的众多影片中加入了许多表演成分，这些特技都成了后来西部片中广为人知的元素。

米克斯继续参与公开的马术竞技赛事，这进一步增强了影片特技的真实性以及由他参演的西部片的可信度。在 1913 年 7 月 4 日到 7 月 5 日，他参与了普雷斯科特的"边境日"马术竞技比赛。他在牛仔技能、绳套技能和斗牛项目中获得了第二名，在骑牛竞赛中获得了第一名，在第二次斗牛的挑战中又拔得头筹。同年 9 月，米克斯为在普雷斯科特的首届亚利桑那北部市集（First Northern Arizona Fair）组织了一场"西部特技比赛"，并且还参与了在麋鹿剧院（Elks Theater）上演的杂技表演，同台演出的还有塞利格旗下的演员威廉·唐肯、梅列丽·斯特德曼、雷克斯·德·罗塞里和莱斯特·库内奥。

1915 年，米克斯在参加一场洛杉矶的马术竞技比赛时，受到两辆

汤姆·米克斯的"牛仔超人"造型，他的衬衫上印有塞利格"钻石S"的
标志

笨重火车的冲撞而身受重伤。他的下颚破裂、胸骨粉碎、腿骨碎裂并且还有很多内伤。一时间，许多报纸的头条新闻都宣布"汤姆·米克斯受到了死亡的威胁"，还有一些报纸则引用了医生的诊断，声称米克斯"几乎没有复原的可能性"。一份回顾惨剧发生过程的杂志文章标题是这样写的——"汤姆·米克斯被宣告死亡后重新出现在医院之中"。这场事故和公众对它的注意力进一步确保了米克斯是一名真正的粗犷牛仔影星，传奇性的文字报道加深了他不惧死亡的牛仔超人形象。

米克斯的电影成功激发了其他农场牛仔和马术明星通过塞利格的西部片触电大银幕，比如阿尔特·阿科德（Art Acord）和胡特·吉普森（Hoot Gibson）。根据凯文·布朗洛的说法："牛仔们会在春天参加马术竞技比赛或者'狂野西部秀'的巡演……秋天的时候则待在农场里干活，然后在冬季的数月里住在塞利格片场附近的一座牛仔宿舍中参与电影演出。"即使汤姆·米克斯没有出现在电影银幕上，他并未树立西部片的特技美学，也仍将会有其他人来完成这些事情。但是，如果塞利格没有在西部建立他的片场，恐怕就不会有真正的农场牛仔为了拍摄电影而移民东北部，并成为"东部人"了。

威廉·唐肯在1913年年底被誉为"米克斯西部片"的导演，这是电影牛仔原型塑造的结果，这也表明了汤姆·米克斯持续升温的火热度。不久之后，唐肯离开了塞利格透镜公司，转而加入了维太格拉夫影片公司，并且重新开始了他的表演事业。米克斯则在1914年开始进行编剧和导演工作。

到了1914年，塞利格重新让米克斯的摄制组前往加利福尼亚州的格兰戴尔进行拍摄。由于这里十分接近塞利格的恩登戴尔片场，从而使得米克斯不时可以参与时长更长、成本更高的西部片制作，并与其他影星一同出演由公司最具实力的导演科林·坎贝尔（Colin Campbell）执导的电影。以这种方式拍摄的第一部电影是《飞"U"的筹码》（*Chip of the Flying "U"*，1914），这部西部喜剧改编自 B. M. 鲍尔斯（B. M. Bowers）撰写的一本流行小说。塞利格旗下最受欢迎的女演员凯瑟琳·威廉姆斯（Kathlyn Williams）在这部电影中联袂出演，饰演了一位女医生，她可以像对她思慕已久的米克斯一样持枪保护自己。最终，米克斯在野马蹄下英雄救美，与女主角坠入爱河。这个故事展现出新兴出现的女性幻想罗曼史，这类电影往往讲述的是自信的职业女性和极具男性气概但却有点笨拙的牛仔之间的故事。影片《飞"U"的筹码》是米克斯和威廉姆斯最后一次搭档演出，这恐怕也显示了以女性为中心的牛仔故事缺乏更广泛的市场吸引力。

汤姆·米克斯的表演并没有什么精妙之处。当他在西部喜剧中表演时，特别是当他自己担任导演之后，其表演就会显得无比平淡无奇。但是，当他在饰演戏剧化的角色时，往往会将极其夸张的禁欲心态投射到表演之中。

1911 年，汤姆·米克斯出演了《单身警长》（*Why the Sheriff Is a Bachelor*），并在片中饰演了一名忠于职守但却将爱人的哥哥绳之以法的警官，他也因此失去了自己的爱人。1914 年，米克斯又在该片的翻拍版本中再次饰演了这一角色。同一时期，米克斯又出演了《替罪羔羊》及其翻拍版本（*The Scapegoat*，1912／1914），该片中主角的困境和《单身警长》一样，但是结果却有所不同。当他发现未婚妻放走了有罪的哥哥时，《替罪羔羊》里的警官将被盗的金钱、手铐的钥匙和警徽交给了他的爱人，然后自己充当了替罪羊畏罪潜逃。即便是米克斯为爱人退一步时，他的伦理观也不允许他再和使他犯罪的女人继续待在一起。吉尔伯特·安德森和威廉·S.哈特在他们的西部片中也笃行着同一条道德律令，在第二次世界大战时，大多数牛仔英雄都如是奉行。这一道德律令根植于犹太教、基督教和十九世纪情节剧的传统之中，主人公生活在一个黑白分明的世界里，对道德有着严格的约束。这些西部片留存下"基于绝对的道德：善恶之间、对错之间、英雄和恶人之间绝无灰色地带"的种种故事形式，组成了最主要的影像故事。《单身警长》和《替罪羔羊》违背了既有的戏剧套路，影片并没有让男女主角在高潮中合二为一，因此呈现出更加广阔的叙事复杂性。

1914 年 9 月下旬，在汤姆·米克斯写给他芝加哥老板的一封信中，展露出他们异样的工作关系。虽然恩登戴尔片场已经开始拍摄时长更长的多卷电影，但米克斯仍继续每周制作一部两卷胶片的西部片，每部影片的成本只有五百美元。米克斯认为公司位于洛杉矶格恩登戴尔郊外的西部片片场仍缺少真实的氛围，令自己的发挥颇受约束，他非常想在"乡村农场"重新开始摄制电影。他向塞利格寻求支援，力图拍出年度最佳场景集合，也希望他能拨款买一辆二手汽车，因为买车比继续租车更划算。除此之外，后来塞利格恩登戴尔蓝图中的西线主管托马斯·帕森斯（Thomas Persons），从米克斯偶尔与他的联系来看，米克斯的摄制组已然拥有一定的自主权。或者说，米克斯往往会直接与塞利格进行沟通。

像野牛公司的托马斯·恩斯这些所谓的独立电影人，他们其实一直都在制作成本更高的西部片，为了与他们一较高下，塞利格拍摄了《振聋发聩的雷霆之声》（*In the Days of the Thundering Herd*，1914）一片。"狂野西部秀"的策展人波尼人比尔有一座位于俄克拉荷马州的农场，足足有二十八平方千米那么大，这部电影就是在那儿拍摄的，拍摄周期是 1914 年 1 月到 2 月。塞利格之所以选择这座农场作为外景地，主要是想利用居住在农场周围的七百多名波尼印第安人，据说这里养着彼时数量最多的牛群。根据一篇《振聋发聩的雷霆之声》影评中所提及的背景信息，塞利格指示编剧吉尔森·威列茨（Gilson Willets）和导演科林·坎贝尔"必须对历史正确性给予特别的重视，小事件和细节都不能忽视"，由此重新回到 1849 年，讲述拓荒者们浪迹西部农场的虚构故事。

在这部电影中，有一个动感十足的推拉镜头，"驿马快信"的邮递员米克斯双手撑住马背，从一匹奔驰的骏马跳到了另一匹马上。在野牛的踩踏中，他救下了自己心爱的女人 [贝茜·艾顿（Bessie Eyton）饰]，一个长镜头拍完了他在牛群之中英雄救美的全过程。电影还运用了引人入胜的全景镜头，展示了长长的货运火车和星罗棋布的印第安村庄。此外，一个令人为之一振的广角镜头，逆光拍下了印第安人从山巅打马跑下的剪影，这种镜头组合和电影技巧后来成功地被约翰·福特用在了他的电影之中。与这种华丽的影像艺术形成鲜明对比的是衣衫褴褛的牛仔和拓荒者们，他们带着一种纪实片的感觉进入到电影调度之中。

与大多数西部片不同的是，影片《振聋发聩的雷霆之声》中的印第安人主要用弓箭猎杀野牛，同拓荒者进行斗争。虽然波尼人比尔 [又名戈登·力列（Gordon Lillie）] 曾向国会请愿，希望能将猎杀野牛的行为视为非法活动，但为了顺利完成电影的拍摄，他最终允许了几头野牛被杀死。影片《振聋发聩的雷霆之声》无疑是威廉·塞利格拍摄的一部关于西部移民的史诗电影，该片也成为九年后更为人所知的《蓬车队》（The Covered Wagon，1923）的雏形。

根据《田纳西美国人》（Tennesse-American）的说法，《振聋发聩的雷霆之声》"为西部大电影提出了新的要求"。英国月刊杂志《电影与影迷》(*Pictures and the Picturegoer*)在大肆表扬该片的同时还存有一点小小的保留:"可以说,这并不是塞利格呈现给我们最好的西部片,但这的确是其中的一部。"

第一次世界大战的爆发对塞利格电影的国际市场产生了毁灭性的打击。此时,汤姆·米克斯开始重新编导、出演低成本的单卷和两卷电影。凯文·布朗洛注意到,米克斯"作为导演的才华并没有比当演员更胜一筹"。米克斯的影像构成往往没有将西部旖旎的景色纳入其中,他关注的焦点是个人的表演和动作。然而,作为"编剧–导演–演员"三位一体的身份,米克斯通常并不只将农场牛仔的形象和虚构电影的拍摄笼统地结合在一起。

影片《电影牛仔》(*The Moving Picture Cowboy*,1914)巧妙地借用和暗讽了米克斯的公众形象。他在片中饰演了一名电影明星,穿着嘲弄舞台牛仔的华丽戏服去参观叔叔的农场,这套行头后来还在米克斯为二十世纪福克斯电影公司拍摄的西部片和个人巡演中出现过。米克斯向农场牛仔们大吹大擂他在电影中的卓越功绩,他甚至还为这些牛仔进行了现场表演。这些丰功伟绩是此前电影特技的复制,米克斯的粉丝对此分外熟悉,包括驾驭野马、斗牛、从一匹奔跑的骏马跳到一列飞奔的火车上,以及从一群"嗜血"的印第安人手中英雄救美,等等。米克斯逐步向电影观众揭露出这些特技背后的真相,他嘲讽了自己的"牛仔超人"形象,比如片中展现了米克斯一个接一个的、笨手笨脚的失误。这个故事展现出米克斯在嘲弄自我形象时所透露出的幽默。作为"牛仔动作英雄之父",米克斯当然是第一个讽刺这类角色的演员,人们对此并未感到诧异。在塞利格旗下工作的几年中,米克斯经常会探索真实牛仔与电影牛仔碰撞之中所产生的幽默感。

　　在《比尔·海伍德，制片人》（*Bill Haywood, Producer*，1915）这部电影中，米克斯和两名牛仔同伴进入到电影行业中，但是在发现电影特技工作是如此危险之后，他们又再次回归到之前的农场生活。在影片《圣人布拉什·汤姆》（*Sage Brush Tom*，1915）中，米克斯饰演了一位相思甚苦的牛仔，为了赢得心上人的青睐，他不惜利用各种手段，直到最终他听说她已经回到了丈夫的身边。在《电影混剪》（*A Mix-Up in the Movies*，1916）中，米克斯和两名牛仔伙伴偷了一架摄影机，他们以假装拍电影的方式抢劫了银行。片中的女主角劝他们归还赃款，她告诉他们，真正的电影演员其实可以赚到更多的钱，但是警长最终还是紧追不舍，三人被迫开始了亡命天涯的生活。这些西部喜剧让观众看到米克斯的幕后工作方式以及塞利格电影摄制组相对简朴的工作环境，它们同时也强调了电影特技中无处不在的危险。

　　1915年7月，在接到塞利格的指示之后，汤姆·米克斯位于加利福尼亚州格兰戴尔摄制组的十九名演员和剪辑师搬到了新墨西哥州的拉斯维加斯，这里的自然风光显然更加迷人。米克斯摄制组的迁徙受到了新墨西哥州当地商会的请求。西格蒙德·卢宾公司的西部片摄制组也驻扎在新墨西哥州，不过第一部西部故事片却由塞利格拍摄完成，这段历史可以追溯到1910年。1915年7月中旬，三千名市民聚集在拉斯维加斯的圣达菲火车站，前来迎接汤姆·米克斯及整个摄制组的到来。陪伴米克斯一同前来的是即将开拍的电影中的女主角维多利亚·福德（Victoria Forde），她很快就成了米克斯的第二任妻子。塞利格旗下的演员们在拉斯维加斯的城镇上进行游行，夹道欢迎他们的是骑在马上的农场牛仔和乘车而来的周边城镇居民。马匹和汽车的拼贴从侧

汤姆·米克斯以嘲讽的姿态对待他所创制的经典西部片特技

面反映出美国西部城市的现代化进程，塞利格出品的西部片恰恰捕捉到了这种正在飞速消逝的生活方式。

在拉斯维加斯的第一个月里，米克斯就拍摄完成了六部西部片。他在所有外景地必做的事情就是参加当地的公会和各类组织，在拉斯维加斯也不例外，他参加了商会、麋鹿剧院和钓鱼俱乐部，并且被任命为圣米格尔县（San Miguel County）的代理警官。1915 年 10 月，威廉·塞利格前来拉斯维加斯探班汤姆·米克斯，三个月后，这个电影摄制组进行了最后一次迁徙，最终他们定居在了加利福尼亚州的纽霍尔（Newhall）。

纽霍尔最终成为电影牛仔明星威廉·S. 哈特和哈里·凯瑞定居的私人农场，这个城镇属于洛杉矶郡的管辖区域，但是与洛杉矶相比，这里可谓是另外一个世界。1916 年，这座小镇仍然保存了老式西部被风化的建筑和酒吧。塞利格称赞纽霍尔是一个为"激发真实西部氛围"而"量身打造"的小镇。迁徙到纽霍尔标志着自给自足的塞利格移动电影摄制组的终结，同一时间，电影工业的整体发展趋势也将洛杉矶区域内的所有电影制作基地化零为整。

米克斯在纽霍尔拍摄的西部片偏离了寻常的套路。一部拍摄于 1916 年的西部片有着非常奇怪的戏剧结构，影片中的戏剧冲突也显得异常混乱，因此让人们产生了许多想当然的误解。《交错之路》（*Twisted Trails*）的第一幕主要讲述了牛仔米克斯的故事，第二幕则聚焦在女主角贝茜·艾顿身上，前两幕看上去好像完全不相关。影片的第三幕出人意料地将所有人物联系在一起，这种拍摄方式使得威廉·K. 埃弗森（William K. Everson）和肯尼思·麦高恩（Kennenth MacGowan）都猜测这部电影是三卷胶片拍摄的独立西部片的合成体。

然而，现存的胶片和当时的电影评论都证明了《交错之路》实际上是一部精心策划的、完整的故事片。米克斯是一位牧羊的农场主，他发现了一伙正在偷羊的窃贼，于是便向警长报案。不过，他显然没有想到这伙窃贼的老大竟然是一名心肠歹毒的警察，于是他陷害米克斯成为窃贼中的一员。在米克斯想要与之决斗之前，体弱多病的继父和年迈的管家玛撒受到了警察以及强盗的威胁。米克斯只好跨上马背逃离了这个是非之地。他从奔驰的马上一跃而起，跳入一驾马车之中，将正在驾驶的马夫推至一旁，沿路狂飙，最终躲开了盗窃团伙的追捕。

就在这时，故事突然跳转到西部"阳光小姐"（贝茜·艾顿饰）的身上，她被苦炼镇上的一家舞厅老板收养，长大成人的她渐渐出落得漂亮大方。她拒绝了骗子克雷格·凯斯（Craig Keyes）提出的建议，这个骗子以谎话劝诱她前往自己的家中。凯斯妄图强暴"阳光小姐"，但她奋力开枪回击。那个雨夜，她跃上马背，遁入了黑夜之中，然而她根本不知道凯斯其实并未身受重伤，他仍在她的马后紧追不舍。

第二天早上，米克斯发现"阳光小姐"躺在地上。他将她带回了自己的家中，并且让玛撒帮忙照看她。米克斯随后便发现自己已被两名盗贼赶上了，但很快他就骑马跳上了一块木板，穿过了狭窄的峡谷，然后一脚将木板踢开，甩掉了追捕者。当小镇居民逐渐认清了警察的真面目后便逮捕了他，米克斯最终和"阳光小姐"结了婚。婚礼之后，当克雷格·凯斯透过窗户监视他们时，他无意间见证了米克斯和"阳光小姐"对自己身世的惊人发现，二人照片上各自的母亲竟然是同一个人。玛撒坦白了自己才是米克斯真正的母亲，她在医院时交换了婴儿，只是希望能给自己的儿子创造一个更好的家庭环境。她继续说道，克雷格·凯斯就是那个被交换的婴儿，他是"阳光小姐"真正的哥哥。凯斯对此感到深深的羞愧，他趁着夜色偷偷溜走了，而此时的米克斯、"阳光小姐"和玛撒则紧紧地拥抱在一起。

这种三幕剧的结构大概是为了迎合喜爱米克斯的男性观众、钟爱贝茜·艾顿的粉丝和仰慕尤金妮娅·贝茜尔（Eugenie Besserer）（玛撒的扮演者）的成熟女性。《交错之路》堪称早期类型片交融的一次尝试，其叙事特色是将风格各一的剧目勾连在一起，以吸引更广泛的观众群。即便是在今天，影片第三幕中米克斯与艾顿险些乱伦的故事也仍会令观众触目惊心。这种禁忌之爱并不像古希腊故事那样，其通常拥有一个悲惨的结局，并且通过十九世纪情节剧中的桥段——婴儿互换和身份揭露，来解决片中的矛盾和冲突。

目前并没有任何遗留下来的塞利格透镜公司的文件能够评判《交错之路》的成败，但是该片的国际账目表却显示英国和斯堪的纳维亚半岛在1917年3月和7月只订购了该片的九份拷贝版本。然而，海外订单的缺乏可能更多地源于第一次世界大战影响了塞利格的国际贸易，而并非电影的品质。

汤姆·米克斯为威廉·塞利格拍摄的最后一部西部片是《得克萨斯瑞恩的真心》（*The Heart of Texas Ryan*，1917），这部电影采用了西部片传统的故事情节，由墨西哥黑帮以及美国骑兵的"最后一分钟营救"段落组成。与《振聋发聩的雷霆之声》类似，《得克萨斯瑞恩的真心》全片只有五幕，该片也是由米克斯和贝茜·艾顿联袂出演的。但是与《振聋发聩的雷霆之声》不同的是，该片的叙事令观众感到非常困惑，通常由银幕表演传递出来的信息在这部电影中必须依靠幕间字幕才能理解。《得克萨斯瑞恩的真心》在汤姆·米克斯的纽霍尔农场进行拍摄，由E. A. 马丁（E. A. Martin）导演，这位导演非常擅长拍摄"丛林—冒险"电影。凯文·布朗洛的研究发现，影片本应改编自赞恩·格雷（Zane Grey）的一本小说，后来由于审查问题进行了改动。此外，一场瘆人的飓风袭击了纽霍尔地区，摧毁了精心为电影建造的外景地，这些外景本来可以增强故事的连贯性。虽然《得克萨斯瑞恩的真心》的国际订单明显少于《交错之路》，但在接下来的几年中，大多数观众还是接触到了该片的剪辑版本。

汤姆·米克斯为威廉·塞利格出演的最后一部原创西部喜剧应该是《西部明星》（*Starring in Western Stuff*，1917），该片是他与维多利亚·福德以及长期的合作伙伴席德·乔丹（Sid Jordan）共同出演的。与米克斯出演的诸多西部喜剧类似，这部电影主要讲述的也是在外拍摄西部片的牛仔与电影公司之间发生冲突的故事。故事从米克斯给他最喜欢的女明星福德写粉丝来信说起，这位女明星恰好也来到了他所在的小镇拍摄一部西部片。在一次冲突中，米克斯救下了他心爱的女明星，不过事后他才发现原来他们只是在彩排。他尝试嘲讽与福德饰演对手戏的阴柔男明星，不过他没能成功，但最终却在真正的歹徒袭击中英雄救美。与米克斯之前讽刺电影拍摄的西部喜剧片不同，《西部明星》并未涉及米克斯对于电影人的排斥，反而讲述的是电影人对他的疏远。在他为塞利格拍摄的最后一部西部喜剧中，米克斯的潜台词暗含了对西部片现状的批判：牛仔们如今热情拥抱电影，而真正的电影人却放弃了"真正的"西部，他们在洛杉矶市内以及周边地区安顿下来，拍摄简易的仿制品。

汤姆·米克斯在1917年和由影院经理转为制片人的威廉·福克斯签订了合同。考虑到米克斯和塞利格合作的五卷长片的重大价值，福克斯开始采取利润最大化的策略，他只让米克斯出演五卷长的西部片，于是米克斯成了他旗下最受欢迎的明星。福克斯的许多辉煌成就都可以追溯到塞利格为米克斯所制作的西部片之中，比如商业实践和叙事形式等。

威廉·塞利格将自己逐渐减少的电影事业整合到一起，他渐渐成为一名独立制片人，他利用令人难以忘怀的米克斯式的动作戏，拼凑出了一部名为《电影特技》（*Movie Stunts*，1917）的长片。最终，塞利格或租赁或卖出了所有米克斯出演的西部片，比如《得克萨斯瑞恩的真心》，1923 年该片重新改名为《一枪命中帕克》（*Sure Shot Parker*）。阿旺电影公司（Awon Film Corporation）购入了很多米克斯出演的西部片，并且将它们重新剪辑成一卷和两卷长的新片。阿旺电影公司为这些新拍摄的影片重新撰写了幕间字幕，以求将断断续续的素材连接起来，但是其结果往往不尽如人意，观众仍旧无法理解这些影片的内涵。不幸的是，这些混乱的长片被当成是塞利格旗下出品的作品，一方面是因为阿旺电影公司会继续使用之前那些大受欢迎的影片名，另一方面也是因为它们是少数现存的"塞利格－米克斯"合拍片，这也使得人们对"塞利格－米克斯"合作的影片产生了各式各样的误解。

后世的评论家似乎总是选择性地关注米克斯，而忽视了许多喜欢他的青年粉丝以及一些城镇观众，他们并没有认识到"塞利格－米克斯"西部片成功发掘了电影的基本特质——惊险动作戏，从而影响了胡特·吉普森、肯·梅纳德（Ken Maynard）、吉尹·奥特里（Gene Autry）和罗伊·罗杰斯（Roy Rogers）等后世牛仔影星。更为重要的是，米克斯也为后来所有的"动作—冒险"电影明星铺平了道路，比如道格拉斯·费尔班克斯（Douglas Fairbanks）和成龙。与米克斯一样，费尔班克斯也因为他谦逊的演技和特技美学而名垂影史。

米克斯为塞利格拍摄的最后一部西部片《得克萨斯瑞恩的真心》

　　提起成龙，人们往往会想起巴斯特·基顿（Buster Keaton）活力四射的特技美学，但实际上他显然和汤姆·米克斯拥有更多的共同点。他们无处不在的笑容以及自我嘲讽的风格非常相近，特技动作决定了他们出演的电影类型，并且将他们与其他动作明星区分开来。成龙也因为亲自表演特技动作而闻名遐迩。不像许多其他动作演员的特技，米克斯和成龙的特技都与叙事融为一体，推动了故事情节的发展。成龙与米克斯之间最为明显的关联是在他出演的西部片《西域威龙》（*Shanghai Noon*，2000）中，他表演了米克斯在九十年前原创的特技动作。

　　二十世纪二十年代，当汤姆·米克斯隶属于二十世纪福克斯电影公司时，他被誉为"美国十大票房灵药"。在米克斯为塞利格透镜公司出演电影期间，他并未获得类似的殊荣。此外，虽然塞利格出品的米克斯的作品远远多于二十世纪福克斯电影公司，但历史学家却错误地认为他在塞利格旗下时自创的特技表演和动作美学，是在其职业生涯后半阶段才出现的。比如，米克斯在《伟大的 K 和一场劫案》（*The Great K and A Robbery*，1926）中所表演的特技实际上最初产生于十三年前他为塞利格所拍摄的《警长和盗马贼》。

　　汤姆·米克斯主演的银幕牛仔英雄会重点展示身体动作，包括危险的特技、出类拔萃的骑射和华丽的马术技巧。拉里·朗曼将米克斯那些"轻松活泼的西部片"描述成"重视人物的个性而非角色的脸谱化，重视影片中的惊险悬念而非牵强的情节，重视娱乐而非现实主义"，与哈特作品中冗余的情节、阴郁的角色和刻板的现实主义形成了鲜明的对比。很明显爱德华·巴斯科姆（Edward Buscombe）也十分赞同这些言论："哈特瞄准的是道德尺度和现实主义，而米克斯追求的仅仅只是娱乐大众。他的电影经过精心的策划，是集特技、喜剧、格斗、追捕戏于一身的大杂烩，具有非凡的魅力，其目标受众定位于既已成型的、成熟的电影市场，相较于角色和主题的复杂性，观众显然更看重动作戏份和片中激动人心的氛围。"关于威廉·S.哈特所拍摄的电影，凯文·布朗洛认为，他的电影"彰显的是诗意现实主义，他决然回避了汤姆·米克斯的'杂耍—喜剧'套路，因为他聚焦的是电影的真实性。另一方面，米克斯则非常谦虚，他并没有妄图展示真实的西部面貌。他的电影在很大程度上受到了'狂野西部秀'的启发，并且十分忠实于野牛比尔的传统"。

汤姆·米克斯与威廉·S.哈特的这种对比反映出将"娱乐"和"现实"进行二元对立的轻率性。哈特严肃的表演风格被评判成比米克斯的欢快套路更加写实。然而，威廉·S.哈特是以舞台剧演员的身份进军电影界的，而汤姆·米克斯在加入塞利格旗下之前一直是一名农场牛仔兼马术明星。米克斯的背景无疑提供了哈特无法实现的真实性，更为重要的是，与哈特相比，米克斯还在大多数自己出演的电影中担任了编剧和导演等职务。无忧无虑的行为举止其实也应该被视为与沉闷对照物一样的写实。凯文·布朗洛注意到，虽然《得克萨斯瑞恩的真心》有其缺点——缺少人为的雕琢（比如米克斯的脸部特写镜头上出现了一只飞虫）以及对墨西哥人先入为主的种族偏见，但比起哈特所拍摄的风景优美的故事片，米克斯作品中呈现的西部世界显然更加真实。

显而易见，人们对于西部片、对于真实性一直存在着不同的看法，特别是在涉及汤姆·米克斯的电影时。大多数由塞利格制片的米克斯西部片都采用了诸如美国西南部实地拍摄这样的真实元素——实际生活中的布景、服装、马术、绳套和其他牛仔技巧，其叙事冲突和时代事件及背景交相呼应。然而，米克斯本人的表演几乎完全被遗忘或忽视了。

在这些电影中，主题严肃的电影故事和评论之间似乎存在着某种关联，而在其他类型电影中，一些娱乐主题的影片却很少受到类似的评论。汤姆·米克斯为塞利格所打造的西部片极具开创性，充分证明了这样的评论方式在电影史上有其不精确性和限制性。

第四章　伊甸园中的塞利格：
洛杉矶电影创世纪

　　1907 年 11 月到 12 月期间，弗朗西斯·博格斯将亚历山大·仲马（Alexandre Dumas）描写十九世纪法国社会的全球畅销小说《基督山伯爵》（*The Count of Monte Cristo*）翻拍成电影。电影片名被缩减成《基督山》（*Monte Cristo*），该片实际上是将广受嘉誉的戏剧版本荟萃成一个十四分钟的电影剪辑版本，这部小说在二十世纪早期时仍然不断被搬上戏剧舞台。与塞利格监制的《化身博士》类似，《基督山》也成就了一段经典，旨在将小说和戏剧粉丝吸引过来，拓展影院的观众群。

　　从一开始，博格斯的导演方式就反映出影片是根植于戏剧版本的翻拍电影。在影片的开头，大银幕上写着"第一幕"，随后幕布缓缓升起，然后是开片场景。这种有字幕的幕布在全片的五幕中都有使用，以此引入全片。在这些场景中，布景前的旧式家具、道具与增加布景延伸感的油画远景完美地融合在一起。一阵人工形成的轻柔微风吹动了一面旗子，飘扬在塞利格芝加哥片场的外景地上。演员从舞台左右两侧上台和下台，以情节剧中流行的表演方式直面镜头／观众。他们一般位于画面的正中央，摄影机总是从正面拍摄他们。另外一个融入场面调度的戏剧元素是在舞台前方镶嵌着一条细小的链锁镶边。

《基督山伯爵》戏剧版本的高潮出现在主角埃德蒙·邓蒂斯（Edmond Dantes）终于从监禁他好几年的孤岛上成功逃脱，安全地游回大陆上，重获自由。他高举双手，大声宣布："世界是我的了！"塞利格和博格斯一致认为，这一著名场景不应该在片场中拍摄，而应该去真正的沙滩取景。芝加哥的严冬几乎让任何演员都无法畅游在附近的密歇根湖中，来重新打造类似的场景，因此塞利格同意让博格斯和摄影师托马斯·帕森斯前往南加州地区，选一处太平洋上的沙滩来拍摄这一场景。

对于塞利格而言，这是一个非常艰难的决定。就在此前的一个月，塞利格透镜公司刚刚接受了法庭的审判，法院最终宣判塞利格透镜公司侵犯了爱迪生的摄影机专利权，公司前所未有地濒临破产的边缘。塞利格的财务状况显然受到了法律判决的影响，他同时也被法院要求停止一切使用摄影机的行为，但塞利格最后还是决定听从他的意志，并决心赌上一把。他和博格斯促成了一个激进的想法，二人认为只要不用人为的戏剧方式来再现《基督山》中这真实的一刻，就一定能让观众对电影本身产生移情的效果，从而吸引全新的受众，为塞利格提供足以令他为之继续奋斗的资金和赞助。反之，如果他的公司被迫关闭，那么塞利格至少还能拥有一部令他引以为傲的电影。巧合的是，博格斯的小儿子和他的前妻也住在加利福尼亚，他甚至可以利用圣诞假期前去探亲，这也省下了一些差旅开销。

随后，博格斯和帕森斯抵达了洛杉矶，他们以一点五美元的价格雇用了一位穷困潦倒的展览馆催眠师，并且让他充当之前在芝加哥饰演邓蒂斯的演员的替身。三人乘坐一辆太平洋电力车，从洛杉矶市中心开往拉古纳海滩（Laguna Beach）独特的三拱门岩石风景区。托马斯·帕森斯用手摇动摄影机，等待"邓蒂斯"从海中出现，但是那位催眠师却没能浮出水面。帕森斯和博格斯赶紧扎入水中，然而他们最先想到的却是从水面上捞起租来的假发和胡子，他们为这些道具缴纳了十美元押金。帕森斯被迫又支付了五十美分，差点儿溺水的催眠师这才同意再次进行拍摄。

在最后的成片中，邓蒂斯被错认成一具尸体，他从监狱的高墙上被扔了下来，场景突然从芝加哥片场人工打造的环境转移到了海浪拍打岩石的壮丽景色之中。在接下来的镜头中，邓蒂斯的替身演员正尝试爬上海边的岩石，并且举起他的双手，模仿他说出了那句著名的台词。在这之后是一行幕间字幕："在基督山找到了一大笔财富。"邓蒂斯的替身演员开始在沙滩上挖沙子，他的动作被画面下方前景中的一块石头遮挡住了。这个镜头的构图非常优美，演员身后是浑然天成的岩石拱门，框住了背景中太平洋的碎浪。这一场景继续剪辑到写有"第三幕"缓缓升起的幕布上，剧情则又跳回至芝加哥片场拍摄的剩余部分中。

为了配合宣传，《基督山》在上映前拍摄了一系列电影剧照，在《电影观影索引》中有这样一张剧照，以如下文字挑逗着它的读者："远处传来海浪拍打岩石的声音，这成了这部即将上映电影中的一个亮点元素。"塞利格电影放映手册的封面画下方出现了邓蒂斯从海浪中出现，高举着他的双手，上面的图示写道："世界是我的！"

《基督山》于1908年1月30日上映，不久之后便收到了大量期刊和电影评论杂志的美誉。《电影世界》称其是一部"非常值得一看的电影，因为它非常忠实于戏剧版本，原始版本中的场景效果、环境、服装和舞台布景被精确地再现于电影之中……"一份波兰报纸甚至更加激动地评论道："一部无与伦比的电影……整个故事在变幻的影像中娓娓道来，所有人都能够理解，不分国别。坐在舒适的影院中，观看著名小说英雄一生中的各个场景，真是一种莫大的享受。"

如今，当人们再度观看这部影片的时候，我想他们并不赞同那份波兰报纸的评论。由于电影时长的限制，影片《基督山》需要将故事严格浓缩到十四分钟之内，对于大多数观众而言，影片的剧情其实很难理解。那时的很多观众可能已经十分熟悉整个故事，因此他们可以凭借自己的认知填补影片在叙事上的空白。但对于那些初次接触《基督山》的观众而言，他们会因为故事的有限容量而感到十分困惑。幸运的是，一些影院经理会让报幕员大声朗读影片放映手册上的内容介绍，以去除银幕故事的晦涩感。这样的行为在接下来的两三年中形成了惯例，塞利格和他的竞争者争先恐后地希望向观众传达一些简单易懂的电影语言，同时继续增加电影的长度来打造更加复杂化的叙事。抛开《基督山》的叙事缺陷不谈，就电影语言和制作而言，在电影中嵌入的"太平洋镜头"仍然是一个惊人的进步。

在《基督山》放映了一年之后，塞利格的资产开始呈现戏剧性的增长：他无需继续承受爱迪生诉讼案中的巨大花销了。塞利格安排奥蒂斯·特纳在总公司的片场进行拍摄，弗朗西斯·博格斯在芝加哥和科罗拉多州来回进行拍摄，以这种方式，塞利格透镜公司在一周之内至少会发行一部电影。然而，有一个挥之不去的问题就是芝加哥的严冬，它会限制玻璃片场中的拍摄活动。当然，塞利格东北部的竞争者们也同样需要直面这个问题。影院的繁荣使得拍电影成为利润丰厚的商业活动，于是卡勒公司也搬到了佛罗里达州的杰克逊维尔，1908年到1909

年的冬天，整个公司一直都待在那里，直到春天来临之际他们才重返纽约。由于这些电影公司的片场在地缘上更加接近科罗拉多州而影响了真实西部片的拍摄，塞利格同样也面临这个问题，他在美国中西部的失败选址迫使他开始向西南部寻找其他合适的拍摄地。

据说塞利格之所以选择远赴加利福尼亚拍摄《基督山》还有另外一个原因：他有意让这次外拍成为一次片场选址的考察行动，当时的他已经开始考虑在洛杉矶建立制片分公司的可能性了。影史资料对此也有过记载，早在 1906 年的秋天，威廉·塞利格就只身前往洛杉矶，考察当地的环境状况是否适合分公司的发展。在《基督山》拍摄后的一年时间里，塞利格拥有足够的自信将整个公司的演员和技术人员派往西海岸，建基立业。事后来看，这恐怕算不上是一个艰难的决定，毕竟除了怡人的气候和多样的地理环境之外，洛杉矶本身就拥有两家戏剧公司，它们还是奥芬杂耍巡演路线的重要组成部分，通过这些公司很有可能可以召集到一些其他公司的演员、布景、服装和道具。如果 1906 年的旧金山并未发生地震，或许旧金山对于塞利格而言是一个更合适的选择，但是那次地震破坏了旧金山电影制作的大环境，同时也在一定程度上摧毁了塞利格竞争对手的事业。

塞利格首次派遣摄制组南下。1909 年 1 月，MPPC 正式宣布成立，公司承诺其电影产业将稳步发展、收益无限。一周之后，威廉·塞利格就把弗朗西斯·博格斯派往了新奥尔良，在那里他将打造一个关于狂欢节的故事。这一次，博格斯拥有全公司最优秀的演员和摄影师：男主角汤姆·杉奇，女主角简·沃德（Jean Ward）以及丑角哈利·托德（Harry Todd）。其他配角演员包括：查尔斯·迪恩（Charles Dean）、塞棱思·陶尔（Silence Tower）和詹姆斯·L.麦基（James L. McGee），以及摄影师詹姆斯·克罗斯比（James Crosby）和他的妻子埃德娜（Edna）。人高马大、身体健壮的杉奇来自密苏里州，1897年，年仅十七岁的他就开始参与戏剧演出了。1908年，他转投塞利格旗下，并一直待到了公司破产之际，他绝对可以堪称公司的"元老级演员"了。克罗斯比是那时塞利格所雇用的四位摄影师之一。他很早就加入了公司，那时公司的业务之一还是租赁放映机和提供放映员。摄制组于1909年1月8日离开芝加哥，此后他们开始了每周一部单卷电影的制作工作。

在从芝加哥前往新奥尔良的路上，博格斯和他的摄制组就已经拍摄了五六部电影了。虽然所有的故事情节都是关于三角恋的，但影片在叙事及影像创新上仍然别出心裁。

影片《搏斗的鲍勃》（*Fighting Bob*，1909）将故事背景设定在墨西哥，讲述了美国海军上尉鲍勃爱上了当地女孩胡安妮塔，但胡安妮塔的爱慕者塞尔瓦托心生嫉妒，他企图杀掉他的情敌鲍勃。影片中有一个镜头是在杉奇掌舵的小船上拍摄的，他正要将两名醉酒的水手送回到他们的大船上。这种动态画面在1909年十分罕见，接下来的一个镜头也是如此：从大船上反打拍摄，画面展现了杉奇将水手们送回至甲板上的镜头。

在《乡村姑娘的危机》（*A Country Girl's Peril*，1909）中，对于电影中的乡村姑娘来说，最大的压迫感来自一名城市男子。铁匠汤姆在马背上追逐着他的爱人，不巧却从马背上跌落到城市浪子的车中，这名城市男子从车里摔了出来，他只好又回到了未婚妻的家中。显然，故事本身有其欠缺，不过博格斯利用影像画面弥补了这些缺陷。当杉奇从马背上跌入车中时，博格斯原本想展现的是汤姆·米克斯式的特技，然后运用动态影像将镜头串联起来，而他本人则从旁边奔驰的汽车上拍摄这一系列动作。

1909年2月的最后两周时间里，塞利格的分公司拍摄了《四个聪明男人》（*Four Wise Men*），这是一部讲述了四个"妻管严"的喜剧故事，他们伪造了假的电报，离开了妻子身边前往新奥尔良。在观看狂欢节游行时，他们分别带了四名姑娘一同前往，并与她们在咖啡厅里畅谈痛饮。但他们最后却无力买单，因而被送进了监狱，被迫联系各自的妻子前来保释他们。在该片中，一些1909年雷克斯游行的真实场景和男人们与各自选择的姑娘们在阳台上跳舞的场景被交叉剪辑在一起。与塞利格在1909年推出的大多数电影不同，《四个聪明男人》在制作完成一个月之后就匆忙上映，原因很可能在于他们希望影片能够在狂欢节期间上映。该片的导演贝顿·芮之（Baton Rouge）迅速完成了电影的拍摄工作，随后塞利格的摄制组便前往洛杉矶展开了其他摄制工作。

1909年3月21日，当他们抵达洛杉矶市区时，塞利格的摄制组租下了新山中国洗衣房后面的晾晒场，具体位置是在第七大道和第八大道交叉口的S.奥利弗大街（S. Olive Street）的751号。之所以选择这里作为外景地，无非是塞利格看中了它的无遮无挡，直接暴露在阳光之下，同时又有高高的围墙可以保护他们的隐私。此外，它靠近酒店和剧场，从这些地方可以召集到其他人员和资源。一座约十八平方米的小舞台被搭建了起来，它背靠一面朝南约三米的高墙。墙面上是用钢琴线挂起来的帆布。此外，露天的屋顶也是很有必要的，它可以让演员沐浴在充足的阳光下。但当摄影师用感光度相对较弱的胶片进行拍摄时，最终的画面呈现往往是刺眼的高光和阴影，无法与室内的光线协调起来。除了担当男主角之外，汤姆·杉奇每周还有五美元进账，他还在片场担任手绘和装饰布景的工作，因此他的周薪足足有三十五美元。

在塞利格的洛杉矶片场拍摄的第一部电影是《赛马员之心》（*The Heart of a Race Tout*，1909）。杉奇在片中饰演了一名失业男子，他一边拼命凑钱为他生病的妻子买药，一边还要应付因拖欠房租而威胁要将他们赶走的房东。由于无法从药剂师那里赊账获得药品，杉奇垂头丧气地去公园散心，不料却在那里碰上了一个在赛马场卖票的朋友。他们秘密策划让杉奇赶来救下一位假装自杀的朋友，以此来博得路人的同情，乞讨谋生。最终，他买到了妻子所需要的药，并且还拿着剩余的钱买了赛马的门票。票贩子将小道消息告诉了一位农民，让他用二十美元赌那匹五十比一赔率的马，待那匹马跑赢之后他将获得一半的分成。最后，杉奇和他的朋友平分了这笔"奖金"，杉奇立刻回到公寓补交了房租。在公寓里，票贩子却在不经意间爱上了一位善良的邻居。

这部电影设计得非常简单，原因在于塞利格希望分公司的成员能够好好地适应新建造的片场。在这部电影的拍摄过程中，剧组甚至都没有借调其他演职人员以及租借特别的服装。布景师只需要搭建两个室内场景——公寓和药店足矣。这部影片的大多数镜头都是在中央公园［后来改名为潘兴广场（Pershing Square）］附近拍摄的。他们先在位于新山中国洗衣房的片场进行了拍摄，几周之后，摄制组又悄悄跑去了赛马大亨鲍尔温（Lucky Baldwin）那座声名狼藉的桑塔·安妮塔公园（Santa Anita Park），赶在它关闭前的三天（1909 年 4 月 15 日至17 日）拍摄完成了赛马场景。在真实赛马比赛中拍摄的画面增强了电影的真实性，低调地展现了真实生活中的某些画面。这正是威廉·塞利格试图传达给他旗下每位导演的电影美学，真实性也成为之后所有商业电影的基本元素之一。

1909 年 7 月 29 日，《赛马员之心》进行公映，但几乎没有什么人注意到这部电影首次在洛杉矶亮相时的表现。《电影世界》当时还并未预测到这部电影的非凡意义，它们只是称颂《赛马员之心》"诠释了精湛的表演和优质的摄影"，而《综艺》杂志对此的评论则显得更为平淡："《赛马员之心》堪称一部精心制作的电影，作品的完成度非常高"，《公告牌》对于该片的评论不过是一则三句话的情节概要。汤姆·杉奇的个人影集上出现了这部电影的一些剧照，除此之外，似乎所有人都将《赛马员之心》视为一部普普通通的电影。

随着《赛马员之心》的拍摄完成，塞利格位于洛杉矶的摄制组又拍摄了影片《农夫王子》（*The Peasant Prince*，1909）。这是一个将背景设定在法国低潮时期的故事，影片讲述了被拒绝的求婚者将农夫的儿子装扮成皇室贵族，以报复曾经拒绝过他们的那对姐妹，他们千方百计地让她们爱上农夫的儿子。《农夫王子》就是那种在美国电影市场上已经泛滥的电影，它们往往由百代公司制作而成。当该片的剧本终稿和摄影底片都发回芝加哥时，博格斯会指导技术人员如何为每个镜头调色，如果胶片超过了三十米长，他会建议剪辑师将哪些镜头剪掉。

西部片《本的孩子》在位于奥利弗大街的片场及其附近区域拍摄而成，该片由喜剧演员罗斯科·阿巴克尔参与演出，他曾在歌剧《皮纳福号军舰》（*Gilbert & Sullivan*）中露过脸，那时的他还隶属于当地的费里斯·哈特曼歌剧公司（Ferris Hartman Light Opera Company）。在这部电影中，阿巴克尔尝试让弃婴安静下来的那场戏非常滑稽，正是依靠这个片段，他很快就主演了另外一部喜剧电影《琼斯先生的生日》

《赛马员之心》拍摄期间，这是第一部在洛杉矶市区拍摄的塞利格公司出品的电影

（*Mrs. Jones' Birthday*，1909）。这部电影可谓是一个笑料十足的故事，讲述了一个男人为了庆祝妻子的生日而买了许多泥塑雕像，结果却在大街上遭遇了各式各样的小插曲，那些泥塑雕像一个又一个地消失或是碎掉了。影片的高潮段落发生在那名男子的家中，当他终于带着一个"错误"的礼物——一个黑色的茶壶回到家中时，他妻子恼羞成怒，一个特写镜头令观众看到将茶壶顶在头上的阿巴克尔，随后画面渐渐淡出。在接下来的几年时间里，阿巴克尔时常在塞利格公司出品的电影中奉献精彩的表演，比如《强悍的病人》（*A Robust Patient*，1911），他在片中饰演了一名身形肥硕的男子，由于忍受不了严苛的管理而从"胖子农场"中逃了出来。此外，他还在《唉！可怜的家伙》（*Alas! Poor Yorick*，1913）中男扮女装，饰演了一名配角。

在摄制组驻扎在新山中国洗衣房片场期间，塞利格得知了"前百老汇偶像"霍巴特·博斯沃思就在片场附近的写字楼里依靠担任表演老师维持生计。博斯沃思出生于1867年，1885年在麦基·兰金（McKee Rankin）的旗下完成了自己人生的首秀，之后他又加入了奥古斯丁·戴利（Augustin Daly）的团队。博斯沃思演艺生涯的巅峰时期是他在纽约参演了菲斯克先生执导的戏剧《抹大拿的玛利亚》（*Mary of Magdala*），他在剧中饰演了犹大一角。1906年，他搬去了洛杉矶，希望能尽快治好终结了他演艺事业的肺结核。原本在塞利格旗下饰演反面角色的詹姆斯·麦基（James McGee）很快就变成了洛杉矶摄制组的商业主管，他给博斯沃思打了一个电话，并最终成功劝服他重新出山。1909年5月9日到5月10日，短短两天的时间，博斯沃思就依靠自己的表演赚取了一百二十五美元，这比他之前做演员时的周薪还要多得多。博斯沃思是迄今少数几位出演了电影的著名戏剧演员之一。

影片《苏丹的权力》（*In the Sultan's Power*，1909）由博斯沃思主演，在这部影片中他爱上的女人受到贪婪父亲的要求，被迫与一名富有的土耳其贵族结了婚。婚后，她被软禁在土耳其人的宫殿之中。博斯沃思赶去救她，但却不幸被他抓住，最终被判私刑。她跑去向土耳其贵族求情，不料土耳其贵族却将她扣下视为人质。最终，博斯沃思带领敌军的人马冲进宫殿，并且打败了土耳其贵族，成功救出了自己心爱的人。

博斯沃思的片酬将这部电影的成本抬高到了八百美元。几个月之后，当他看到完整的成片之后，他对自己"孔武有力、表现力极强的姿态"感到十分满意，虽然他的步伐并不像他想象当中那么气派。博斯沃思将他此前的舞台表演经验融入到他的电影表演之中，大幅度、夸张的动作显得格外戏剧化，与D. W. 格里菲斯微妙的表演形成了鲜明的对比。不过在当时，博斯沃思的表演在美学上更加适合于电影。由于博斯沃思非常鄙视电影这个新兴的媒介，因此塞利格不得不答应他在进行电影宣传的时候不提他的名字。无论如何，影片《苏丹的权力》最终还是如期上映了。

1909年6月初，塞利格的摄制组结束了位于奥利弗大街片场的所有制作，出发前往奇美的自然风光地拍摄西部片和其他户外故事片。摄制组一行穿过加利福尼亚北部的约塞米蒂峡谷、太浩湖和沙斯塔山，沿着俄勒冈州的阿斯托里亚和华盛顿胡德河谷的哥伦比亚河溯源而上。虽然此时摄制组的队伍已经渐渐壮大，扩展到了十五名成员，但是霍巴特·博斯沃思还是没有跟随摄制组一同前往进行拍摄。与此同时，威廉·塞利格则命令詹姆斯·麦基待在洛杉矶，去建造一处更大、更长久的片场。

我们可以从影片《女巫的洞穴》（*The Witches Cavern*，1909）中看到半个多世纪之后恐怖美学的起源。影片讲述了一位纯真的年轻女子在一次狩猎中单独被留在了营地，结果却被一个笨重的"野人"吓得半死的故事。她被"野人"吓得惊慌失措的一幕，在她草草疾书给朋友们的留言和野人的逐步逼近之间来回切换。那名年轻的女子拼命逃向远处，不料却在无意间逃到了野人的母亲那里，她的母亲是一名女巫，很快她便把这名逃命的女子抓到了自己的家中。年轻的姑娘忍受着种种欺凌，直到她被狩猎的同伴营救出来。位于约塞米蒂内华达瀑布后面的山洞无疑成为博格斯执导这部影片的灵感来源。

为了买下属于他们的第一辆汽车，摄制组决定留在奥克兰，并顺便拍摄了《马车夫》（*The Stage Driver*，1909）这部电影。在此之前，他们一直都乘坐火车、马车或是骑马沿途进行拍摄。从这部电影保存下来的一张剧照中，我们可以看到他们从低角度俯拍了一群牛仔，牛仔们坐在前景中的门廊边上，远景画面则是隐隐约约的载人马车，画面构图十分优美。

博格斯给远在伦敦的塞利格写信，告诉他分公司的成员很快就会回到洛杉矶。在恩登戴尔片场新建完成之后，博格斯打算给所有的员工放一周假，利用这段时间，詹姆斯·克罗斯比将完成在黄石公园拍摄的实景素材。在同一个州内建造第二座片场既有远见又存在一定的风险。威廉·塞利格非常自信地向一名英国记者解释道："芝加哥片场的设备和新建的洛杉矶片场都是精心选择的，这些片场无疑能令我们拍出最好的场景，我们终于能将最真实的影片呈现在观众面前，当然我们也在这上面花费了大量金钱。但是，我想我们都会赚回来的。"

在西部摄制组夏季出片的基础上，再加上新建成的洛杉矶片场，这足以保证公司将来稳定的产出。于是，塞利格宣布公司从 1909 年 8 月 30 日起，每周的周一和周四都将发行两部单卷电影。总部位于纽约格林威治村的人民电影交易公司（People's Film Exchange）的马库斯·娄（Marcus Loew）立刻预订了塞利格透镜公司将会发行的所有影片。很快，更多电影公司都加入了进来。短短三周时间，塞利格透镜公司就宣布"至少有七千二百家放映商每周都在上映他们的电影"。这个数字不免有些夸张，但它仍然显示出公司业务的增长，这在很大程度上得益于西部摄制组出品的成功之作。

经历了三个多月的奔波之后，塞利格西部公司终于在 1909 年 8 月 24 日搬到了他们位于洛杉矶的"新家"。第一眼看上去，片场的设备就像是新山中国洗衣房晾晒场的升级版。这座片场位于阿历山德罗大街 1845 号，最初这里只有一座大楼，占地约四千多平方米，并且被称为"恩登戴尔大楼"。片场内部被分割成换衣间和制片办公室，外面则搭建了一座二十四平方米的水泥舞台。大楼背后的一个谷仓被用来存放布景和道具。在离洛杉矶市中心不到五千米的地方，恩登戴尔片场为电影摄制工作提供了些许隐私，同时又地处主干道，交通十分便利。

第一部在恩登戴尔片场拍摄的电影是《条约成立》（*Brought to Terms*，1909），故事讲述了两性之间一场乱了礼节的斗争。一群泼妇正在组织成立一个独立俱乐部，她们的丈夫则在旁边的房间聚会。在大家一致同意的情况下，一个男人拿来了一笼老鼠，笼子的门正对着隔壁妻子们聚会的房间。女人们慌乱地冲向各自的丈夫，此时男人们则开始捕杀所有的老鼠，最后只留下了一只。一名男子拎住最后一只老鼠的尾巴，他的妻子则小心翼翼地待在他的身旁，大获全胜的男人们命令自己的妻子回家。博格斯再一次将这个小故事和炫目的影像创新融合起来。他将丈夫和妻子的房间搭建在同一座舞台上，紧紧挨着，然后铺好轨道，这样就可以用一个镜头来回拍摄两间屋子了。在之前进行外拍时，博格斯曾将摄影机架在汽车和船上，这次他又再次把"移动摄影机"的概念带进了片场之中。

恩登戴尔片场投入使用一两个月后，弗朗西斯·博格斯找到了正在圣地亚哥疗养的霍巴特·博斯沃思，他在治疗复发的结核病。博格斯劝服他返回洛杉矶，并最终与公司成功签约，出演了多部电影。也许是为了增强吸引力，他们租借了昂贵的布景和古罗马时代的服装，重新改写了谢里丹·诺尔斯（Sheridan Knowles）的著名悲剧《弗吉尼厄斯》（*Virginius*），并给予其一个皆大欢喜的结局，最终拍摄了《罗马》（*The Roman*，1910）一片。当时还是一名新人导演的罗伯特·伦纳德（Robert Leonard），在二十世纪三十年代成了米高梅电影公司的主力导演之一。影片的故事背景设定在古罗马，剧情包括了身份揭露、权力斗争和不可避免的三角恋。考虑到无声电影很难让观众在瞬间理解剧情，该片的监制博格斯命令芝加哥的剪辑师通过大段的文字描述来去除可能让观众感到困惑的地方，剪辑后的成片中加入了不少幕间字幕。考虑到昂贵的服装和布景，博格斯鼓励博斯沃思亲自创作剧本，在服装和布景到期之前再拍摄另外一部电影。于是，博斯沃思撰写了影片《马库斯的妻子》（*The Wife of Marcius*，1910）的剧本，这是一个十分简单却又有些许病态的故事，影片讲述了一名罗马士兵爱上了战友的妻子之后发生的一系列故事。这名士兵的妄想最终导致了其妻子自杀，而他的战友则在勒死那名处心积虑的士兵之后结束了自己的生命。

当时，博斯沃思的周薪是一百二十五美元（比其他演员多了近一百美元，比博格斯多了二十五美元）。丰厚的经济收益使他终于改

第一部在恩登戴尔片场拍摄的影片《条约成立》

变了对于电影的不屑态度，允许塞利格公开他与公司的关系。各类商业杂志上的插页广告也因此大书特书"霍巴特·博斯沃思出演《罗马》"的消息。霍巴特·博斯沃思成了在美国五分钱影院时代，首个出现在电影演职人员名单中的戏剧明星，此举超越了电影本身，吸引了更多受众。在注意到电影中出现了戏剧明星的名字之后，《纽约戏剧镜报》宣称："片中所有演员的表演都非常值得夸赞，特别是由霍巴特·博斯沃思饰演的罗马上将。"

1909 年 11 月底，塞利格的洛杉矶摄制组已经拍摄了近五十部单卷电影，每部影片的胶片几乎都有三百米长（大概十四分钟长）。他们的电影在美国和世界各地的五分钱影院上映。这些故事片让大多数观众第一次接触到南加州一带，特别是洛杉矶。塞利格洛杉矶摄制组拍摄的影片呈现了各式各样的场景，我们无法从欧洲电影或者是拍摄于美国东北部工业基地的电影中看到这些画面，正如他们此前在科罗拉多州拍摄的西部片一样，影片中的画面完美地与叙事结合在了一起。陡然增加的影片数量显示出博格斯及整个摄制组完全没有受到气候条件的限制。观众们大声叫嚷着希望看到更多电影，这一行为也激发了塞利格长期以来的竞争对手的好奇心。我们可以明显看出，洛杉矶片场的建成无疑成就了塞利格在电影业内的重要地位。古老的谚语"效仿是最衷心的致敬"再次被证实了。

当这片区域新建了八家制片公司之后，其中有一半都是 MPPC 的成员，另外的四家则是没有许可证的"独立公司"，《电影世界》在 1911 年宣称："全体电影制作人都应该向塞利格先生表示感谢，是他首先在加利福尼亚南部发现了如此适宜的拍摄环境。"但是影史中却并未这样如实记录。

　　本杰明·B. 汉普顿（Benjamin B. Hampton）在他撰写的《1931年电影史》（*1931 History of the Movies*）一书中，追认塞利格"发现了洛杉矶"，但他却错误地将塞利格视为一名独立电影人，并认为他的动机只是"找一个偏远的地方拍电影，这样负责投递爱迪生侵权案的法院传票员和那些企图没收摄影机的工作人员就很难找到他了"。汉普顿描述说："其他独立电影人纷纷开始仿效塞利格的做法，他们毫不犹豫地搬到了洛杉矶附近，原因在于这里更靠近墨西哥的国境线。"广泛传阅的《1938年电影史》（*1938 History of the Movies*）则由法国人莫里斯·巴赫迪许（Maurice Bardeche）和罗伯特·布拉西拉奇（Robert Brasillach）撰写而成，二人对汉普顿的论述进行了详尽的说明，他们表示"如果MPPC的侦探出现的话，独立电影人则会在几天之内将演员、布景和摄影机装到一辆车中，消失在国界线上"。在肯尼士·麦克欧文（Kenneth Macgowan）的《1965年电影史》（*1965 History of the Movies*）以及珍妮·托马斯·艾伦（Jeanne Thomas Allen）、蒂诺·巴里欧（Tino Balio）影响深远的《美国电影产业》（*American Film Industry*，1976）中，至少都有一章内容重复了此前学者们关于塞利格的论述，认为他是一名独立电影人，领导其他非法电影人来到洛杉矶，不过他们也承认这些论断似乎存在一些矛盾。比如，认为墨西哥和洛杉矶接壤的论断就是极其荒谬的。洛杉矶距离国境线约有二十四万米之远，而在1909年只有火车或是马车这样的交通工具，他们显然无法迅速逃离至墨西哥。

　　我们可以从艾莲·鲍瑟（Eileen Bowser）对美国电影史1907年到1915年的论述中看到她的洞察力，她发现塞利格于1909年在洛杉矶建立了自己的片场，但是具有争议性的是弗莱德·J. 鲍薛弗（Fred J.

Balshofer）也应该被视为"与塞利格地位相当的先驱"。他新成立的独立电影公司纽约电影公司（New York Motion Picture Company）的野牛公司是搬去洛杉矶的第二家电影制作公司。鲍薛弗指出了他这次迁移的理由："洛杉矶拥有宜人的气候条件和温暖的阳光，这无疑是逃离东部严冬的最佳去处，同时他也可以借机躲开无处不在的产权公司的侦探。"然而正如理查德·戴尔·巴特曼（Richard Dale Batman）所观察到的那样，在鲍薛弗 1909 年 11 月末抵达洛杉矶时，他为野牛公司租下了阿历山德罗大街的一角作为片场。巧合的是，就在阿历山德罗大街的另一头则是塞利格的恩登戴尔片场。显然，独立的野牛公司并不是为了躲避 MPPC，它是在追随和模仿 MPPC 最成功的成员之一——塞利格透镜公司。通过仿效塞利格的流行美学，野牛公司很快就投入了拍摄洛杉矶西部片的日程中，公司也会不时翻拍塞利格出品的电影，并且将它们包装得像是自己的独创作品一样。在野牛公司的成员们抵达洛杉矶的几周之后，D. W. 格里菲斯也带领他的团队来到洛杉矶市区，于 1910 年 1 月 23 日开始了冬季拍摄工作。

由于是在芝加哥片场进行拍摄工作，塞利格便利用他最近才组建的一小群马戏团动物来制作一部古罗马历史剧，计划于 1909 年的圣诞节上映。影片《基督殉道者》（The Christian Martyrs，1909）由特纳执导，讲述了所向披靡的罗马军队长官法拉维亚在战争结束后回到了自己的家乡，他爱上了信仰基督教的女奴隶劳朵妮娅，但这却激起了天性爱妒的君主福斯蒂娜的憎恶。法拉维亚也随之皈依基督教，并宣布他决心与劳朵妮娅结婚，但是福斯蒂娜却宣判让这两名基督徒去斗兽场进行生死搏斗。整部电影在芝加哥片场和外景地拍摄而成，在感情戏的远景中出现了两只鹿，而在斗兽场中出现的则是一头踱着方步的狮子。《电影世界》对观众发出了预警："拍摄于斗兽场的真实场景会带来瘆人的恐惧感，如果你能说服自己这不是真的，它们只是电影中的画面而已，你或许会稍微好受一些，这部电影就是这样不可思议。"四十年多年以后，类似的桥段构成了第一部西尼玛斯科普（CinemaScope）宽银幕电影《圣袍》（*The Robe*，1953）中的基本内容。

在签下博斯沃思之后，塞利格又签下了其他几位戏剧名角。弥尔顿和多莉·罗伯斯（Dolly Nobles）在《凤凰城》（*The Phoenix*，1910）中再创了长期以来的经典表演。M. B. 柯蒂斯则出演了《波森的山姆》（*Sam of Posen*，1910），该片是他之前主演过的话剧《波森的山姆》的电影版，讲述了在一个珠宝店发生的喜剧故事，主角分别是爱尔兰人和美国犹太人，影片预演了十年之后发生在《埃比的爱尔兰玫瑰》（*Abie's Irish Rose*，1928）中的故事。杂耍艺人弗雷德·沃尔顿（Fred Walton）则被誉为"默片喜剧之王"，他主演了《门童》（*The Hall-Room Boys*，1911）一片。不幸的是，上述三部电影均遭滑铁卢。考虑到过高的制作成本以及影片在票房上的失利，威廉·塞利格决定在接下来的三年内，不再继续在已经成名的戏剧明星身上进行过高的"投资"，同时他也开始逐渐降低他们高昂的片酬。

除了特纳和博格斯，塞利格在 1909 年至少又聘请了三位导演——杰克·凯尼恩（Jack Kenyon）、丹·梅森（Dan Mason）和洛林·J. 霍华德（Lorin J. Howard）。凯尼恩留在芝加哥的片场拍摄了《化身博士和恐怖婴儿》（*A Modern Dr. Jekyll and Infant Terrible*，1909）之类的喜剧片，他同时也在必列斯和俄克拉荷马导演了公司该年度所有的西部片。梅森至少为公司导演了三部喜剧电影：《赢取寡妇》（*Winning a Widow*，1909）、《拥挤的酒店》（*A Crowded Hotel*，1910）和

《我们的德国表亲》（*Our German Cousin*，1910）。此时的霍华德则在新奥尔良片场拍了几部电影，包括《密封的说明书》（*Sealed Instructions*，1909）和《圣蛇的权力》（*In the Serpent's Power*，1910）等。

1910年，威廉·塞利格曾在洛杉矶待了整整一个月的时间，他计划在此建立一座玻璃片场，并且打算在恩登戴尔片场附近再建造一些办公大楼，就此将公司扩张到阿历山德罗大街的整个街区（从克利福德到杜安）。在此之前，与在新山中国晾晒场时一样，洛杉矶分公司曾在水泥舞台上公开展演过自己的电影。此外，博格斯和他的摄制团队无法亲眼见证胶片冲洗的全过程，因为所有的底片都要运回芝加哥进行冲印。恩登戴尔片场的风格被设计成加利福尼亚式的复古风格，整座片场涵盖了瓦片屋顶、华丽的内墙以及钟楼，据说这是仿造圣·加布里埃尔（San Gabriel）和桑塔·巴巴拉（Santa Barbara）的公寓建造的。最终，片场又增加了一个木匠商店、几间试衣间以及其他配套设施，并且还仿照芝加哥外景片场的水池又在这里挖了一个。

对于是否要给旗下的演员们提供编剧和导演的机会，只要他们的作品最终能够赢得观众的喜爱，塞利格在这方面似乎从未犹豫过。演艺事业颇有成就的尤金妮娅·贝茜尔在1910年加入了塞利格的洛杉矶分公司。她在年轻时就已经掌握了娴熟的击剑技巧，后来她甚至成了罗斯福女儿爱丽丝的剑术老师。与塞利格旗下的其他几位演员一样，贝茜尔也曾是麦基·兰金戏剧公司的演员，她在相当长的时间里都在"情感丰富的女演员"南斯·奥尼尔（Nance O' Neil）主演的话剧中充当配角，不过后来的贝茜尔显然超越了前者在艺术上的成就。此外，贝茜尔还曾和其他演艺公司一起进行巡演，她甚至还撰写了一个有关击剑的剧本《意外》（*An Accident*）。后来，当这个剧本被改编成话剧之

塞利格的恩登戴尔片场

时，她还在剧中表演了杂耍特技。她一度是塞利格签下的最贵的女演员，她也曾把自己的一部短剧改编成了电影，由博格斯执导并改名为《浪子》（*The Profligate*，1910），故事的背景是十九世纪之交时的巴黎。

贝茜尔在片中饰演女主角波林，这名击剑手爱上并嫁给了拿破仑军队帅气的长官保罗·迪布瓦。迪布瓦在战斗中身受重伤，在波林的妹妹梅赛德斯的照料下慢慢恢复健康，但梅赛德斯完全不知道自己救下的这个男人竟然是姐姐的爱人。梅赛德斯和迪布瓦坠入了爱河，他怂恿梅赛德斯写信告诉波林她马上就要结婚了。很快，波林前来探望自己的妹妹，她却发现妹妹的未婚夫竟然是自己的丈夫。于是，波林女扮男装向迪布瓦发起决斗，并且在决斗中狠狠地给了他致命的一击。就在迪布瓦摘下了头盔认出自己妻子的那一刻，他瞬间倒地死去。遗憾的是，在影片《浪子》上映之时，法式电影的风潮已经渐渐衰退，这可能也解释了为什么贝茜尔后来只拿到了一半的片酬。虽然减少了片酬，但尤金妮娅·贝茜尔并未转投其他公司，她一直在塞利格洛杉矶公司出品的长片中担任主角或配角演员，直到公司解散之时。

与此同时，霍巴特·博斯沃思也被允许自导自演了几部电影，他时不时也写一写剧本。1911 年 5 月到 6 月，他带领摄制组前往约塞米蒂峡谷拍摄了"加利福尼亚地区早期的山区故事"。在电影拍摄期间，博斯沃思仍然坚持给他在洛杉矶的朋友博格斯写信，希望他能寄一些电影杂志过来，以打发数个无聊的夜晚。与他颇具男性魅力、英雄气概且动作敏捷的银幕形象相反——虽然这种宣传形象铺天盖地地出现在报纸、杂志和广播访谈中，并且伴随了他一生的时间，但是现实生活中的博斯沃思总是在向博格斯抱怨糟糕的天气、他的偏头疼和自杀倾向，倾诉自己需要尽极大的努力才能完成工作，以及他在山区时连呼吸都变得异常困难，等等。他保证在不危及自己身体健康的情况下会更加努力地拍摄电影，不过他同时也坦言，"我病得不轻，像一个婴儿一样需要同情。"

1911年夏天，博斯沃思在约塞米蒂拍摄了电影《麦基·兰金的49岁》（*McKee Rankin's 49*）。上了年纪的兰金在那时加入塞利格旗下，在编写情节剧的同时也在电影中担任配角演员。在影片《麦基·兰金的49岁》的开场，醉醺醺的博斯沃思误认为自己在无意间杀死了年幼的儿子亚瑟，于是他慌忙地逃往西部。二十年后，博斯沃思已经成了一名勤劳的采矿工人，并且抚养了一位名叫"小萝卜"的漂亮流浪儿。成年后的亚瑟则成了一名律师，他被一个大户人家聘请去找出一名女继承人，她在很小的时候在一个采矿营地被吉普赛人偷走了。亚瑟受到了毫不知情的博斯沃思和一见倾心的"小萝卜"的款待。他找到了原来的管家奈德，结果"小萝卜"居然听过管家曾经唱给她的这首歌，原来她就是那个被偷走的女继承人。博斯沃思在一夜之间变得非常富有，他终于承认了对亚瑟所做的一切，最终父子二人冰释前嫌。

红发美女贝茜·艾顿是塞利格旗下的新人演员，她在《麦基·兰金的49岁》中饰演"小萝卜"一角。艾顿是典型的"一夜成名"的影星，作为土生土长的南加州人，她从来没有过任何表演经验。有一次，她因为好奇去试镜电影群演，结果却被选中出演影片的女主角。在她加入公司期间，她嫁给了公司的行政人员查尔斯·艾顿（Charles Eyton）。身材苗条、娴静端庄的贝茜·艾顿成功地超越了恩登戴尔片场最初的"玉女演员"贝蒂·哈特（Betty Harte）。

贝蒂·哈特曾在费城的一家演艺公司待了三年的时间，后来她又在杂耍剧团待了一个季度，随后便搬去了加利福尼亚地区。由于她所在的戏剧公司濒临破产，她只好找了一份新闻记者的工作，在弗朗西斯·博格斯刚刚启用恩登戴尔片场之时，她正好被派去进行采访工作。正当哈特告诉博格斯她知道如何骑马时（其实她根本不会骑马），采访突然被迫中断。不久之后，她便接受了博格斯抛出的"橄榄枝"，成为公司的一员。在哈特演艺生涯的后期，她出演了《小寡妇》（*The Little Widow*，1911）一片并担任女主角，该片在加利福尼亚南部的海岸拍摄完成，并且还使用了公司的双桅帆船。《小寡妇》是塞利格和传记公司特别擅长但却非常短命的"海洋"类型电影，影片中拍摄了相对荒凉的加利福尼亚南部的沙滩和珊瑚岛。根据艾莲·鲍瑟的论述，这些电影之所以独具风格，原因在于影片中的场面调度十分出色。1911年年末直到《小寡妇》上映时，至少有五家公司追随塞利格来到了洛杉矶。

百代公司的美国分部、卡勒公司，还有独立制片公司半人马公司（Centaur Company）也搬到了洛杉矶。与野牛公司一样，百代公司也选定了靠近恩登戴尔片场的阿历山德罗大街，卡勒公司在格兰戴尔附近站稳脚跟，而半人马公司则在进军好莱坞后改名为内斯特公司（Nestor Company），其位于恩登戴尔片场只有不到一千米的地方。正当这些公司抓紧学习如何在西部拍摄西部片时，恩登戴尔片场已经开始稳步拓展人员队伍了，在1911年秋天，片场内已经拥有了四十名员工。在9月的最后一周时间里，博斯沃思仍然以一百五十美元的周薪远超其他同事，紧随其后的是周薪一百二十五美元的博格斯。工资最低的员工是片场的园丁兼门卫弗兰克·松峰（Frank Minematsu），他是一位二十九岁的日本移民，原本他的工资应该是二十五美元，但在1911年9月公司的账目表上却只显示了十美元。

1911 年 10 月，博格斯全情投入拍摄了一部颇具争议性的西部片，并且动用了公司众多明星演员。这部电影就是 1912 年上映的《达恩分子》（*The Danites*），该片改编自麦基·兰金最受欢迎的戏剧，而这部戏剧原本是基于华金·米勒（Joaquin Miller）的小说《西斯拉山的先人》（*The First Families of the Sierras*）改编而成的。兰金原书的封面上附有下面这段声明：

> 请注意：在摩门先知约瑟夫·史密斯（Joseph Smith）辞世后，一群自称"达恩分子"或"破坏天使"的摩门教徒被他们在教会的长者派去杀死所有知道先知死亡真相的人们，这些摩门教徒还杀害了他们的亲戚、妻子、母亲和孩子。这个有趣的故事忠于该组织的历史。

兰金的电影改编版本则基于 1857 年的"山地草场大屠杀"事件（Mountain Meadows Massacre）。在这场大屠杀中，摩门教徒毁坏了穿越犹他州的马车队，故事主要聚焦在一名幸存者身上，残忍无情的摩门教徒一直在追捕她，试图置她于死地。影片庞大的演员阵容包括贝蒂·哈特、霍巴特·博斯沃思、汤姆·杉奇和尤金妮娅·贝茜尔。1911 年 10 月 21 日那一周，全体演职人员来到了加利福尼亚州的圣克鲁斯，在此拍摄了几天外景之后重返恩登戴尔片场，博格斯得以和从芝加哥赶来的塞利格碰了面。

从 1911 年的秋天开始，威廉·塞利格已经养成了每年去一两次洛杉矶的习惯，去查看一下恩登戴尔片场的运转情况，与员工一起探讨各种想法，以及其他有利于公司发展的事情。他的行程是这样安排的：

THE SELIG POLYSCOPE CO., INC.

FILMS AND PROJECTION APPARATUS

EUROPEAN BRANCHES:
LONDON
BERLIN
PARIS

WORKS AND
LABORATORY
WESTERN AVE
BY 2829 ST.

LIEBER
AND A B C
CODES
USED

OFFICES AND SALESROOM, 20 EAST RANDOLPH ST.

CHICAGO, ILL.

Los Angeles, Sept. 23, 1911

Received from The S. P. Co., the sum set opposite my name in full payment for my services in posing in moving pictures for week ending Sept. 23, 1911, and in further consideration thereof, I hereby assign, set over and sell to the said S. P. Co., all my right, title and interest in said picture, in connection with the use thereof for moving pictures or otherwise, as they see fit.

850

#	Name	Amount	#	Name	Amount
1	Bruce Boggs	125	21	R. G. Lorenz	25
2	Hobart Bosworth	150	22	R. M. Baker	18
3	Alvin Wyckoff	50	23	V. K. Tity	20
4	F. Richardson	35	24	Clyde Garner	17
5	F. M. Clark	35	25	Rick Green	10
6	James L. McGee	40	26	G. Alberti	15
7	N. Tazuichi	40	27	Fred Clayton	25
8	Geo Hernandez	35	28	J. B. Moran	15
9	Mae Colby	30	29	R. Brotherton	25
10	F. W. Kennett	35	30	M. Ernest Garcia	25
11	Eugenie Besserin	25	31	James A Dayton	14
12	Betty Slater (for Welch)	40	32	Roy Watson	25
13	Anna Dodge	35	33	Jane Keckley	20
14	E. R. Phiebrook	30	34	Dick Turpin	15
15	Minnie Thompson	10	35	Bessie Eyton	30
16	Chas E Feehan	25	36	Genevieve Davis	15
17	Tom Ayland	40	37	Frank Montgomery	60
18	Herbert Rawlinson	40	38	H. Gustad	15
19	Frank Reulke	15	39	Maxwell Smith	40
20	Frank Minniston	70	40	Sydney Ayres	100

850   1372

2018

塞利格公司的工资账目表上有弗朗西斯·博格斯和弗兰克·松峰的签名

他同妻子玛丽于 1911 年 10 月 26 日晚间抵达洛杉矶，入住亚历山大酒店中的豪华套房。按照塞利格的视察惯例，第二天一早，虽然有一些演员仍在片场附近进行补拍工作，但是所有拍摄工作必须暂停，原因是他要与旗下的导演、制片人会面。

上午十点，塞利格在博格斯的办公室同博格斯一起与承包商斯科特商谈拓展恩登戴尔片场的事务。驯兽师"大奥托"布雷特科鲁兹（"Big Otto" Breitkreutz）也跟随他的老板以及塞利格一起来到了洛杉矶，协助一些即将开拍的"丛林—冒险"电影的摄制工作。很快他就发现弗兰克·松峰正透过博格斯办公室的钥匙孔向屋里偷看，于是他便把松峰赶走了。松峰躲到了一间男士换衣间里，他发现了一把道具手枪，于是便装上了一早买来的子弹。不一会儿，他就冲进了博格斯的办公室，冲着他连开两枪。博格斯倒在地上，斯科特跑出了办公室，塞利格则正在全力制服松峰，以防止更多流血事件的发生。随后松峰又开了一枪，子弹打中了塞利格的右臂，打穿了他的肱二头肌。当松峰再次开枪时，他和塞利格紧紧地纠缠在了一起，他没能击中塞利格，便用手枪猛击塞利格的头部，塞利格瞬间就晕了过去，头皮也开始流血。

汤姆·杉奇和公司的财务主管 E. H. 菲尔布鲁克（E. H. Philbrook）听到枪响后迅速跑到了博格斯的办公室，但松峰想方设法摆脱了他们朝片场跑去，几个女演员正在那里彩排，其中就有贝蒂·哈特、尤金妮娅·贝茜尔和贝茜·艾顿。很快，杉奇、菲尔布鲁克、布雷特科鲁兹、詹姆斯·麦基以及弗莱德·亨特利（Fred Huntley）将他团团围住，松峰挥舞着一把脏兮兮的长刀，但他还是被制服了。几乎是在同一时间，骑警赶到了恩登戴尔片场并鸣枪警告。博格斯被抬到了一辆汽车的后座上，松峰则被警察铐住，车子飞速开往医院，不过为时已晚。博格斯在抵达医院时被宣告死亡。第一颗子弹击中了他的心脏，第二颗子弹打中了他的肚子，法医事后证实，任何一颗子弹都足以将他置于死地。很快，塞利格也被送往医院，在医院待了一周之后他便痊愈出院了。有趣的是，最初传到芝加哥和纽约的消息却声称他与博格斯同时遇害。

弗兰克·松峰以谋杀罪名被关押在洛杉矶中央警察局中。在整个审讯过程中，至少有三名警察对松峰的犯罪动机进行了拷问，但松峰"咬紧牙关"只是在只言片语中说他杀害博格斯是因为他是"一个彻头彻尾的坏人"。这场枪击事件被全国报纸大肆报道，事实上这也是与电影业相关的讯息第一次成为洛杉矶各大媒体的头版头条。《洛杉矶检查报》（*Los Angeles Examiner*）、《时代周刊》（*Time*）和《纽约先驱报》（*The Herald*）的报道都声称，松峰之所以枪杀博格斯，是因为一位不知名的老人告诉他，博格斯的品行极差，他理应被杀掉。《时代周刊》和《纽约先驱报》同时还认为，松峰刻意等到女演员和塞利格结束谈话之后才开枪杀死博格斯，因为他并不愿意错伤无辜。根据塞利格和一些演员的说法，早在六个月以前，松峰在喝醉时曾在片场的仓库里冲着博格斯的车开了几枪。他因此而丢掉了工作，但是后来他坚决保证自己不再喝酒，于是塞利格又重新雇用了他。此后不久，霍巴特·博斯沃思写下了一份离奇的声明："除了几个月前松峰想要'干掉'博格斯的那次事故，在我看来，这个日本人（松峰）和博格斯先生真的是非常要好的朋友。"汤姆·杉奇告诉《时代周刊》的记者，在片场人人都知道松峰是"绅士门卫"，因为他的言行举止都很有礼貌，因此媒体后来也都是这样去描述他的。

博格斯的妻子梅·霍斯默（May Hosmer）在丈夫去世之后的一周从芝加哥赶到了洛杉矶，她希望警察能安排她与松峰当面对质，她非

弗朗西斯·博格斯坐在办公桌旁

常想知道他的作案动机，但是松峰却只会重复此前说过的话："博格斯是一个坏人，他应该被杀死。"在听完杉奇、麦基、布雷特科鲁兹、亨特利、斯科特、法医和骑警等人的证词之后，法庭宣判松峰蓄意谋杀罪名成立。在一周之后的第一次听证会上，被告松峰拒绝了任何回应。威廉·塞利格则成了这起谋杀案的主要目击证人，由于枪伤他的手臂仍旧无法动弹。杉奇、菲尔布鲁克、亨特利和斯科特也在那天出庭作证。经过了四天的审问之后，松峰被判无期徒刑，随即便被送往圣昆汀州立监狱服刑。

整个电影界都因为这场悲惨的血案而大受震惊。《电影世界》称颂博格斯导演的电影"一直都极具艺术美感"。卡勒公司的董事长塞缪尔·隆（Samuel Long）发来唁函，只要塞利格有需要，他就会义不容辞地来帮助他及整个公司。三十六名塞利格透镜公司的太平洋海岸分部成员向威廉·塞利格情愿，他们声称愿意尽自己所有的力量来帮助他继续工作下去，以此回报博格斯生前无私又亲切的教诲，以维持博格斯先生不遗余力、倾尽全力的高品质水准。这恐怕是最难以言喻的哀伤了。一些员工甚至因为博格斯才走上了他们的电影之路，比如霍巴特·博斯沃思、贝蒂·哈特和哈伯特·罗林森（Herbert Rawlinson）。巧合的是，在洛杉矶第一家电影公司的导演（博格斯）被枪杀的同一天，第一家长期扎根于洛杉矶的内斯特公司也开始制作它的第一部电影《胜者为王》（*The Best Man Wins*，1911）。

无论是警察还是律师，他们都无法查明松峰真实的谋杀动机，毕竟博格斯被《电影世界》的詹姆斯·麦奎德（James McQuade）称为"最忠诚、最善良的人"。麦奎德继续说道："从来没有人见到过他发火的样子。"就在博格斯被杀、塞利格受伤后的第二天，松峰亲口向警察坦承，他在几个月前被聘为博格斯的兼职管家，但博格斯的夫人却命令他离开家中，她讨厌他的无礼行为。据松峰所说，她的丈夫开始想要勒死他，幸好一位演员不期造访，博格斯这才罢手。现存的资料显示出博格斯确实使用了冒犯的词语，并流露出对少数文化群体的刻板印象。但是这种情况并不常见，只有一两次，他将黑人和亚洲人视为低劣且毫无人性的恶人。考虑到窒息时所受到的伤害，松峰很有可能也屈服于博格斯的语言和身体侵犯。然而这些证据并不足以让枪杀合理化，但这也许能说明松峰的枪杀行为并不是偶然或是无动机的。不过，有一点十分明确：威廉·塞利格并不是他的目标，他只是在错误的时间站在了错误的位置上，并尝试保护他得力的雇员。

霍巴特·博斯沃思接替博格斯拍完了影片《达恩分子》，不过后来他却责怪塞利格将电影分成了上下两部分，分开上映。但他其实并不明白，塞利格受到了统一电影公司的约束，根据展映人员的要求，他只能向影院公映单卷影片。随着时间的流逝，博斯沃思的事业愈发蒸蒸日上，但他却从不错过任何一个机会来彰显他自己和弗朗西斯·博格斯重要性的的机会，他甚至时常还会贬低塞利格的影响力和地位。比如，博斯沃思会发表这样不实的言论，称博格斯最先使用了叠化、特写、剪影、淡出和锁孔等特技效果，但是"芝加哥办公室"（塞利格）却非常反对这些创新。事实上，这些特技早在博格斯开始拍摄第一部电影之前，就已经在塞利格出品的电影中被使用过了。

此外，博斯沃思还着力延续博格斯被杀害后的民愤余热，他在1915年筹办了一个短期的宣传活动，企图筹钱为博格斯打造一座纪念碑——"太平洋海岸的电影先驱"。《电影索引》和《电影世界》的资深记者詹姆斯·麦奎德与塞利格、博格斯都是旧相识，他给出了最直接的证据："在塞利格先生的建议和资金支持下，博格斯先生奔赴（加利福尼亚）前线，兴建了第一座电影片场。"1920 年，塞利格非常大方地与博格斯共享初创洛杉矶电影拍摄工作的名誉，即便他本人在博格斯加入公司的前一年就曾前往洛杉矶考察创建片场的潜力。但是，后世的研究者却依然认为是博格斯将电影带到了加利福尼亚的南部。一份 1957 年刊于《好莱坞报道》（*Hollywood Reporter*）上的文章论述说，博格斯在电影界的地位实在有点儿过头了，特别是宣称这位导演被杀害的原因在于一个"疯狂的日本职员"朝塞利格开枪时，他奋勇地为其挡下子弹并最终倒地身亡。

从枪杀案发生的那天起，博斯沃思就一直不停编造事实。在他朋友被杀害的那一天，博斯沃思至少和两家洛杉矶报社的记者们在交谈中透露，他也是"逮捕"松峰那伙人中的一分子。博斯沃思甚至还告诉《纽约先驱报》的记者："我在自己的更衣室里看到了这个男孩，但那时我以为这并没有什么。"不过随后，他又向《洛杉矶检查报》承认："后来，我得知了松峰曾经躲在我的换衣间里……监视着塞利格和博格斯先生的一举一动。"事实上，在博格斯被枪杀之时，博斯沃思根本不在片场。这起枪杀案的所有见证者都被召集在了初审听证会上：不过，博斯沃思并不在其中。四年之后，博斯沃思大肆宣扬，松峰"决心要把我们都杀死，他后来告诉我，由于畏惧我快速的枪法和我的'神力'，他决定等我们都离开片场之后再行动"，这些话出自那个"病得不轻，像婴儿一样需要被怜悯"的男人的口中。更糟糕的是，博斯沃思对于松峰的基督教信仰做出了无礼的控诉，他认为松峰的信仰使他产生了某种幻觉——在松峰看来，我们在片场中上演的暴力事件也发生在了真实的世界中，他以此来解释这起谋杀案的发生。

1947 年，记者阿尔弗雷德·柯恩（Alfred Cohn）声称，在博格斯被枪杀的当天，博斯沃思曾经与他的同事一起猜想凶案发生的动机。

那时，美国西海岸曾经流传着一个谣言，而那名日本职员也对此非常痴迷：摄影机是恶灵的住所，只有除掉掌镜人才能驱逐恶灵（事实上，博格斯曾经责骂过这名日本职员，原因是他为了讨好一名没有参与拍摄的女演员，在片场疏于职守）。

因此，松峰极有可能是因为向博格斯的妻子做出了无礼的逾越举动，致使绳勒窒息事件发生，接着便引发了枪杀复仇。

《电影世界》刊登的《洛杉矶悲剧》（*The Los Angeles Tragedy*）一文提供了一个颇有信息量的视角，以回应此前关于塞利格被杀害的不实报道：

关于此次枪杀案件的报道，在第一落点上引发了许多悬念，据我们收到的可信消息称，如果塞利格先生离开了片场，这对于整个电影工业而言将会是一个灾难性的打击。他为芝加哥和洛杉矶的片场投资了一百多万美元，我们可以从中看出他对电影业蓬勃发展的巨大信心，这对于所有的同行而言也是一种极大的鼓舞。他对于电影拍摄的开明投资无疑使整个电影业都"更上一层楼"。

博斯沃思的扭曲言论导致历史资料中出现了大量错误。毋庸置疑，博格斯是一位才华卓越、勇于创新的导演。威廉·塞利格慧眼识金，他一直都给予博格斯极大的自主权，以期充分展示其导演才华。当九人组成的分公司在洛杉矶落成之时，在启动电影项目上，博格斯拥有绝对的自由度，以及雇用和解雇职员的权力。然而，塞利格才是博格斯电影之路上的领路人，正是他将真实地理环境取景的美学传授给了博格斯，以此来增强电影的可信度。同时，塞利格大力发展西部片，将电影片场打造成高效、高利润的事业。实际上，他才是发现洛杉矶作为电影拍摄地不二之选的"第一人"。

用 1911 年的流行词语来说，威廉·塞利格成了"电影巨头"。就当年的收益而言，在美国所有的电影公司中，塞利格透镜公司仅次于维太格拉夫影片公司排名第二。不可否认的一点在于，正是塞利格首先将外景地"搬去了"洛杉矶，随后其他电影人才接踵而至。

当塞利格在洛杉矶大力发展电影事业的同时，他也在自己的芝加哥片场监制了一些电影，这种电影后来催生了一种新的电影类型——"丛林—冒险"电影。

第五章 银幕上的丛林和动物园

在投身发展西部片的行动中，威廉·塞利格的电影美学似乎非常审慎，但他对于另外一种电影类型——"丛林—冒险"电影的投入可谓是"无心插柳柳成荫"。塞利格本人往往将这些电影称为"丛林—动物园野生动物电影"，这些电影一直都和西部片一起被当成塞利格旗下最受欢迎的作品。"丛林—冒险"电影从意想不到的地方诞生了。

1908 年年底，当大多数美国公众听闻罗斯福总统计划离开白宫，前往南非进行长达一年的游猎之时，"游猎"成为从《纽约时报》到《洛杉矶时报》所有报纸的头版头条，这反映出公众对美国总统的强烈关注，以及对著名探险家亨利·莫顿·史丹利爵士（Sir Henry Morton Stanley）口中"黑暗大陆"的巨大好奇心。当塞利格发现记录罗斯福的非洲探险电影可以成为公司盈利的爆炸点时，他希望自己可以与总统建立一些私人关系。

塞利格隶属颇有名望的纽约共和党俱乐部（New York Republican Club）中，他在其中作为电影巨头的代表而被人们所关注。塞利格被允许与共和党主席进行了一次会面，他大致描述了自己的计划，甚至还提到了自己可以教罗斯福的儿子克米特（Kermit）怎样在游猎中操控摄影机。这件事很快就传到了罗斯福的耳中，他对此非常感兴趣，并邀请塞利格在平安夜到白宫做客，届时他们将有更多时间去商议一些细节。

在平安夜当晚，塞利格准时出现在了白宫，并给总统一家带来了圣诞礼物：一架透镜放映机和几部他自己的作品。于是，1908年的圣诞节，罗斯福总统亲自在白宫主持了第一次电影放映活动。令人遗憾的是，罗斯福向塞利格坦言，他无法跟拍整个游猎过程，因为一名赞助商史密森尼（Smithsonian）提出了反对意见。不过，罗斯福同时也向他保证，不会有任何人来拍摄这趟旅程。

1909年3月23日，在威廉·霍华德·塔夫脱（William Howard Taft）就职三周以后，美国前总统罗斯福和他的儿子克米特出发前往非洲。虽然这次旅程的主要目的是为史密森尼收集动物和鸟类标本，但是大家都知道罗斯福很想为自己"捕获"一头狮子。当罗斯福的轮船即将远航之际，为其送行的人群中传来了一个声音，这无疑激起了大多数人的激动情绪："泰迪，为我杀一头狮子吧。"

在罗斯福奔赴非洲东部的同时，报纸开始对彻里·基尔顿（Cherry Kearton）进行报道，"这位自然史摄影师先驱"也将随行拍摄整个游猎过程。威廉·塞利格对此感到非常愤怒，他认为罗斯福总统背叛了自己，尤其是罗斯福还曾经许下诺言，不会有任何人来拍摄这趟旅程。不过，塞利格并没有因此而放弃，他仍然想方设法拍摄了一部罗斯福在非洲捕猎狮子的电影。

对于塞利格而言，在美国本土拍摄狩猎之旅，罗斯福本人并未出镜的话，这显然缺乏诚意。但是，难道所有的电影在本质上不都是一种"欺骗"吗？既然梅里爱可以让观众在月球上漫步〔《月球旅行记》（*A Trip to the Moon*，1902）〕，第一部名垂青史的西部片可以在新泽西拍摄完成，那么为什么关于罗斯福的非洲冒险电影不能在芝加哥的片场拍摄完成呢？这只是另外一种银幕幻象罢了，而且这绝非是第一部虚构的狩猎电影，这一殊荣已属于1907年诺德斯克电影公司拍摄的《猎狮》（*Lion Hunting*）一片。1908年，丹麦制片公司以伟大北方公司（Great Northern）监制，将这部电影出口到美国。因此，塞利格很有可能受到了电影《猎狮》的启发，企图拍摄一部"丛林—冒险"电影。

在塞利格着手策划此事之际，他的好朋友约翰·瑞林（John Ringling）给他介绍给了一个小型马戏团，他曾通过这个马戏团在威斯康星的巴拉伯进行动物贩卖活动。塞利格立刻奔赴威斯康星，并与体重三百多斤的驯兽师"大奥托"布雷特科鲁兹达成协议，他的马戏团将为电影拍摄提供所需的动物和驯兽师。为了完成这部电影的拍摄工作，塞利格特地花了好几百美元买了一头珍贵的狮子。

当塞利格于4月初回到芝加哥时，他听说一名模仿罗斯福的特型演员正在当地的剧院进行演出。在那时，罗斯福的形象简直刮起了一阵席卷了美国的旋风，所有人都热衷于模仿他的露齿微笑、胡子、夹鼻眼镜和他的感叹词"太高兴了！"。我们不得不说，塞利格十分幸运，这位特型演员在接下来的两周时间里都有档期，他有充分的时间参与电影拍摄工作。为了使罗斯福的"分身"更加完美，塞利格还专门为他打造了一副假牙。一些来自芝加哥南部的黑人也被雇用参与了影片的拍摄，他们在片中饰演非洲原住民以及丛林向导。

在公司最新建造的玻璃屋顶片场内，有一块面积约三平方米的空地，在塞利格的监工下，一片人工丛林很快在这里被搭建了起来。在这片人工丛林中，四周环绕着从芝加哥市内的温室里运来的蕨类植物和棕榈，正中间则是一个缠满了藤蔓植物的小型笼子。在编剧兼导演奥蒂斯·特纳所准备的分镜头脚本的基础之上，塞利格又进行了一些小小的改动。同一时间，他还督促弗朗西斯·博格斯领导的团队，拍摄他们在洛杉矶的第一部电影。

罗斯福一行于 1909 年 4 月 21 日登陆蒙巴萨，然而就在几天之前，塞利格刚刚拍完了那部"游猎电影"。由于动物具有不可预测性，在影片拍摄期间，他们雇用了两名摄影师——汤姆·纳什和埃米特·文森特·奥尼尔（Emmett Vincent O' Neil）。令人大吃一惊的是，这部"游猎电影"居然有十场戏，不过他们几乎只用了一天时间就拍完了，大多数镜头都是按照故事的发展顺序拍摄而成的。

拍摄当天，在塞利格人工丛林外景地的环境中，摄影师营造出了野生动物徜徉徘徊的氛围，包括在透光的片场拍摄一头狮子在人工湖边喝水的情景。拍摄工作从上午八点三十分开始。饰演罗斯福及其儿子克米特的演员戴上太阳帽、绑上护膝，在蒙巴萨酒店旁边的海岸登陆，并与一位打扮近似的白人狩猎者互致敬意。紧接着，三人注意到了欢呼的原住民，罗斯福唐突地命令他们将印有"T. R."标志的轮船拖走，这也是电影中唯一直接指涉罗斯福的一幕。罗斯福高高挥舞着来复枪，他的儿子和那名白人狩猎者也随即跨上了马背，此时影片开始拍摄行进中的马队。不一会儿，一片灌木丛挡住了队伍前进的步伐，他们不得不下马前行。于是，罗斯福骑在了一头大象的背上，克米特和白人狩猎者则跟随在他们的身后。队伍缓缓行进着，当地的原住民甚至给他们遮阴和扇扇子。

到了中午，拍摄工作转移到了室内，片场的鼓风机发出了巨大的轰鸣声，以此来模拟室外的风声，同时也使棕榈树和藤蔓植物摇摆起来。影片紧随上午拍摄的剧情，罗斯福必须徒步前行，因为丛林小径已经越来越窄了。他们看到了狮子的踪迹，于是便命令原住民去挖一个洞，并用棕榈叶将其覆盖上。一个特写镜头告诉观众，一只活生生的羊被拴在了陷阱边的石头上。这场戏接下来的部分是在藤蔓笼子上方约三米处的平台上进行拍摄的。一头狮子被放了出来，它在瞬间扑向了山羊，结果却跌入了洞中。几名原住民冲了过来，他们赶忙将一个笼子降至洞中。此时镜头渐渐拉近，拍摄了狮笼被拉高乃至运走的全过程。

在这之后，那头年迈的狮子再次在片场的另一边被放了出来。由于狮子受到了陌生环境的惊吓，它开始低声咆哮。当背脊被竹竿戳到之后，狮子开始踱来踱去，它朝着摄影师的方向慢慢踱去，然后在藤蔓笼子、棕榈树和灌木丛之间找了一个地方躺了下来。一位原住民赤裸着上身，四肢着地在地面上爬行，寻找狮子的踪迹，在他的身后依次是罗斯福、克米特和那名白人狩猎者。随后，原住民发现了狮子的足迹，他赶忙示意其他人过来。罗斯福快步上前，亲自检查了那些痕迹，然后激动地握住了原住民的手，并且欢呼道："太高兴了！"当一大群原住民拿着长矛和棍棒跑过来时，他和儿子、白人狩猎者一起躲在了藤蔓笼子后面。一群原住民慢慢向狮子靠近，随即便是一顿猛刺，狮子前身压低，发出了咆哮，然后飞快地跑回到灌木丛的深处，消失在了人们的视线之中。

饰演罗斯福的演员瞄准狮子准备开枪，他的来复枪被装上了空弹。导演特纳大喊"开枪！"，演员立刻扣下了假枪的扳机，同一时间，蜷缩在笼子外面的一位神枪手扣动了卡拉格 – 约根森（Krag–Jorgensen）来复枪的扳机，但是这一枪并未致命，只是击中了狮子的下巴。狮子发出了瘆人的吼叫声，这吓坏了在场的所有人。塞利格让摄影师冷静下来，并命令他继续拍摄。狮子向放置摄影机的平台奋力一跃，但是立刻便摔了下去。被激怒的狮子将它的注意力转移到了原住民身上，但是此时它已经被困在了笼子里。神枪手接着又连续开了两枪，第一枪打中了狮子的眼睛，第二枪则是致命的一击，射中了狮子的脑袋。

等到神枪手走向笼中确定狮子死亡之后，电影才真正得以继续拍摄。摄影机又开始转动起来，一群原住民从灌木丛的下方出现，朝着狮子慢慢走过去，并且发出胜利的呼喊声。克米特和仍在发抖的罗斯福终于跟了上来。那名白人狩猎者拎着狮子的尾巴，将它拖到了开阔的地方。罗斯福试着抬起狮子的头部，他数了数弹痕，以胜利者的姿态将脚踩在狮子的身体上大笑起来。一时间，在场的每个人都开始鼓掌，罗斯福和原住民一起欢呼雀跃着。这一幕的尾声是克米特为所有原住民拍了一张照片。下一场戏则是原住民用一根杆子抬着狮子穿过丛林，罗斯福和游猎队伍的其他人一起跟在他们的身后。在影片结尾，罗斯福、克米特和原住民在他们的帐篷旁燃起了篝火，他们眼睁睁地看着白人狩猎者和原住民首领剥下了战利品（狮子）的皮毛。

在看完成片之后，塞利格激动地说："我相信我们的努力已经足够以假乱真了。"塞利格早已制定好了一个方案，他将影片剪辑成规定的单卷长度，在几天之内便制作了一百二十份拷贝版本。这部电影最终定名为《非洲大狩猎》（*Hunting Big Game in Africa*，1909），采用点映和预售的方式，使交易商可以卖给全美各地的影院。但是塞利格故意推迟了电影的发行，在 4 月份的最后一周，罗斯福总统才捕获到了第一头狮子，不过这个消息足足花了两周的时间才传遍全美国。塞利格在 1909 年 5 月 20 日公映了这部电影，他巧妙地配合了罗斯福的游猎新闻，这无疑也增加了《非洲大狩猎》的写实质感。多年以后，塞利格兴高采烈地追溯起这段往事，当时他碰巧听到刚刚看完这部电影的女人们在聊天，那些女性观众十分好奇为什么一件发生在地球另一边的事情能在短短几周之后就在芝加哥的奥菲姆剧院上映。

《纽约戏剧镜报》对该片的赞赏之情溢于字里行间："毫无疑问，无论是在美国本土还是在其他地方，无疑不会有第二位电影人可以实现如此惊人、写实的场景效果，成就这样一部伟大的电影。"《电影世界》的评论家则为这部电影写下了这样的评论：

> 《非洲大狩猎》一片大胆地融合了真实与虚幻场景。不过毫无疑问，大多数观众都会认为所有这一切都是自然发生的……整部电影包含丰富的动作戏，塞利格无疑调动了大量资源……这部电影真正的旨意在于拍摄一头真正的狮子——所有摄制工作应该都是在芝加哥完成的。毋庸置疑，这是一头野生狮子。这头狮子在电影中庄严地踱步。无需与狮子进行危险对峙，观众就可以看清狮子的样貌，安全地看着它在自然环境中徘徊。那些被困在动物园笼子中的狮子从不咆哮。这一设定无疑吸引了大量观众。

除此之外，这位评论家卓有洞见地总结说："我们希望该片能够给塞利格先生和他的团队带来莫大的鼓励，去创造更多关于动物世界的电影。"

在接下来的几周时间里，几乎所有影院都在两三天的租赁期内轮番上映这部电影。《非洲大狩猎》一片引起了极大轰动，该片甚至还吸引了那些不常去影院的人们前去观影。这部电影耗资一千美元，与当时的其他电影相比，该片绝对算得上是一部大制作了，但是仅仅在它上映两个月之后，塞利格就已经赚足了一万五千美元的利润。一年之后，这部电影仍然在世界各地的影院中进行上映。

罗斯福总统为期一年的非洲游猎之行终于画下了句点，在回国之前他又去欧洲转了一圈。当罗斯福在1910年5月前往柏林会晤德国总统时，他正好看到了一条挂在影院前为《非洲大狩猎》进行宣传的广告横幅。这位美国前总统走过去一探究竟，很快他便勃然大怒起来。彻里·基尔顿为这次游猎之旅拍摄的纪实片《罗斯福在非洲》（*Roosevelt in African*，1910）几周前才刚刚上映，准确的时间应该是1910年4月18日，但是《非洲大狩猎》距此已经整整上映了一年的时间。在这部纪实片中，观众看到了劳作中的祖鲁妇女，以及深受总统喜爱的当地的战舞（南非原始部落中的一种舞蹈）。此外，片中还拍摄了一位随从人员背着罗斯福穿过小溪的镜头。然而，当罗斯福最终捕获了他的战利品九头狮子时，基顿却并没有将这些场景记录下来。放映员和观众都对这部纪实片感到非常失望。可以说，基顿的作品非常真实，但是与塞利格拍摄的游猎版本相比，它实在太无趣了！凯文·布朗洛甚至断言，塞利格的"伪纪实片"掀起了一阵空前的热度，而基顿的纪实片却显得非常糟糕，这几乎使得人们对"真实电影产生了某种偏见"。

与此同时，诺德斯克电影公司摄制的《猎狮》令斯堪的纳维亚半岛的影院中开始放映马戏团类型片。这一时期，有足够的证据显示《非洲大狩猎》成就了美国最基本的电影类型——"丛林—冒险"电影。

《非洲大狩猎》向观众展示了罗斯福如何杀死了一头狮子。对于现代都市中相对敏感的观众而言，这部电影无疑非常震撼。可以肯定的一点是，猎杀狮子无疑是吸引全球无数观众的一大原因，就像《猎狮》中猎杀的那两头狮子一样，诺德斯克电影公司狠狠地"大赚了一笔"。影片中的剧情与罗斯福真正的游猎之旅没有任何可比性，罗斯福一行在那一年的游猎中几乎平均每天都要猎杀四十只动物。《非洲大狩猎》的最后一幕让观众看到了一头狮子的皮毛被活生生地剥了下来，观众无不感到毛骨悚然。在很长一段时间里，一些富有猎人家中的墙上会挂着动物的皮毛，抑或像塞利格电影中所展现的那样，那些毛皮最终变成了美国前总统在沙卡莫山庄（Sagamore Hill）宅邸中的一张新地毯，以此作为地位的象征，展示其战利品。在现实生活中，这张狮子皮最后确实成了一张地毯，它被铺在塞利格座落在芝加哥伦道夫东路 20 号的新办公室里。

在筹备拍摄《非洲大狩猎》的同时，塞利格搭载野生动物马戏团的顺风车赶制了另外两部电影。《驯狮员》（*The Lion Tamer*，1909）一片由奥蒂斯·特纳执导，主角是马戏团的老板"大奥托"布雷特科鲁兹。电影讲述了一位离家出走的男人成了马戏团里训练狮子的驯兽师，他发誓要报复曾经残忍拒绝过他的农场姑娘。几年之后，那个姑娘和她的丈夫、孩子一起来观看马戏团的表演，不料驯兽师却当场抓住了那个孩子，一把将他扔进了狮笼。很快孩子就被救了出来，丑陋的驯兽师被一群观众围追着，他们最终将他丢到了笼子中投喂饥饿的狮子。布雷特科鲁兹马戏团将帐篷搭在了塞利格的外景片场上，但是影片中所有的室内戏，包括狮子、马和大象的表演则是在玻璃片场里拍摄完成的。

继《驯狮员》之后，特纳又拍摄了《豹之女皇》（*The Leopard*

Queen, 1909），该片由奥尔加·塞莱斯特（Olga Celeste）主演。1904年，塞莱斯特加入了"大奥托"的马戏团，那时的她才只有十来岁，很快她就和豹子们"打成一片"。后来，她被称为"豹女"，其演艺生涯一直持续了四十五年之久。她一生共参演了一千多部电影，她曾在塞利格的"丛林—冒险"电影中为其他女演员担当替身，还在《育婴奇谭》（*Bringing Up Baby*，1938）中为凯瑟琳·赫本（Katherine Hepburn）担任替身演员。影片《豹之女皇》讲述的是一个女孩和她的父亲在非洲东部遭遇了沉船事件，劫后余生。父亲去世之后，女孩披上了动物的皮毛，成为"动物王国的女皇，她能够控制和主宰那些漂亮的豹子"。后来一支狩猎队发现了她，她和她的"宠物们"一起被运往了巴黎，它们很快就成了竞技场剧院（Hippodrome）中的"明星"。根据《电影世界》的评论："据我们观察，那时的观众十分喜爱这部电影，尤其是影片中的丛林场景为他们提供了一场视觉盛宴。"

虽然《驯狮员》和《豹之女皇》在《非洲大狩猎》拍摄之前就已经收工了，但是它们的公映时间却被延后了，这两部电影被延期至1909年的夏天上映。于是，塞利格便将《非洲大狩猎》视为他的"第一部动物电影"。虽然《非洲大狩猎》在国际上大获成功，但《驯狮员》却在业内大受好评，并且出现了众多效仿之作。比如，独立电影人 A. 哈森（A. Harson）执导的《驯狮员的复仇》（*The Vengeance of the Lion Tamer*，1909），该片讲述了一位充满嫉妒之情的驯狮员诱使一名女子走进了狮子洞穴的故事。百代公司出品的《驯兽青年》（*The Little Animal Trainer*，1932）则讲述了一名失去父亲的男孩"对于未来很有想法"，他最终成了一名驯狮员，依靠微薄的薪资支撑起整个家庭。与《非洲大狩猎》不同，这两部电影都被业内的报纸斥为"垃圾之作"。

"豹女" 奥尔加·塞莱斯特

让我们继续回到《豹之女皇》这部电影上，影片中的女主角虽然是由丛林中的野生动物抚养长大的，但她在成人之后仍然回到了文明世界，并且还为剧院中的观众献上了精彩的演出，这个故事对于埃德加·赖斯·巴勒斯（Edgar Rice Burroughs）撰写"人猿泰山"（*Tarzan of the Apes*）系列电影和《金刚》（*King Kong*，1933）的剧本产生了深远影响。

凭借《非洲大狩猎》《驯狮员》和《豹之女皇》的成功，塞利格和特纳继续使用"大奥托"杂技团的各种珍奇动物演绎了不同类型的电影。随后，特纳又相继拍摄了战争片《沙漠圣战》（*Won in the Desert*，1909）和《迷失苏丹》（*Lost in the Soudan*，1910），这两部作品都展示了骑着骆驼的贝都因人和英国战士的形象。狮子和其他大型猫科动物主要出现在了《基督殉道者》一片中。随着野生动物租赁费用的逐步提高，塞利格和特纳在接下来的一年里没有再继续拍摄任何"丛林—冒险"电影。

在首批"丛林—冒险"电影拍摄完成之后，塞利格借了一大笔钱给"大奥托"布雷特科鲁兹，令他尚未成规模的马戏团得以继续巡演下去。由于无力偿还欠款，布雷特科鲁兹于1910年的初秋将马戏团的所有权转让给了塞利格。得益于此，"丛林—冒险"电影的拍摄工作也在当年10月重新开始，只不过，如今不再局限于在芝加哥附近进行拍摄了。此前，由于无法于冬季在美国中西部和落基山区拍摄西部片，塞利格建造了位于洛杉矶的片场。这一次，"丛林—冒险"电影的拍摄地也开始了选址工作，以当下的时间来说，最佳的拍摄地应该是在美国东南部而非西南部。

1908年至1909年的冬季，塞缪尔·隆将整个卡勒公司都搬到了佛罗里达州的杰克逊维尔。西格蒙德·卢宾公司和爱迪生的公司随后也在那里建造了季节性片场。虽然塞利格在洛杉矶的电影摄制组大获成功，但他发现杰克逊维尔的亚热带气候和繁茂的绿植极具吸引力，尤其是如果在 1910 年到 1911 年的冬季在那里兴建一座临时片场的话，则尤其适合拍摄"丛林—冒险"和其他主题的电影。但是，芝加哥片场和恩登戴尔片场的同时扩张，严重限制了"丛林—冒险"电影的拍摄工作，继而影响了塞利格的选择。因此，在 1910 年 10 月的最后一周时间里，"一百六十只经过训练的动物，如大象、老虎、狮子、骆驼和马"浩浩荡荡地从塞利格的芝加哥片场来到了杰克逊维尔。据说，这些动物集合起来就是一个马戏团，荟萃了"狂野西部秀"和戏剧表演。这是一个十分恰当的描述，这样的班底不但可以拍摄"丛林—冒险"电影，还可以制作诸如《沼泽地女巫》（*The Witch of the Everglades*，1912）的西部片以及《圣奥古斯丁的玫瑰》（*The Rose of Old St. Augustine*，1911）等情节片。

奥蒂斯·特纳是佛罗里达团队中的一名导演，威廉·V. 蒙（William V. Mong）负责编剧，威廉·福斯特（William Foster）担当摄影师，而托马斯·帕森斯的工作则是制片主任。这个团队中的女演员有凯瑟琳·威廉姆斯，男主演则是查尔斯·克莱瑞（Charles Clary），汤姆·米克斯主要饰演一些反面角色，大多数配角则由当地演员出演。金发碧眼的凯瑟琳·威廉姆斯在 1910 年 4 月加入塞利格的洛杉矶公司，她的银幕首秀则是在两个月之前参演了 D. W. 格里菲斯执导的影片《不尽全金》（*All Is Not Gold*，1910）。威廉姆斯出生并成长于蒙大拿州西部的比尤特，早年期间她曾在当地的剧院里表演一些小角色，那时的她认识了参议员 W. A. 克拉克（W. A. Clark），这个被称为"铜矿大亨"的男人在她的描述中成了她的"恩人"和"守护者"。克拉克资助她在纽约的一个表演学校接受了两年专业训练，之后威廉姆斯签约了洛杉矶演员公司，并且成功吸引了 D. W. 格里菲斯的注意。正是她主演的角色为在佛罗里达拍摄的"丛林—冒险"电影增色不少，赢得了巨大成功，凯瑟琳·威廉姆斯一跃成为这个新兴类型片的"女皇"，她同时也成为塞利格旗下最受欢迎的女星之一。

在佛罗里达最初拍的几部电影中，《回归荒蛮》（*Back to the Primitive*，1911）讲述了三名英国人之间的故事——两男一女，他们遭遇了海难，漂到了一座非洲的无人小岛上。不过这个故事并没有落入三角恋的俗套，而是让这些落难者去对抗统治这座小岛的野蛮群狮。体弱的英国领主最终在六头狮子的夜袭中丧生，但是强健的工程师和女人则依靠披着动物的毛皮活了两年之久，直到他们被女人的哥哥救了出来。除了采用《豹之女皇》中的落难诱因之外，《回归荒蛮》还依照此前《非洲大狩猎》中的套路，在生死攸关之际射杀了一头真正的狮子，并将其如实呈现在银幕之上——几名原住民拿着长矛一次又一次狠狠地刺向了狮子的尸体。

《适者生存》（*The Survival of the Fittest*，1911）则讲述了马戏团中三名意大利驯兽师之间的三角恋故事。威廉·蒙撰写的原始剧本在奥蒂斯·特纳看来十分糟糕，蒙直接给塞利格写信表示抗议。蒙向塞利格表示，他写的这些剧本满足了特纳在拍摄"丛林—冒险"电影时所提出的所有要求。然而，在特纳读完剧本之时，他毫不客气地告诉蒙"剧本中的内容不适合展现在大银幕上，剧本中所描些的'美国人特别针对意大利人……我们无法在影片中营造出这种氛围，而且该片的制作成本相当高昂'"。蒙复印了一份特纳修改后的剧本，并且将它寄给了塞利格，他对特纳的改动十分不满，认为这是对故事内容的极大破坏。

他同时也表达了自己对于特纳散漫工作态度的不满。蒙写道，特纳曾经说"如果不是拍摄《回归荒蛮》，影片根本无需动用任何'动物元素'，剧本中的其他内容更如垃圾一般"。蒙将特纳称为公司里的"专制势力"，而他自己则是一名"开拓者"，蒙要求公司重新进行安排，这样他们就不用再在一起工作了。从蒙买下剧本《陶艺师》（*The Clay Baker*）之时，塞利格就非常看重他的编剧能力。蒙被召回芝加哥，塞利格给了他自己担任导演的机会。他将自己撰写的剧本《迷失丛林》（*Lost in the Jungle*）拍成了电影《迷失北极》（*Lost in the Arctic*，1911）。从专业性的角度来看，编剧和导演各自拥有不同的职责，不可避免地会产生创作上的冲突和矛盾。

《迷失北极》是塞利格在佛罗里达拍摄的最后一部"丛林—冒险"电影，凯瑟琳·威廉姆斯在片中饰演了一名来自波尔的女孩，由于拒绝父亲让她嫁给农场主的要求，她被迫离家出走，躲进了丛林之中。这个年轻的女孩受到了一头豹子的攻击，幸运的是她被一只友好的大象救了下来。一位英国贵族和他的叔叔在丛林中发现了这名女孩，便将她带回了自己的家中，这一行为着实令农场主大吃一惊。塞利格公司的宣传部门报道称，凯瑟琳·威廉姆斯在拍摄这部电影期间曾身受重伤，在拍摄攻击戏份时，豹子将爪子伸进了她的头皮之中。至今，我们仍旧无法确定这则消息的真实性，威廉姆斯的头皮上可能真的有豹子的抓痕，但这很有可能也是公关人员编造出来的故事——如果这次袭击事件真的发生了，真正受伤的极有可能是她的替身演员奥尔加·塞莱斯特。不管怎样，这次"宣传"无疑发挥了巨大影响力，威廉姆斯在杰克逊维尔拍摄的电影中所饰演的主角使她成为塞利格旗下最受欢迎、最勇敢的女影星。在这次事件曝光之后，她便化身为"勇敢无畏"的代名词，但是自始至终，她都没有对这起事故发表过任何声明，并且从来都没有提过替身演员奥尔加·塞莱斯特的名字——"我出演的每一场戏都是真实的，毫不神秘，也并非是伪造的。"

塞利格将拍摄西部片中的一些原则运用到了"丛林—冒险"电影中，以求获得巨大成功，他的作品也再一次在业内掀起了模仿大潮。《影像杂志》（*Motography*）中刊登过一篇家喻户晓的文章，撰稿人尤金·登格勒（Eugene Dengler）观察到"'动物演员'使得塞利格的作品中有了一个独一无二的元素，这种极具特色的元素引导了'丛林—冒险'电影拍摄的全过程"。登格勒将这类电影的流行归结于影片中汇聚了"高度的感官享受和创新，这两个元素是观众永远都不会厌倦的"。此外，文章中还提到，塞利格将"丛林—冒险"电影的拍摄地从佛罗里达迁移至了芝加哥，可以说，这次"搬家"只是为了短期拍摄。

在芝加哥片场拍摄的电影中，有一部名叫《老伙计》（*Two Old Pals*，1912）的影片，在片中担当主演的是"大奥托"布雷特科鲁兹以及塞利格旗下首位四条腿的"明星"——大象托托（Toddles）。自从在《迷失丛林》中短暂亮相之后，托托的人气直线上升，开始大红大紫起来。在那部电影中，它不顾豹子的袭击挽救了凯瑟琳·威廉姆斯的性命。这只大象由此而被赋予了勇敢、忠诚、自我奉献和聪明等特质，上述这些特质也都呈现在了《老伙计》一片中。拍摄这部电影源于现实生活中的启发：由于无法偿还大量欠款，"大奥托"布雷特科鲁兹及其马戏团一度面临破产危机。于是，他和托托趁着夜色慌忙出逃。当警察赶到之时，他们早已逃到了九霄云外。不过后来托托闯进了一家面包店中，为他自己和"大奥托"偷了一篮面包。随后，他们溜出了这座小镇，爬上了一列火车，抵达了新的城市。在那里，一家名为"友好的马戏团"雇用了他们。在当时，托托实在太受欢迎了，在《老伙计》的电影海报上甚至还单独印上了它的名字。

芝加哥的室内片场和外景场地都非常开阔，这足以令公司拍出相对简单的"丛林—冒险"电影，比如《老伙计》。但是，芝加哥片场仍旧无法承拍大制作的"丛林—冒险"电影。此外，在南加州地区连续不断的两年拍摄，也让威廉·塞利格了解到，在那里拍摄任何室外主题的电影绝对要比在芝加哥或杰克逊维尔容易得多，南加州地区并不会频繁降雨，片场也足够大。1911 年，塞利格又买下了两万平方米的地皮，在洛杉矶东区的弥生路安置了他不断丰富的奇珍动物园，这里也为他提供了拍摄"丛林—冒险"电影的舞台。亚热带树木和植被的生长提供了影片中所需要的丛林……片场中甚至可以上演小型阅兵式、奔向寒冷北部的旅程或者是非洲丛林中的场景。由此，属于塞利格的野生动物农场诞生了。

在"大奥托"布雷特科鲁兹的陪同下，塞利格于 1911 年 10 月抵达洛杉矶，那时正值他遭遇弗朗西斯·博格斯枪杀案之际。布雷特科鲁兹此行的任务之一就是帮塞利格监工野生动物农场的建造工作，包括建造笼子和畜栏。除此之外，塞利格还专门建造了几间小木屋，这样一来"大奥托"布雷特科鲁兹以及五位驯兽师及其家人都可以住在里面。

在塞利格野生动物农场拍摄的第一批电影中有一部名为《森林之王》（*Kings of the Forest*，1912）的影片，讲述了一个性格古怪、古板守旧的波尔人家族，他们住在德兰士瓦（Transvaal）野外一个与世隔绝的农场上所发生的故事。这部电影的高潮是这个家族中四岁的女儿为了躲避狮子的攻击，躲在了货运马车的箱子里。扮演这名小女孩的演员是在当时被称为"宝贝"的莉莲·韦德（Lillian Wade），她绝

影片《疯奔》正在塞利格的野生动物农场上进行拍摄

对堪称塞利格旗下最优秀的儿童演员，不过仅仅在一年以前，她才初次现身大银幕之上。

柯林·坎贝尔（Colin Campbell）执导了《森林之王》一片，在弗朗西斯·博格斯遭遇枪杀事件之时，他才刚刚加入公司只有几周的时间。像当时其他大多数电影导演一样，坎贝尔也出身于戏剧舞台，他曾在纽约、密尔沃基、新奥尔良以及芝加哥与不同的戏剧公司进行过合作。虽然坎贝尔早期的电影中并没有什么电影语言方面的创新，也不像博格斯的作品那样炫技，但是这些电影的结构都非常合理。在这一点上，他远比塞利格旗下的其他导演更加高明。

那时，并非所有塞利格公司出品的"丛林—冒险"电影都非常暴力。1913 年，他们在芝加哥片场连续拍摄了三部动物喜剧片。这些影片都由奥斯卡·伊格（Oscar Eagle）执导，并且由"一匹通人性的马"阿拉伯（Arabia）主演。《阿拉伯去就诊》（*Arabia Take the Health Cure*，1913）就是这一时期动物喜剧片的典型之作，在这部电影中，阿拉伯在社区马戏团进行表演时生病了，它的主人立刻带它去了一家医院。不过，他们却在医院中走散了，阿拉伯穿梭在不同的病房中，令那些病人十分心烦意乱。最后，阿拉伯为所有的病人带来了一场表演，然后被医生带去了自己的病床上，调整好睡姿，并用身体向观众"道晚安"。

"大奥托"布雷特科鲁兹导演了一部由托托出演的电影，J. 爱德华·亨格福德（J. Edward Hungerford）担任这部影片的编剧。在影片《聪明的老象》（*A Wise Old Elephant*，1913）中，托托在暗中帮助凯瑟琳·威廉姆斯与她的情人传送情书。威廉姆斯在片中饰演了一位印度种植园主的女儿，她的情人则由赫伯特·罗林森（Herbert Rawlinson）饰演。在这对情人私奔了许多年以后，一位心怀怨恨的追求者绑架了他们的孩子，不料却被托托阻挠了。托托最终救下了孩子，并将他交还给久未联系过的祖父，影片最终上演了一个大团圆结局。

大多数在塞利格野生动物农场拍摄的电影平均片长为两卷胶片，但是 1913 年圣诞节上映的电影《索尔：丛林之王》（*Thor: Lord of the Jungle*）的胶片几乎长达三卷之长。这部电影的"全明星阵容"包括查尔斯·克莱瑞、汤姆·杉奇和凯瑟琳·威廉姆斯。该片的故事将塞利格"丛林—冒险"电影中最常见的两个场景结合在了一起——丛林和马戏团。《索尔：丛林之王》由 F. J. 格兰登（F. J. Grandon）执导，詹姆斯·奥利弗·柯尔伍德（James Oliver Curwood）编剧而成。《索尔：丛林之王》也上演了四年前《豹之女皇》中的三角恋剧情：克莱瑞饰演了一位美国马戏团老板的儿子，他远赴南非捕猎野生动物。他命令一个荷兰农夫当他的助手，并对他单纯的女儿（凯瑟琳·威廉姆斯饰）展开了热烈追求，然而她却早已与善良的农夫（汤姆·杉奇饰）定下了婚约。在他们捕获的动物中有一头名叫索尔的狮子。克莱瑞怂恿威廉姆斯与他一起将狮子运回美国，但这却使她发现克莱瑞其实是"一个酒鬼、赌徒、花花公子"。威廉姆斯成了马戏团的顶梁柱，索尔也和她成了好朋友。一位久被虐待的驼背老人将狮子放出了笼子，让它去攻击正在骚扰威廉姆斯的克莱瑞。克莱瑞不敌狮子的攻击当场身亡，威廉姆斯则大力说服有权之士让她和索尔一起回到丛林中。狮子重获自由，与它的同伴重新欢聚在一起，而威廉姆斯也与她忠贞不渝的爱人破镜重圆。在荷兰目影协会的馆藏中，我们看到了这部影片的胶片仍然保持着绚丽的颜色，从中我们可以看出，威廉姆斯和汤姆·杉奇将索尔从笼子里放生之时，并没有使用替身演员。

根据商业杂志《摄影杂志》所整理的表格，以整个电影发行量来看，1913 年，塞利格透镜公司荣膺美国第三大制片公司，紧随维太格拉夫影片公司和西格蒙德·卢宾的电影公司之后。与塞利格所出品的西部片类似，"丛林—冒险"电影也在业内掀起了大规模的模仿热潮，特别是那些刚刚入行的独立电影公司。塞利格对"丛林—冒险"电影的发展卓有贡献，但这却被电影学者忽视或者扭曲了。比如，杰拉德·皮尔里（Gerald Peary）对《金刚》进行了博采众家的历史性梳理，他错误地将"丛林—冒险"电影的诞生归功于爱丽丝·盖－布拉奇（Alice Guy–Blache）执导的《丛林野兽》（*Beasts in the Forrest*），这部电影于 1913 年在新泽西的利堡拍摄完成。该片的主角是"两头狮子，一只老虎，一只猴子和一只鹦鹉"，影片讲述了它们与一位刚果人（"人类的最低种族"）以及一只猩猩（"类人猿的最高物种"）之间所发生的故事。布拉奇将她的电影视为"多种动物上镜的首部电影，演员和动物同时出现在了银幕之上"。

与此同时，威廉·塞利格也正忙于实现他的另一个"大计划"。早在 1913 年 5 月，塞利格就宣布他将在他动物农场的基础上再建造一座动物园，具体的位置将会在洛杉矶东区弥生路 3800 号。他这么做的理由在于，"丛林—冒险"电影为公司带来了高额利润，并逐渐成为公司盈利最高的类型片之一，他们没有理由不通过建造一座美国最大的私人动物园来开展后续的商业合作。一座优质的动物园可以让公众前来参观塞利格旗下最受欢迎的野生动物明星，观众甚至还可以亲眼看到"丛林—冒险"电影的摄制工作。从本质上来说，塞利格口中的"动物园"相当于最早的电影主题公园。

从 1911 年开始，动物农场中的许多沼泽地都已经枯竭，这正好可以用来建造行政大楼、驯兽师的住所以及动物们的屋棚，建筑风格大

多仿效非洲、印度、南美和东南亚。这些建筑物大都是由亚瑟·本顿
（Arthur Benton）设计而成，他也是河滨弥生酒店的建筑师之一。这
片区域不仅可以让动物们安居，同时还可以为"丛林—冒险"电影中
的不同场景提供相应的背景。这种源于塞利格芝加哥片场的美学非常
重视实用价值，这种美学风格一直延续到了动物园中的阁楼以及其他
新建筑的建造工作中，这种实用性风格甚至还影响了接下来在加利福
尼亚南部建造的大型片场。

　　1914 年，塞利格与全球不同地区的交易商签署了合同，他向那
些交易商许诺，公司每周至少都会发行一部"丛林—冒险"电影。在
1914 年的上半年，公司的权力结构也进行了一定的调整。"大奥托"
布雷特科鲁兹被升职为公司的主管，负责监工约翰·罗宾逊（John
Robinson）为塞利格全新打造的动物园。约翰·罗宾逊祖上三代都是著
名的马戏团老板，他给"大奥托"布雷特科鲁兹带来了各式各样的野
生动物，这其中就包括好几头大象。除了监管动物们的健康状况和训
练之外，罗宾逊还要配合公司导演的需要，制作"丛林—冒险"电影。
在 1914 年 10 月的前六天时间里，汤姆·杉奇、E. A. 马丁、托马斯·
帕森斯和诺瓦·麦格雷戈（Noval MacGregor）都分别在动物园中进行
了拍摄工作。杉奇需要六头狮子、两头大象（包括托托）、两只美洲狮、
三只美洲豹、三只猴子和两只鹦鹉，帕森斯需要九只孟加拉虎来完成
他为公司拍摄的唯一一部电影，马丁则需要四只熊和三只老虎，麦格
雷戈命令罗宾逊让他找来两头狮子、一匹骆驼、一匹斑马、一头水牛
和一头奶牛、一只鳄鱼和两头大象（母子象）。

　　塞利格动物园最引人注目的特色之一是由卡罗·罗马奈利（Carlo
Romanelli）雕刻而成的二百只石制动物"雕像"，以装饰巨大的入口

一张印有塞利格动物园大门的明信片，于1915年发行

拱门。更令人们印象深刻的是，与真实狮子同等大小的石狮坐落在拱门旁边，两扇拱门的中间则是一个站着八头石象的底座，石象撑住了一个旗杆，上面挂着几只猴子。据说，这些狮子和大象是以动物园里的动物为原型雕刻出来的。

罗马奈利出生在意大利的佛罗伦萨，他是雕刻世家的第六代传人，在获得罗马大奖（Prix de Rome）的荣誉之后，他于世纪之交来到了美国。罗马奈利的作品被《洛杉矶时报》的艺术评论家大加赞赏："他雕刻的动物群像极具活力。"这位评论家继续说："这些雕像就像强有力的人类灵魂被吸入了石膏、凝塑在了黄铜之中，最终成就了这些艺术。"根据官方公布的数据，单是这个入口的大门就花费了六万美元，但相关资料却显示塞利格只付给了罗马奈利一万美元。然而，这位雕刻家花了比预期更长的时间来完成这个作品，最终导致塞利格的动物园比原计划的开园时间推迟了六个月。等到动物园准备完毕可以开园之时，塞利格惩罚性地只付给了罗马奈利八千八百一十五美元。最后，罗马奈利无奈地决定将塞利格告上法庭，以求结清自己的制作费。

1915年5月3日，塞利格抵达了洛杉矶，此次的随行人员还包括泰伦·鲍尔（Tyrone Power）夫妇和他们刚刚出生不久的孩子小泰伦。塞利格希望亲临入园仪式的现场。关于兴建这座动物园究竟耗资了多少美元，不同的媒体也发表了不同的估价，五十万、七十五万或一百万美元等。塞利格对于这笔巨额开销的解释是，这是对未来的投资——资助加利福尼亚电影拍摄工作的可持续发展，尤其可以促进他一直以来对于"质量至上"的追求。除了在弥生路的片场外景地种植了很多丛林灌木以外，他还命园艺师建造了一些人工岩石和山洞，以及一小片南美风格的村落区。

在洛杉矶期间，塞利格上午在恩登戴尔片场的放映室里审查他旗下九位洛杉矶导演的作品，下午则在弥生路的工作室中与托马斯·帕森斯等人一起开会，此时的帕森斯已经被提拔为西海岸地区的公司总经理了。此外，塞利格还要监管动物园的工程，与约翰·罗宾逊讨论园中动物们的身体状况。他的夜间时光则用于阅读以及批准每一部即将投入摄制的剧本，这项工作非常浩大，因为公司每周至少会发行五部双卷电影，以及三到九卷长的长片。此外，塞利格还会定期将新动物纳入到他的"收藏库"中，其中有一些主要是用于动物园的展示，比如五十只孔雀。在动物园完工之前，塞利格用自己的私房钱承担了动物们的食料开销，但是从1915年3月开始，他决定让公司来负责这项开支，每月约五千美元。

在数次延期之后，1915年6月20日，《洛杉矶检查报》周日版的头条发布了这样一则新闻："塞利格动物园今日将邀请所有洛杉矶市民前去参观"。《论坛报》（Tribune）也宣布"不同凡响的塞利格动物园今日开园，市民们可以一睹价值三十万美元的七百只动物，它们无疑是大银幕上的冉冉之星"。《洛杉矶时报》将报道的关注点落在了动物园的巨额投资上，它们的报道宣称："这个新建成的动物园是电影大亨威廉·塞利格耗资一百万美元的杰作"，他将这笔巨款划分成动物的开销、土木和建筑物的兴建费用以及每月的修缮费。洛杉矶全城约有五十五万人口，大概有八九千人参与了开园仪式。大多数前来参观的市民都会搭乘东湖公园的有轨电车，车子在主干道和弥生路上川流不息。园内风景如画，在桉树的绿荫下，人们可以坐下来一边野餐，一边享受临时舞台上的舞蹈表演。他们同时也可以观看长达三个小时的日间动物表演，参与演出的有奥尔加·塞莱斯特以及其他驯兽师，这当然少不了"老虎、豹子、狮子、六头大象、一群马以及几头小象，等等"。除了可以欣赏到丰富多彩的表演之外，市民们还可以近距离接触到那些被广而告之的七百只动物，这无疑更具吸引力。在二十世纪之初，美国还没有几家像样的动物园，能像塞利格动物园一样提供如此多奇珍异兽的动物园更是十分罕见。

流行文化中的"意见领袖"纷纷将这座动物园视为洛杉矶最棒的表演场所，这对于公众而言具有极大的吸引力。这座动物园无疑是威廉·塞利格职业生涯中的闪耀成就之一，但他也只能独自庆祝。塞利格的妻子玛丽一般都会与他一同前往加利福尼亚、纽约或是欧洲，但这次她并没有一起来参加动物园的开园仪式，而是留在了芝加哥的家中。在动物园盛大开幕的前一天，全国的报纸头条都用大标题写着"塞利格妻子的珠宝被盗"。这些头条新闻让人嗅到了后来发生的一个更加令人兴奋的"大事件"。

1915 年 6 月 18 日这一天，塞利格的妻子玛丽向警方报案，她声称弗雷德里克·科尔（Frederick Cors）盗走了价值八千八百二十五美元的珠宝，这名盗贼是塞利格夫妻俩雇用的一名十八岁的管家，管理他们位于芝加哥湖景大道 2430 号别墅的二十个房间。塞利格在 1912 年用五万两千美元买下了这幢住宅。被盗的珠宝中有两枚黄金戒指和一枚两克拉钻石的礼盒，价值三千美元，还有一枚价值三千二百二十五美元的白金戒指，上面镶嵌着"S"字样的钻石。玛丽在案发前的三个月前雇用了这名"长相俊俏"但身无分文的德国移民。她在证词中承认，科尔曾有意地窥探"属于她女儿海伦的价值两千美元的珠宝"。

警察巡视了芝加哥区域内所有的火车站，企图找到这名金发碧眼的"德裔男子"。但是后来警方发现，玛丽口中的海伦实际上是她的侄女，而不是她的女儿，而这名德裔小偷根本不会说英语，他们之所以决定雇用他是为了协助从夫妻二人结婚起就一直照顾他们的司机和厨师。一份对这起盗窃案冷嘲热讽的剧本出现在了《电影剧作》（Photoplay Scenario）杂志上，暗指在中年发福的贵妇和帅气的年轻管家之间有着其他关系："玛丽仅仅攥紧拳头扪心自问，难道我弄丢了被我一直视为珍宝的管家？"一个月以后，在加利福尼亚的奥克兰，科尔被警察逮捕归案。他告诉警察，玛丽不止一次地向他炫耀自己的珠宝，并且吹嘘它们价值连城，他无法抵挡金钱的诱惑，于是便下定决心盗取这些珠宝，顺便获取他逃往加利福尼亚的旅费。这些珠宝最后在圣保罗和旧金山的当铺里被赎了回来。

在洛杉矶待了近九周之后，塞利格于 1915 年 6 月 27 日回到了芝加哥，以筹备第三次也是最后一次动物园的开园仪式。作为此次仪式的一部分，塞利格租了一列火车，这被他称为"塞利格展会特别号"。这列火车可以将影院经理、记者和其他名人组成的代表团从芝加哥运往动物园的开园仪式上，途中他们还会经过巴拿马 - 太平洋博览会。1915 年的加利福尼亚仍然是深受欢迎的旅游地之一，洛杉矶的电影工业和旧金山的巴拿马 - 太平洋博览会更是促进了旅游业的快速增长。每一年，美国电影展映商联合会（Moving Picture Exhibitors League of America）都会在旧金山举办年会。

市民们可以选择乘坐"塞利格展会特别号"与各路名人一起共享这段旅程，他们只需要支付一百二十八美元，其中涵盖了交通、餐饮等费用。为了吸引更多漂亮的女性参与其中，塞利格和多个地方的报纸进行合作，通过资助选美比赛来吸引美女。最后，一百六十人共赴这次长达十七天的往返旅程，包括塞利格和他旗下的几名经理、《电影新闻》

（*Motion Picture News*）的编辑 W. A. 约翰斯顿（W. A. Johnston）、芝加哥八卦专栏作家劳拉·帕森斯（Louella Parsons），以及写下《大学寡妇》（*The College Widow*）的著名剧作家乔治·艾德（George Ade）等。塞利格的这趟列车至少由十几节车厢组成，其中包括专门为影院经理及他们的家人所准备的"普尔曼式"特别车厢，还有一节专供剧作家休息的车厢，以及一个特别为新闻记者和他们的朋友所准备的软座车厢。此外，列车上还配备了舞厅，并提供班卓琴乐队驻唱演出，甚至还有一节能够放映电影的车厢，这个车厢影院中还配备了一架钢琴，可以随时为电影伴奏。

由于"塞利格展会特别号"的存在，此前的黑尔旅游团特效展映活动又重新回归到人们的视线当中。这个展映活动现在不仅放映电影，而且还将旅客登上列车后所发生的一系列故事记录下来，为他们制作一部真正的电影。《受苦受难的七姐妹》（*The Seven Suffering Sisters*，1915）就是一部旅游喜剧片，影片从芝加哥的西北火车站开拍，第一个镜头拍摄于列车在 7 月 8 日上午的十一点即将出发之时的场景，片中还出现了皇家峡谷大桥、科罗拉多州、盐湖城以及塞利格动物园的场景。这部电影每周都会插播在"赫斯特 – 塞利格"（Hearst–Selig）的新闻片中。

1915 年 7 月 15 日，"塞利格展会特别号"的旅客和大约一千五百名美国电影展映商联合会的代表们齐聚一堂，等待塞利格动物园的开园仪式。兴高采烈的威廉·塞利格亲自在大门口迎接大家的到来，在他身边的还有凯瑟琳·威廉姆斯、汤姆·杉奇、贝茜·艾顿和尤金妮娅·贝茜尔。当晚大家在舞厅跳完舞之后，他们还观看了三个小时的动物表演。第二天，动物园为太平洋海岸作家群（Pacific Coast Writers）举办了筵席及舞会。整个开园仪式一直持续到了 7 月 17 日，以《受苦受难的七姐妹》的最后一幕作为仪式的结束。"塞利格展会特别号"的乘客于第二天（7 月 18 日）晚上离开了洛杉矶，一路沿科罗拉多、内华达、堪萨斯城和圣路易斯继续游玩，最后于 7 月 25 日回到了芝加哥。

塞利格动物园很快便成为各个组织进行休闲娱乐的最佳选择。在动物园运营的前七个月中，动物园以犹太人救济会（Hebrew Sheltering）和老人之家（Home for the Aged）的名义举办了慈善募捐活动。其余的活动还包括内战老兵聚会、八千人会议以及五千名社会主义者前来进行野餐。一群意大利裔美国人到动物园进行野餐，他们同时为意大利红十字协会募捐了一千美元。随后，两千名民众前来塞利格动物园庆祝墨西哥独立日，他们举办了烧烤午餐、音乐会和一场市长的演讲活动。此外，超过一万名民众参与了瑞典协会（Swedish Society）在园中举办的野餐活动。动物园的第一个劳动节吸引了至少一万五千名参观者，为此园区还举办了一场婴儿选秀比赛，由加利福尼亚州的州长海勒姆·约翰逊（Hiram Johnson）担任评委，一名专业摄影师则记录下了所有的一切。

一个单身俱乐部每周三的晚上都会在园中的舞厅聚会，他们称自己为"贾尔斯俱乐部"（The Giles Club，反过来拼写的 Selig）。按照惯例，男人必须缴纳一定的会费才能参加活动，也就是二十五美分，女人则免费参加。

在日间表演中，著名的安娜·梅（Anna May）登台亮相，它是一头小象，出生在塞利格的野生动物农场上。四岁的安娜·梅用鼻子向观众致意作为开场，它两脚站立在木桶上行走，有时还会躺在训练员兰登船长（Captain Langdon）的身上，但这并不会给他带来任何伤害。

"塞利格展会特别号"的全体成员在科罗拉多的合照,他们正在前往塞利格
动物园开园仪式的路上

1924 年日本海军参观塞利格动物园

在简单的开场之后，小象开始表演打扫房间，它会点燃特别为它打造的火炉，并且借助火炉中的篝火点亮火柴。之后，安娜·梅会坐在一张桌子旁，用鼻子摇动餐桌上的摇铃，让兰登船长给它端来一盘苹果和香蕉。在享受完美味佳肴之后，它卷起一张餐巾纸，优雅地擦了擦嘴巴。安娜·梅最后吹响口琴，然后向观众鞠躬，以此结束表演。在将近十年的时间里，它都在塞利格动物园为观众奉献这套精彩的表演。

在动物园对外开放的前七个月中，它吸引了近十五万人次的入园者。也许是为了阻挡一些好奇的打探者，一面水泥墙在动物园中被建造起来，将动物园和舞台、换衣间以及其他位于园后的电影工作室隔离开来。

威廉·塞利格的"野生动物明星"总会有计划地或是出人意料地在片场外出现。将近六十岁的大象蒂莉（Tilly）被租借给了共和党青年俱乐部（Young Men's Republican Club），他们希望带它一起参加洛杉矶市区跨年之夜的游行活动。1915年感恩节的前一天，一只猴子从特意为它打造的笼子里逃跑了，这只猴子一个月前刚从印度被运回来，身高约有一米二、面目吓人，随后它开始在洛杉矶东部自由散步。它大摇大摆地走进了海兰德公园、林肯高中的运动馆，这可吓坏了那里的管理员伊丽莎白·沃森（Elizabeth Worthen）女士，然后它又继续四处转悠，最后一直走到了靠近二十大道和百老汇北路的大街上。

在开园后的第二年，人们对动物园的热情只增不减，自从塞利格拥有了这座动物园，他的知名度持续不减。但是相比之下，他的电影事业却遭遇了滑铁卢，在1916年急转直下，从此一蹶不振。所谓的独立电影制片人从华尔街投资公司那里拿到了源源不断的财力支持，使得电影业的竞争不断白热化，再加上第一次世界大战对电影在国际发行上的影响，最终致使塞利格合并了他在弥生路的电影公司和动物园。

从 1915 年起，塞利格的公司每周至少发行一部"丛林—冒险"电影，但是到了 1916 年则跌到了平均每月一部。这一年，凯瑟琳·威廉姆斯和贝茜·艾顿的前夫查尔斯结了婚，二人双双离开了塞利格旗下。查尔斯·艾顿很快成了派拉蒙影业公司的主管经理，不久之后威廉姆斯也成了派拉蒙的签约演员，开始在塞西尔·B. 戴米尔（Cecil B. DeMille）的一些当代故事片中饰演交际花的角色。

在塞利格透镜公司出品的最后一批"丛林—冒险"电影中，有一部影片花了大约两年半的时间才制作完成，这就是《狮子和小伙子》（*The Lad and the Lion*，1917）。它的剧本由埃德加·赖斯·巴勒斯撰写而成，这位编剧在 1912 年因为刊发了他的第二篇小说《人猿泰山》而名声大噪，其讲述了一个白人小孩在丛林中由猩猩抚养长大，在他成人之后才遇到了和他同种族的文明人所发生的一系列故事。在与鲁道夫·奥特罗基（Rudolph Altrocchi）教授的私人通信中，巴勒斯承认他受到了罗穆卢斯和雷穆斯的神话以及拉迪亚德·吉卜林（Rudyard Kipling）的《丛林之书》（*The Jungle Book*，出版于十九世纪九十年代中期）的影响。理查德·斯洛金（Richard Slotkin）在文字中也记录了巴勒斯对于查尔斯·金（Charles King）、欧文·威斯特（Owen Wister）和杰克·伦敦（Jack London）的敬仰，他们为他的小说提供了源源不断的灵感，虽然他对其他作者的"致敬"有时可能会被指责为抄袭。埃德加·赖斯·巴勒斯是威廉·塞利格"丛林—冒险"电影的忠实粉丝，他迫不及待地想要跻身编剧的队伍之中，因此巴勒斯能创作出《人猿泰山》恐怕也要感谢《豹之女皇》，该片讲述了一个白人女孩被丛林中的豹子抚养长大的故事。此外，《回归荒蛮》也对巴勒斯的创作产生了极大影响，

塞利格正在给小象安娜·梅投喂食物

片中的男男女女被困在了一座孤岛上，他们被迫与野兽生活在一起。

巴勒斯非常希望《人猿泰山》可以被翻拍成电影，1914年6月，他开始联系纽约摄影戏剧代理公司（Photo-Play Agency of New York）的柯拉·C. 维尔肯宁（Cora C. Wilkening），将《人猿泰山》推荐给有意将其改编成电影的制片人。当年12月，维尔肯宁女士在与塞利格会面之后，巴勒斯直接写信给这位电影巨头，并寄去了《狮子和小伙子》（The Lad and the Lion）唯一一份未发表的手稿，以及一份《人猿泰山》的影印版本。塞利格同意在接下来的一周里与巴勒斯会面。此外，巴勒斯的代理人也提出请求，希望能将《人猿泰山》同时投寄给环球影业，但是塞利格却告诉巴勒斯"他才是唯一有权出品这部电影的制片人——他拥有'最好的、最齐全的动物园设施'"。在推动《人猿泰山》翻拍的过程中，巴勒斯给维尔肯宁写信说，他非常喜欢塞利格先生，如果能够经常为他效劳将是一件幸事。巴勒斯完全不知道应该如何撰写优质的电影剧本，但是《人猿泰山》的"姐妹篇"《狮子和小伙子》却给他带来了五百美元的收益。在整个改编过程中，他将剧本的标题命名为《本——野兽之王》（Ben, King of the Beasts）。巴勒斯同意了塞利格提出的所有要求，并且希望这些剧本能成为加入塞利格透镜公司的敲门砖。

埃德加·赖斯·巴勒斯非常渴望成为威廉·塞利格旗下的编剧，虽然他早期的作品也取得了一些不俗的成绩，但他仍然面临一个严峻的问题，第一批电影小说家和短篇写手在撰写剧本时都会遇到的问题——难以将文字进行视觉化处理。他求助于塞利格旗下的编剧约翰·普力拜（John Pribyl），他的建议让我们看到了在塞利格透镜公司，实际的商业考虑在多大程度上影响了电影的故事内容：

故事的重要性将决定电影的胶片数，一、二、三、四，甚至可以是五卷胶片。撰写场景的最重要目的就是在每卷胶片之中尽可能创造出更多的戏份，在每一卷胶片中，你必须要"抖一个包袱"，并在结尾处上演一个小高潮。如果一个两卷的故事无法创造一个大事件，那么最好可以将所有的事件都融入一卷胶片中。如果这是一个单卷电影剧本，我们要尽量避免将其写成一个高成本的故事，但是如果胶片达到了三卷或是更多，则可以让单卷或其他卷数少的电影票房来抵消这部多卷故事片的开销，因此最后的成本基本和制作单卷电影持平。

也许对于这位志向远大的电影编剧而言，更重要的一点在于必须懂得商业电影最基本的运作原则，即"不要撰写任何无法被拍摄出来的电影"。巴勒斯向公司递交了另外一些故事，但是塞利格最终只留下了《狮子猎手》（*The Lion Hunter*）的副本。然而，巴勒斯却拒绝了塞利格为这个剧本支付的六十美元酬劳，他认为这点儿钱根本不够。随后他又寄给了环球影业两个剧本，但却并未收到任何回复。

塞利格非常清楚《人猿泰山》故事的复杂性和大场面会抬高整部电影的成本，同时增加电影的卷数。他相信，在非洲丛林中拍下真正猩猩的特写镜头对于展现故事的真实性非常重要，即必须在洛杉矶的丛林公园中进行拍摄。塞利格联系了维克多·米尔纳（Victor Milner），他曾经资助了米尔纳的非洲摄影游猎之行，他希望能从米尔纳的手中获取一些备用素材，但是刚果盆地的炙热和潮湿使得这些胶片无法再次使用。1915 年年底，塞利格终于放弃了将《人猿泰山》拍成电影的想法。

1915 年 3 月，巴勒斯又继续将《狮子和小伙子》的手稿给了塞利格旗下的编剧部主任，他仍然希望自己的作品可以被改编成电影。这部电影计划在当年十月份左右上映，同时剧本将会刊登在《故事大王》（*All-Story*）杂志上，这是巴勒斯之前与塞利格的约定。遗憾的是，由于塞利格专注于动物园的建造、合并他的片场以及监制在巴拿马拍摄的极具野心的长片《无用之人》（*The Ne'er-Do-Well*，1916），这部电影被迫延期。

不堪工作重负，塞利格聘用了 J. A. 伯斯特（J. A. Berst）作为他第一位、也是唯一一位的公司董事会副主席。伯斯特曾经是百代公司驻美国分公司的代表、统一电影公司的出纳员，他将要处理几个被提上议事日程的电影项目，这其中就包括《狮子和小伙子》。然而，伯斯特并不能很好地胜任这项工作，巴勒斯的剧本也在伯斯特短暂的任期中被遗忘了。事实上，《狮子和小伙子》直到 1917 年初才开始拍摄工作，从最开始故事被接收到现在已经过去了两年的时间。塞利格重新和《故事大王》的编辑商议，在一个月之内同步发行电影版以及出版故事的"三部曲套装"，作为联合推广，他要求在第一部书的封面上植入塞利格透镜公司的宣传广告。

故事中的"小伙子"是一位百万富翁的儿子，他乘坐的客船在去往非洲的途中爆炸了，随后他便失忆了。他被一名性格暴戾的旅客救了下来，小伙子和被关在笼子里的狮子成了好朋友，最后迫使那名暴戾的旅客从船上跳了下去。小伙子和他的狮子好朋友在靠近非洲沙漠的海岸上遇到了一位美丽的阿拉伯姑娘，他们救下了她，并使她免于嫁给邪恶的强盗头目。最后，小伙子恢复了记忆，他向美丽的阿拉伯姑娘传达了自己的爱慕之情。这部电影在巴勒斯剧本的基础上进行了一些修改，最重要的改动是将"快疯了的癫痫病人"换成了"性格暴戾的旅客"。

该片的导演阿尔弗雷德·格林（Alfred Green）在三十年后由于导演了《一代歌王》（*The Jolson Story*，1946）而名声大噪。在拍完了《狮子和小伙子》之后，《电影世界》大加赞赏他为电影编排的极为真实的沉船和沙漠打斗戏份，但是巴勒斯对于改动后的电影感到非常恼怒，他认为整部影片拍摄得十分低劣，并且电影的宣传也不尽如人意。尽管有很多不满，巴勒斯还是再次与塞利格进行了合作。在《狮子和小伙子》首映前的两个月，巴勒斯令拍摄了首部《人猿泰山》电影（1918）的公司在塞利格动物园的丛林中完成了部分摄制工作。

虽然塞利格在《狮子和小伙子》之后又发行了六七部电影，但是这些电影大多数都是将之前的电影重新改头换面，更换了新的片名、角色名和幕间字幕。《索尔：丛林之王》摇身一变成了《男人、女孩和狮子》（*A Man, a Girl and a Lion*，1917），由汤姆·杉奇和贝茜·艾顿联袂主演的《疯奔》（*A Wild Ride*，1913）被重新改名为《她的冒险之旅》（*Her Perilous Ride*，1917）。在凯瑟琳·威廉姆斯离开公司一年之后，塞利格又重新发行了一部新的动物故事片——《在非洲丛林》（*In the African Jungle*，1917）。不过，一位观察敏锐的评论家却发现这部电影其实是"第一批凯瑟琳·威廉姆斯主演的塞利格'丛林—冒险'电影中的一部"。这些策略似乎并没有起到任何作用，1917年之后，塞利格并未继续制作"丛林—冒险"电影。

1918年年初，威廉·塞利格暂停了塞利格透镜公司的所有电影制作工作，并最终解散了公司。1919年，塞利格在自己的动物园中以独

立制片人的身份亮相。正如他之前帮助《人猿泰山》的拍摄工作一样，
他继续向其他电影公司出租他的片场、设备、丛林场地和动物。

1919 年 9 月，塞利格将动物园的一部分土地租借给了新英格兰影
院的前任经理路易斯·B. 梅耶（Louis B. Mayer），此前他曾在纽约制
作了一些电影，并且刚刚搬到洛杉矶不久。就像早期的塞利格一样，梅
耶靠拍电影谋生，于是他决定通过和 B. P. 舒尔贝格（B. P. Schulberg）
共享他的摄影器材来缩减一半的开支，舒尔贝格是当时另一位来自东
部、刚刚崭露头角的独立制片人，他曾一手策划了阿道夫·朱克尔的知
名作品《伊丽莎白女王》（*Les amours de la reine Élisabeth*，1912）的
广告宣传活动。舒尔贝格的儿子巴德（Budd）后来成了一名著名的小
说家和剧作家，他这样形容塞利格的动物园片场：“充满了八岁儿童
无尽想象力的地方。”在他的回忆录中，巴德·舒尔贝格形容塞利格是“一
个面色红润、热情友好的人，他十分受人青睐。在我的记忆中，他与 W.
C. 菲尔兹（W. C. Fields）是一类人，但他并没有像菲尔兹一样非常狡
猾（在舞台上）或是十分吝啬（在私人生活中）”。

巴德·舒尔贝格并不是唯一一个在塞利格动物园玩耍长大的“电影
之子”，在安东尼·奎恩（Anthony Quinn）五六岁之时，他的父亲在
动物园中担任驯兽师，后来他被提拔成了一名摄影师。一天，在一部
电影的拍摄过程中需要让一只小熊和其他两只灰熊同时出现，但问题
是动物园中没有小熊。那时有人提议，可以让一个小孩穿上熊的毛皮
扮作小熊，奎恩的父亲主动提议可以让小安东尼来扮演小熊。当晚，
安东尼穿上了熊的毛皮，模仿熊的姿势四处爬行，并且顺利通过了试镜。
但是当他回到家中时，他的母亲和祖母都不同意他参与这部电影的拍
摄。最终，小安东尼没能出演这部电影，他甚至永远都无法原谅取代

自己扮演那只小熊的竟然是他的表弟。

威廉·塞利格通过《进击》（*Sic-Em*，1920）一片重新开始了"丛林—冒险"电影的拍摄工作，这是一部基于1917年百老汇闹剧的五十五分钟（五卷胶片）长的电影。另外一部发行于1920年的作品是塞利格继"凯瑟琳的大冒险"系列片后拍摄的第一部"丛林—冒险"系列剧——十五集的《失落之城》（*The Lost City*）。虽然编剧的署名是弗雷德里克·夏平（Frederick Chapin），但该剧的剧本大部分都被导演 E. A. 马丁重新改写了，他打造的银幕影像利用了动物园的前门，令其是通往丛林中高墙环绕的城市以及其他异国建筑的入口，这是这部电影中最令人印象深刻的镜头之一。事实上，在这部系列剧的拍摄过程中，动物园里的每一只动物几乎都出镜了，豹子、老虎和狮子，还有大象、骆驼和猩猩玛丽。《失落之城》是独立电影制片人塞利格和前华纳兄弟影院经理合作下的共同产物，后者负责将这些剧集卖给美国和加拿大的连锁影院。

《失落之城》的成功促成了塞利格和华纳兄弟影片公司的又一次合作——《丛林奇迹》（*Miracles of the Jungle*，1921）。塞利格的御用布景师艾玛·贝尔·克利夫顿（Emma Bell Clifton）撰写了该片的原始剧本，不过后来导演 E. A. 马丁又重写了剧本。《丛林奇迹》堪称一部困难重重的电影。塞利格在了解了这部电影的拍摄进度时，他打探到华纳兄弟影片公司雇用的摄制团队其实是间谍，华纳兄弟影片公司很有可能和那些买进版权的发行商已经勾结在了一起。于是，影片的制片工作被推迟了六个月之久，在此期间，马丁基本上都将注意力集中在了女主角身上，他们的私情一直在发酵。马丁的妻子来到片场探班时与二人正面交锋，最后导致女主角毅然退出拍摄，影片的大部分内容也需要重新拍摄。

虽然在《丛林奇迹》的拍摄过程中充斥了太多的互不信任、拖延和解约，但这部电影还是令他们大赚了一笔，因此塞利格和华纳兄弟影片公司马上又开始投入到另一部电影《丛林女神》（*The Jungle Goddes*，1922）的制作中。该片由之前饰演马赫·森尼特的"沐浴美人"埃莉诺·菲尔德（Elinor Field）和广播电台主播楚门·范·戴克（Truman Van Dyke）主演。剧本则由弗兰克·戴兹（Frank Dazey）和艾格尼丝·约翰斯顿（Agnes Jognston）执笔撰写，在这部影片中让人为之捏一把冷汗的情节层出不穷。该片讲述了这样一个故事：一个女孩被绑架在了一个热气球篮子里，热气球最后在一片非洲原始丛林中着陆。当地的原住民信奉她为神灵，小女孩长大后便成为"丛林女神"。一个对此嫉妒万分的女巫想要把她作为贡品献给狮子，不过小女孩被石像巨灵拯救了，巨灵徒手抓住了乱窜的狮子，小女孩最终安然无恙。在得知了这个消息之后，小女孩的家人派出了一名英雄去寻找"丛林女神"，希望将她带回文明世界。就在这时，一位印度贵族想要将"丛林女神"据为己有，他把那名英雄抓过去投喂鳄鱼，不过他想方设法逃脱了。

这个十五集的系列片，每集有两卷长，评论界对它的评论满是溢美之词。《电影世界》宣称："该系列片连绵不断地被产出，然后被遗忘，但是《丛林女神》却超越了所有的一切，它依靠一大群野兽的特技和纯粹的剧情让观众感到十分兴奋。"在《电影世界》的评论家们看来，如果将它和《失落之城》进行对比的话，后者曾被认为是"系列片的巅峰之作，但《丛林女神》的剧情无疑更加复杂……影片投入了大量的资金，打造了系列片中的高分之作"。

当塞利格的电影拍摄活动逐渐减少之时，他在1922年计划拓展动物园项目，将它打造成康尼岛上的一家顶级娱乐公园。也许是为了筹备足够多的资金，塞利格和肯普＆波尔公司（Kemp & Ball Company）签订合约，拍卖了他在 1923 年拍摄的所有电影。《洛杉矶时报》上刊登了一整版广告，预告说"这绝对是一次独一无二、无比壮观、意义重大的拍卖活动，这将会是一次前所未有的拍卖活动！！！"可以想象这对于塞利格而言是一段多么屈尊的经历。此外，塞利格精心打造的片场也被拍卖了，那些家具曾被用于拍摄大量的银幕杰作，但是现在这些家具将逐件被拍卖，这场拍卖活动一共持续了五天的时间。在上千件拍卖品中，有一组路易十五时期手工制作的私房家具（共十七件），它们全部由红木制作而成，并且还嵌入了藤条。其他拍卖品还包括意大利文艺复兴时期的纯手工餐具；杜普里（DuPree）、费布尔曼（Feibelman）等知名艺术家制作的铜像；两百多幅油画；美国印第安人的独木舟、盾牌和长矛；一套保存完好的日本武士盔甲；1612 年、1702 年和 1750 年出版的《圣经》；二十六本《笨拙》（*Punch*）的套装版本；五十四册《艺术杂志》（*The Art Journal*），甚至还有 1750 年出版的珍贵首刊，并附有惠斯勒（Whistler）、海格（Haig）等其他著名艺术家亲笔写下的十七张声明插页；以及各式各样的片场道具，包括用于决斗的手枪、剑和成批的动物头颅。这次拍卖也预告了半个世纪之后一次与之类似的拍卖活动，二十世纪福克斯的拍卖也标志着一个时代的逝去。

1924 年 5 月，威廉·塞利格的财务状况受到了极大冲击，并且再也没能复原。随着米高梅电影公司的落成，路易斯·B.梅耶突然离开了塞利格的动物园片场，并且将所有的拍摄项目都搬到了卡尔弗城（Culver City）。这使得 B. P. 舒尔贝格必须要独自一人补齐租约，很快他只好也搬离了塞利格的动物园片场。

这一年年末，威廉·塞利格和他的妻子玛丽、塞利格动物园以及其他片场相继接到了法院的传票，因为他们在娱乐公园项目中售卖股份，这违背了公司证券条例中相关的条款。考虑到塞利格的资金出现了严重缺口，一些个人投资者认为他如果还要偿还七千美元赔款的话，他将无力东山再起。但是威廉·塞利格很幸运，在一个月之内，美国公企部门给予了桑塔·莫妮卡展览公司（Santa Monica Exposition Inc.）许可，同意让他们为在塞利格动物园中占地约百分之七十五的大型娱乐公园露娜公园（Luna Park）筹款。一年之后，也就是在 1925 年，汽车制造商兼运动员的百万富翁 R. C. 杜兰特（R. C. Durant），以及一群太平洋海岸的资本家一致同意以四十七万四千美元的价格买下具有历史意义的塞利格动物园，以打造新的露娜公园。作为这次交易的附加条件，只要公园的所有权仍归属于露娜公园集团，塞利格就可以保留他在动物园内的办公室作为独立制片工作室。

在动物园被售出的前一年，威廉·塞利格的资金来源主要是向其他制片公司租借他的动物。比如，猩猩玛丽和她的伴侣乔治就被租给了戈尔德温公司（Goldwyns Company），租期为五年，租金为一千一百二十五美元。马克特·森尼特以每天一百二十五美元的价格租下了大象安娜·梅。一只猫头鹰被租给环球影业后，一天能带来五美元的收益，而名角公司（Famous Players–Lasky）则租下了十四头狮子、两只秃鹫，以及它们的驯兽师和助理，租期为三天，租金大约为一千一百五十美元。1925 年 2 月 19 日，蓬勃发展的米高梅电影公司租下了一头狮子及其驯兽师乔治·卡瑞塞罗（George Carressello），根据好莱坞的传言，这头狮子后来成了第一只在米高梅出品的电影片头吼叫的狮子，塞利格为此只向他的租户收取了五十美元。一年下来，塞利格从出租动物中赚到了七千多美元。

改名后的露娜公园仅仅只是新娱乐公园的一部分。如果没有电影拍摄工作，奥尔加·塞莱斯特会继续在每周日为大家表演她的下午场"豹子茶会"。丛林外景地则被用于不同电影的拍摄，不过这些都由塞利格个人进行管理。埃里克·冯·施特罗海姆（Erich von Stroheim）执导的影片《婚礼进行曲》（*The Wedding March*，1927）就是在"前塞利格动物园"拍摄而成的，从 1926 年 6 月一直持续到了 1927 年 2 月。该片在"前塞利格动物园"拍摄的一幕成了默片电影中最漂亮的场景之一，菲伊·雷（Fay Wray）和冯·施特罗海姆坐在马车上，他们穿过苹果园时，漫天的花瓣倾洒在了他们的身上。

所有在此拍摄的电影中，有一部极其不道德的电影，那就是影片《兽世界》（*Ingagi*，1930），该片讲述了在一个非洲原始部落中，一名与猩猩交配的女人的故事。《兽世界》不仅是在"前塞利格动物园"拍摄的最后一批电影，同时也和《非洲大狩猎》一起被称为"电影史上最臭名昭著、最缺乏诚意的作品"。

1933 年，加利福尼亚动物园协会（California Zoological Society）买下了露娜公园，并将它改名为"动物公园"。这笔交易切断了塞利格和他挚爱的动物园之间的所有联系。由于长久失修，整个动物园在好不容易撑过了 1938 年那场无可避免的洪水之后，最终在 1940 年被迫关闭。园中剩余的动物都被拍卖了，其中一名购买者还是奥尔加·塞莱斯特，她从朋友那里借了一些钱，甚至还抵押了自己的家具，原因在于她无法忍受与她的拍摄伙伴长期分离——五只豹子和三头狮子。随后，塞利格动物园的土地和设施仍然被用来兴建了一座小型游乐园，直到 1957 年，政府拆掉了曾经辉煌巨大的前门以及卡罗·罗马奈利建造的漂亮石像。

在 1915 年塞利格动物园开园之时，乔治·布莱斯德尔（George Blaisdell）在《电影世界》中写道："威廉·塞利格将作为太平洋海岸的电影先驱，在电影史上名垂千古，他的丰功伟绩更在于他建造了伟大的塞利格动物园，单单是华美的入口就可以经受得住上千年的磨损。"但是才过了不到五十年的时间，人们就发现这座动物园已经被埋在了洛杉矶的历史之中。到了二十世纪六十年代，这座公园被翻修、重建。塞利格动物园留下的唯一遗迹是一个指向断头路的路标，与断头路相交的是弥生路，这里曾经是美国最大的私人动物园入口的阳光大道。在二十世纪末，只有少数人才记起或者知晓威廉·塞利格的"丛林—冒险"电影以及他的动物园。

幸运的是，洛杉矶动物园发现了一座真实大小的大象和狮子石像，这正是之前伫立在塞利格动物园入口处向八方游客打招呼的动物石像，这两座石像分别在一座私人寓所的草坪上和一座垃圾场中被找到。2009 年，一些被修复的公狮和母狮石像被放在了洛杉矶动物园入口处的石座上。剩下的石像则被暂时放在了草地上，一旦它们被修复完毕，也将会被放在洛杉矶动物园中。除了在门口安放石像之外，如今的洛杉矶动物园和久被遗忘的塞利格动物园之间还存在更紧密的联系：在二十世纪二十年代，当塞利格将他的动物园卖给露娜公园集团时，他还将许多动物捐赠给了格里菲斯动物园，这些动物后来成为洛杉矶动物园的动物库。虽然洛杉矶动物园无法复制塞利格动物园辉煌的入口，但是二十一世纪的游客也会为了一睹一百多年前由卡罗·罗马奈利雕刻的动物石像慕名而来。威廉·塞利格的遗产因此得以在新一代人的心中得到了留存。

塞利格动物园的残存部分在经过修复后被放置在了洛杉矶动物园中，供二十一世纪的游客参观

第六章 引领世界

塞利格的成功不仅在于他创造了一个活力非凡的电影类型，更重要的一点在于，他建造了一个基于伦敦的电影发行中心，并且最终将触角伸到了世界各个角落。然而颇具讽刺意味的是，其在全球范围内的主导地位最后导致了塞利格透镜公司的转让。

也许是因为出身于德语家庭，威廉·塞利格可以和德国的电影制片人和发行商之间建立良好的商业关系，他们从 1902 年就开始稳步出口塞利格的电影了。到了 1908 年年末，塞利格透镜公司一周至少能够拍摄一部电影。那时，英国电影先驱詹姆斯·威廉逊（James Williamson）就开始在英国发行塞利格的电影了。威廉逊的代理人会与塞利格特别商议应该如何应对夏季档，英国的电影院一般都会在夏季最炎热的几个月关闭一段时间，因为那时还没有空调。但是类似的阻碍在加拿大就不会存在，一年前塞利格在科罗拉多聘用了加拿大的一家戏剧演员公司，1909 年初夏，这家公司报告称在亚伯达埃德蒙顿一家剧院的银幕上看到了塞利格旗下的演员。由于北美全年放映模式的大获成功，塞利格开始考虑是否也可以在英国以及欧洲大陆同样运营这种放映机制。

1909 年，他的西部片和《非洲大狩猎》在全世界范围内获得了巨大成功，威廉·塞利格更是亲自考察了欧洲电影市场，他希望能够建立一个市场份额更大、利润更多的发行网络。这是一项非常艰巨的任务，因为那时的欧洲占据着全球电影份额的百分之七十五甚至更多，法国和意大利向全球绝大多数电影市场供应了大量欧洲电影。塞利格于 1909 年 8 月 1 日离开芝加哥，他在到达伦敦之后就接受了《电影放映周报》（*Kinematograph and Lantern Weekly*）的采访，这是英国顶级的商业出版物。塞利格在采访中表示，他刚刚在洛杉矶兴建了一座片场，他所拍摄的作品之所以大受好评，原因在于真实的场面调度。他提出，与英国电影制作模式不同的是，美国制片人会将特制的片场商标附加在电影上，以此来为他们的电影进行宣传。

在英国期间，塞利格还参观了英国电影先驱詹姆斯·威廉逊和塞西尔·海普华斯（Cecil Hepworth）的片场。在一份由 MPPC 成员撰写的私密报告中记录了他的这次访问活动，塞利格提及英国电影业的发展非常"畸形"。威廉逊的产出非常之少，而且每部电影平均只制作七八份拷贝版本。相比之下，海普华斯则稍显成功，但他也认为对于英国本土电影人而言，现在才想到要和美国电影人争夺英国市场似乎有些太迟了。英国制片环境荒芜得十分惊人，到了 1911 年，全英国大概只有两千家电影院。

塞利格又从英国飞到了巴黎，在那里他和查尔斯·百代进行了会晤，百代公司在国际电影制片业的主宰地位已经快要终结了。高蒙公司（Gaumont Company）的行业细分行为也令塞利格印象十分深刻，高蒙公司旗下分化成了各种与娱乐相关的不同商业公司。同时，他也非常震惊于法国电影片场的稀缺，以及乔治·梅里爱不知为何暂停了所有电影的拍摄工作。

接下来，塞利格又访问了意大利，他参观了意大利电影公司（Italia Fim Company）的片场，并认为这家公司是继百代公司之后唯一能在欧洲拍出优质电影的公司。塞利格注意到意大利电影公司是欧洲唯一一家私人持有的电影公司，其成功与所有美国一流的电影公司相差无几。对于诸如戏林（Cines）这样小型的意大利公司而言，塞利格发表了一些批判性建议，它们和法国的同行一样，制作的故事都是关于"凶杀、强暴和抢劫事件……这样的作品并不适合高雅人士，特别不适合儿童观看"。塞利格还前往了澳大利亚和德国，虽然根据塞利格的说法，这两个国家还没有建立起适合长期拍摄的片场模式。

更重要的一点在于，塞利格发现在他游历的所有国家中——比如匈牙利、荷兰、巴尔干半岛上的国家、俄国以及斯堪的纳维亚半岛等，这些国家都处于电影院"爆炸性"建造的时刻，制片人们迫不及待地想要向观众展映美国电影。他向 MPPC 提议，最好的办法就是迎合这些需求，通过设立一个大型代理机构以及制作与百代公司完全不同或是极具异域风情的电影来获得利润最大化。塞利格提议设立一个国际性的交易代理机构，但是这个提议却被 MPPC 无情拒绝了。在这之后，塞利格、爱迪生和卢宾都与马克特签订了合约，从 1910 年开始，他们将在伦敦、莫斯科、柏林和维也纳的办公室发行美国电影。塞利格透镜公司出品的电影还会通过位于巴黎、香港、悉尼、墨尔本、约翰内斯堡和里约热内卢的代理机构进行发行。除了制作多样化的故事片、喜剧片、西部片和"丛林—冒险"电影之外，塞利格也开始为英国观众制作一系列历史战争大片。

《不列颠人和波尔人》（*Briton and Boer*，1909）在战争的背景之下讲述了一个女孩的故事，她不顾波尔同族人"奇怪的、传统的、强烈的恨意"，嫁给了一位英国矿场主管。她背叛了此前的求婚者，并且帮助丈夫（英国人）在战争中取得了胜利。《苏格兰高地战役》（*The Highlander's Defiance*，1910）则讲述了一对苏格兰兄弟被应征入伍，他们加入了与波尔人的战争中，在被敌军抓获之后，二人均选择了英勇牺牲而非投降。这两部电影的室内场景都由奥蒂斯·特纳在塞利格的芝加哥片场拍摄完成，而战争场面则拍摄于伊利诺斯州的柳荫泉。特纳后来又导演了《迷失苏丹》，这部电影改编自《四支羽毛》（*Feather*），在拍摄过程中，特纳将密歇根湖岸边的沙丘公园伪装成了撒哈拉沙漠。根据《加里论坛报》（*Gary Tribune*）的一篇文章所言，这部电影中大概有五千名群众演员都被装扮成了贝都因人，此外影片中还出现了三百匹马和三匹骆驼。大量棕榈树和为电影特别建造的金字塔从芝加哥运往沙丘公园。影片在拍摄过程中还找来了汤姆·米克斯，由于他精湛的马术技能，特纳情急之下邀他前来管理那些不配合拍摄工作的骆驼。

1910年夏天，英国商业杂志《拜欧放映》（*The Bioscope*）报道称："毫无疑问，西部片是伦敦观众的最爱，在英国的其他一些地方，西部片也大受欢迎。"文章指出，西部片大受欢迎的原因在于文明通过法律和规则对个人设下了种种限制，让独立的个体无法完全逃脱这些习俗，这与西部生活形成了鲜明的对比。在西部，男人必须独自求生，与"自然的蛮力"进行对抗。西部片唤醒了我们的同感心，让我们想要和那些牛仔一样，成为健壮、单纯的男人，为生活而奋斗、工作以及恋爱。看到塞利格出品的西部片如此受欢迎，百代公司最终也在恩登戴尔片场旁边搭建了一座美式摄影棚，试图在真实的西部环境中进行拍摄，为电影增加更多现实意味。

塞利格出品的西部片在国际范围内获得了广泛认可，十分受人瞩目。英属哥伦比亚地区雷夫尔斯托克·爱迪生·帕克剧院（Edison Parkor Theatre）的经理认为，《印第安女人的女儿》（*A Squawman's Daughter*，1908）是有史以来最棒的电影。塞利格于 1913 年重新拍摄的《百万牛仔》在俄国南部的敖德萨进行了公映，该片在新西兰奥克兰的金·乔治剧院被认为是"最卖座的电影"之一，它曾经创下了那个年代在一天之内卖掉了三千张电影票的票房纪录。印有塞利格最受欢迎的牛仔明星汤姆·米克斯的海报装饰了布拉德福德和蒂斯河畔索纳比电影院的大厅。《偷牛贼的逃亡》（*The Escape of Jim Dolan*，1913）在都柏林和罗马广受好评。米克斯主演的单卷电影《峡谷赛车》（*Grizly Gultch Chariot Race*，1915）也在格拉斯哥的影院同步发行上映。与此同时，史诗级长片《振聋发聩的雷霆之声》的两份拷贝版本则在斯堪的纳维亚半岛上发行。塞利格甚至还收到了一封来自南非影院经营者的来信，约翰内斯堡最受欢迎的电影似乎影射了米克斯的电影美学："牛仔西部故事（大量开枪射击、骑马、搏杀和其他此起彼伏的激动场景），侦探故事和神秘事件，火车劫案和撞击，罪犯的牢狱故事，逗趣的笑料和不可多得的幽默喜剧。"

然而，塞利格并不满足于只是让其他公司在海外销售他的电影，他决定 1911 年年初在伦敦开设自己的交易办公室，他企图建立一个"理想的电影交易中心，可以覆盖欧洲各地，甚至还包括澳大利亚和新西兰"。他聘用了百代公司驻美国分公司的前代理人 E. H. 蒙塔古（E. H. Montagu）来统管伦敦的事务。蒙塔古能够被有幸被选中是因为他是土生土长的伦敦人，而且塞利格也非常清楚他代表百代公司在芝加哥六年期间的工作情况，他与世界各地大量的电影交易商和影院主管们都保持着密切的联系。继塞利格之后的那一代美国电影人会强迫影院经理和交易商在没有看过正片的情况下购买电影，但塞利格和他们不一样，蒙塔古会在电影发行之前的一个月左右，在公开市场上售卖塞利格的电影，同时他也会在自己的放映室里为交易商提供每部电影的点映。

　　塞利格的电影主要在两份英国杂志上投放广告——《电影放映周报》和《拜欧放映》。在短短几个月之内，塞利格就建好了伦敦的办公室，他开始策划用于新片发行的小册子，并每周将其发放给英国的影院经理和交易商。塞利格为海外发行所准备的小册子早在两年以前就出现在了德国，他将所有的电影名都翻译成了德语。比如，《星条旗下》（*Under the Stars and Stripes*，1910）变成了《*Unter dem Sternenbanner*，1910》，而《牧场女孩》（*Girls of the Range*，1910）则改名为《*Mädchen auf den Viehweiden*，1910》。

　　与发放给德国影院经理和交易商的小册子类似，英国版本也提供了即将上映电影的剧情梗概、剧照、片长以及在各地的上映时间。除此之外，他们还为每部电影的上映准备了彩色海报，仅在名义上向影院经理收取一定的费用，他们甚至还免费提供用于宣传塞利格透镜公司的普通海报。在宣传中，他们将威廉·塞利格描述成"打造'非同一般'电影的男人"，这一下子就让塞利格公司的制片与其他竞争者区分开来。蒙塔古同样也利用这些小册子向发行商提供一些建议，比如在夏季仍然开放影院，以及拜托他们持续追踪那些提供盗版影片的交易商、租赁商和发行商。塞利格的竞争对手传记公司、西格蒙德·卢宾公司、卡勒和非 MPPC 成员野牛公司继续让马克特公司代理他们的电影，只有维太格拉夫影片公司在巴黎、伦敦和柏林开设了自己的海外发行办公室，其在欧洲的交易量远胜于在美国国内的成交量。

在塞利格伦敦办公室成立后的那一年里，《电影世界》报道说美国电影已经"占据了世界电影市场份额的百分之八十。可以说，在任何一个放映这些电影的国家中，美国的伦理和道德观或多或少地会对当地的电影观众产生影响，给他们留下某种印象"。这篇文章同时提及"对于底层的同情是美国电影的另外一个典型特征，这种特征出现在了上百部美国电影中，这令欧洲人很是羡慕"。

1912年年初，英国绍斯西的放映商给塞利格写了一封信，讨要此前一年他提供的每部电影拷贝版本的费用。那位放映商在信中写道：

> 塞利格的电影是最受欢迎的，他制作的"丛林—冒险"电影超越了其他任何类型片，《凯特船长》（*Capt. Kate*，年份不详）和《迷失丛林》是当之无愧的超凡之作……观众争先恐后地涌入电影院，他们不止一次地希望看到这些电影。唯一的遗憾是，在看完这些杰作之后，观众会认为同期上映的其他电影实在是太乏味了。

每个地方的观众似乎都给出了类似的回馈。秘鲁订购了一份《回归荒蛮》的拷贝版本，要求附有西班牙语的幕间字幕和剧情梗概。《迷失丛林》在布鲁塞尔上映时，也被要求制作法语版本的幕间字幕，这部电影同时也在俄国进行上映。来自奥地利的交易商至少订购了二十二份《凯特船长》的拷贝版本，塞利格的代理人为此提供了德语版本的幕间字幕。神奇的一点在于，维也纳的审查者禁止放映塞利格公司出

仁立英国火车站的基奥斯克

为美国电影培养世界观众

品的西部片，但是他们却保留了"丛林—冒险"电影中动物之间相互厮杀的血腥场景。

在一封寄给塞利格的信函中，弗内斯半岛多尔顿的电子影像宫（Electric Picture Palace）影院经理精准地总结了欧洲人对于"丛林—冒险"电影的看法："我可以负责任地告诉你，'丛林—冒险'电影在欧洲影坛叱咤风云。"

《旺巴，丛林之子》（*Wamba, a Child of the Jungle*，1913）是塞利格众多在印度孟买上映的长片之一。有趣的是，美国观众虽然没有接受欧洲的西部片，但塞利格的"丛林—冒险"电影在其拍摄地却大获成功，如非洲、印度和南美等。

据《拜欧放映》所言："'丛林—冒险'电影的流行度恐怕胜过了其他任何类型片。原因可能是影片在表演中引入了凶残的野兽……这对于电影故事片而言非常罕见。《丛林之中》（*In the Midst of the Jungle*，1913）无疑是有史以来最伟大的'丛林—冒险'电影。"《拜欧放映》宣称："塞利格是制作这类电影的专家，他们将'丛林—冒险'电影发展到了前所未有的高度。"影片《旺巴，丛林之子》的情节并不复杂，讲述了一个年轻女人和狩猎队分开之后，她被迫在丛林的重重危机中求生，该片被看成是一次"超脱庸俗的大冒险"，大胆的动作戏非常吸引观众的眼球，同时该片也体现了真实生活中的现实主义原则。与塞利格早期的"丛林—冒险"电影一样，在这部电影中，相传一头已经失明的母狮被射杀致死，此外片中还安排了一只豹子和鬣狗进行野蛮的厮杀。这部电影与塞利格出品的所有"丛林—冒险"电影一样，从加尔各答到丹麦，处处都有观众喜爱。《丛林之中》由亨利·麦克雷（Henri McRea）导演，它是现存的二十部塞利格"丛林—冒险"

电影中最精致的一部。片中除了拥有美丽的风景和令人印象深刻的场景设计以外，《丛林之中》最引以为傲的地方在于它将非洲草原真实拍摄的素材与塞利格动物园表演场景之间进行了无缝剪辑。

根据 1914 年年初华盛顿出口部门撰写的报告，英国是进口美国电影最多的国家，其次是加拿大、澳大利亚、古巴、法国、日本、阿根廷、巴西、中国和菲律宾。在为美国商业出版杂志撰写的一篇文章中，蒙塔古揭露说那些没有超过三卷长的电影最多能在英国卖出九十份拷贝版本，比如《愤怒的群兽》（*Amid Raging Beasts*，1914）。英国电影院不像美国那样，不断索要大量新片，因为他们并不经常更换排片表。蒙塔古同时也表示，英国的电影放映业要比欧州其他国家更加健康，在一些其他欧州国家，任何一部电影的拷贝版本都以低廉的租金在一个接一个的影院中进行放映，直到这份拷贝版本已经不再适宜播放了。

塞利格旗下影星的照片被挂在影院的大厅内，这些影院遍布全球，比如缅甸、塞隆、新西兰、印度和津巴布韦。不出意外，英国大小城市近百家电影院的大厅中也长期展示着塞利格透镜公司的电影海报和旗下明星的照片。遍布全球的影院都会定期上映塞利格出品的电影，比如多伦多、华沙、约翰内斯堡和南太平洋地区。

依循 1909 年的成功之旅，塞利格再度来到欧洲，评估并进一步开拓他的事业。1913 年，他在巴黎、汉堡、柏林和维也纳只待了两个月的时间，除此之外，他还去视察了正在伦敦电影核心区域建造的新国际中心。塞利格还参观了著名的哈根巴克动物园，就是在那里，他的灵感乍现，脑海中萌生了打造一座私人动物园以拍摄"丛林—冒险"电影的想法。1914 年 7 月，塞利格重返伦敦，亲自见证了"凯瑟琳的大冒险"系列片的欧洲首映仪式。

《丛林之中》拍摄了塞利格动物园中的建筑

那时，包括他在内的任何一个人都完全想不到"萨拉热窝事件"
会对全世界造成那么大影响。在塞利格抵达伦敦不久之前，在他位于
芝加哥的办公室收到了一份来自维也纳的电报，声称一名萨拉热窝的
摄影师"有一些关于奥地利大公爵及其夫人被刺杀事件的一手影片，
非常出色"，那名摄影师很快就会把底片运送给他们。塞利格当然想
不到这种转瞬即逝的一件小事竟会令他卷入第一次世界大战之中，随
后，他又继续从伦敦赶往巴黎。

1909 年，正当塞利格努力拓展他的国际事业之时，他得知底片若
在欧洲冲洗的话，在海外放映时其成本将会更低，从美国运来的每一
寸胶片都必须要支付严苛的关税，于是他成立了巴黎月蚀公司（Eclipse
Company of Paris），来冲印他在海外发行的影片。1914 年 8 月初，塞
利格正在前往巴黎的路上，蒙塔古收到了一份来自月蚀公司的电报和
信件，警告他法国的局势已经变得非常混乱了。所有海陆货物都停止
了交易，唯一能将胶片从英国运往法国的方式就是将胶片藏于随身携
带的行李之中，坐上当时唯一坚持运营的从勒阿弗尔到南安普顿的快
艇——不过这很有可能会引发更多私人恩怨。因此，塞利格从美国运
来了大量底片到伦敦，可以为整个英国提供接下来六个月的新片发行。
在他回到美国时，塞利格认为第一次世界大战彻底搅乱了欧州大陆的
电影商业。

在诸如利物浦这样的港口城市，劳工和避难者的人数众多致使观
影人数呈陡增趋势。虽然暂时拥有了一定的电影库存，但是很多英国
的影院经理和交易商都已经处于勉强维持收支平衡的状态之中，他们
很快就背负上了无法偿还的巨额债务。对此，蒙塔古通知愁云笼罩的
电影展映商协会（Cinematograph Exhibitors' Association）并告知他们，

塞利格将会降低影院经理和交易商租赁电影的折扣，以便他们可以及时结清账款。

虽然整个欧洲一片混乱，但塞利格仍然继续拓展他的业务，至少在英国他继续着他前进的步伐。1914 年 9 月，他发出通告，声称在解决完建筑工人的罢工事件之后，"塞利格片场"将会重新启动。在接下来的一段时间里，塞利格在《电影租赁》（*The Film Renter*）杂志上为自己的电影进行了一系列宣传活动，从 1915 年起，塞利格发行的电影作品每周都占据着报纸的头版头条。同一年，塞利格更是买下了一整版《电影与影迷》（*Pictures and the Picturegoer*）杂志内封，用来介绍新近上映的影片。然而，想要规避第一次世界大战的影响是不现实的，战争极大地威胁着塞利格的资金储备状况。卡尔顿·拉休（Kalton Lahue）写道："1915 年英国征收的战争税意味着将美国进口的电影带入英国，一千寸胶片就需要一百六十美元。"越来越多的英国连锁院线遭到破产，原因在于他们早已负债累累。

1915 年 3 月，塞利格收到了一位发行商的来信，他声称"巴黎仍然是一座悲伤的城市，我们都希望这场糟糕的战争尽快结束……商业已经停滞不前了，我们已经没有电影可卖了"。对于中立国荷兰而言，情况也是一模一样。与之类似，塞利格同样也无法将电影运往瑞士，除非通过哥本哈根危险的黑市渠道，不过当时的塞利格并不愿意这么去做。

当塞利格与英国和法国政府商议在军营播放他的最新长片《巴格达地毯》（*The Carpet from Bagdad*，1915）时，情况似乎有所好转。但这似乎象征着公司的运气已经全部耗尽，1915 年负责运送影片的轮船"路西塔尼亚号"遭遇了沉船事件。不过，令人颇为惊奇的是，1982 年，当潜水员们打捞"路西塔尼亚号"的文物时，他们发现了一卷《巴格达地毯》的胶片，里面残留了一些模糊不清的图片，这卷胶片现在陈列在一座英国博物馆当中。

随着电影不断减少的销量以及极速下跌的利润，塞利格开始了他的绝地反击，试图拯救自己的事业。1915 年的秋天，塞利格将他的电影、海报和剧照偷偷运到了哥本哈根，并计划在斯堪的纳维亚半岛、奥匈帝国和德国开展发行工作，然而这些电影却遭遇了来自黑市非法盗版的竞争，最终致使影片的租金非常廉价。新的发行系统使得塞利格的电影得以成功抵达荷兰，然而那里的情况却更加糟糕，每部电影大约只能卖出一份拷贝版本供全国放映。澳大利亚的情况也好不到哪里去。由于沉重的战争税被加诸于进口电影之上，虽然塞利格的电影此前曾长期受到欢迎和瞩目，但现在的订购量却相当之少。

1916 年，塞利格和一位新兴的西班牙发行商签订了协议，后者可以安排《巴格达地毯》的一份拷贝版本以及《旋转楼梯》（*The Circular Staircase*，1915）、《忧郁的伙伴》（*Pals in Blue*，1915）各两份拷贝版本在西班牙的三个院线上映。这位发行商解释说，西班牙观众更喜欢系列片，但是第一次世界大战已经让塞利格透镜公司失去了很多商业机会，所以依照协议，在每天放映系列片之前会先放映塞利格的电影。

1916 年到 1917 年，塞利格的公司共向海外发行了一百一十八部电影，而且每部电影最多也只卖出了二十八份拷贝版本。不过就在两年以前，类似《愤怒的群兽》这样很一般的"丛林—冒险"电影仅在英国就能卖出九十二份拷贝版本，现如今差距是如此之明显。塞利格最优秀的两部西部长片《无主之地》和《交错之路》如今只卖出了十四份和九份拷贝版本。塞利格最臭名昭著的电影之一《真高兴我儿子成为战士》（*I'm Glad My Boy Grew Up to a Soldier*，1915）也只卖出了十二份海外拷贝版本。

不过在此期间，塞利格的内战史诗巨作《危在旦夕》（*The Crisis*，1916）则成为一部斩获票房的大片。《危在旦夕》不仅企图复制 D. W. 格里菲斯《一个国家的诞生》（*The Birth of a Nation*，1915）的成功，它更是极富同情心地描绘了林肯总统为废除农奴主义和统一全国所付出的努力。该片的故事由塞利格旗下的编剧拉尼尔·巴特莱特（Lanier Bartlett）改编自同名畅销小说，讲述了来自北方和南方之间的家庭友谊受到了南北战争的考验。塞利格选择在 1916 年 3 月 6 日重开芝加哥片场，原因在于他要在此为《危在旦夕》拍摄室内场景，因为芝加哥片场最接近这部电影中需要拍摄的一些内战真实地理环境。

显而易见，这是和《哥伦布》（*The Coming of Columbus*，1912）一脉相承的另一历史奇观的重现，真实的道具和地理环境增添了电影的写实性。这部电影从美国政府借来了挂在林肯白宫办公室里的五幅钢版画，以及在战争中一直伴他左右的公文箱。他们甚至还在圣路易斯法院的楼梯上重现了奴隶拍卖会，并且找来了一艘现存无几的内战战舰，用于拍摄杰克逊堡海战。此外，摄制组还重新组织了一场林肯与道格拉斯的辩论会，人们点燃火炬聚集在一起，场面宏大而又惊心动魄。密西西比国民警卫队的六百名成员被聘请前来参演维克斯堡战役，这是电影中许多日间和夜间战役中的一场，场面之宏大完全可以与 D. W. 格里菲斯的影片媲美。八艘炮艇被架在船上，装满了炮弹，以拍摄壮观的密西西比河战役。有一个镜头令人印象特别深刻，炮弹击中了埋伏在河堤下方的一名骑兵，马匹和那名骑兵瞬间从陡峭的河堤上滚了下去。这令观众大惊失色，此前的电影中从未有过类似的特技镜头。根据公司提供的宣传材料所言，这位骑兵不是别人，正是汤姆·米克斯。

电影的开场奠定了整部电影的基调：南方和北方联盟彩旗飞扬，林肯将他的手放在下跪的黑人的头上。林肯和黑人农奴的形象是依照广泛流行的《救世主》（*Great Emancipator*）油画而来的，这些油画则基于相似的耶稣画像创作而成。

贝茜·艾顿在片中饰演了一位年迈、富有的南方商人卡维尔上校的女儿，她的父亲在关于是否废除奴隶制的问题上与多年的伙伴惠普尔法官发生了冲突。汤姆·杉奇饰演了一位北方人，惠普尔法官令他和他的母亲（尤金妮娅·贝茜尔饰）一起前往圣路易斯。在他们下船后不久，杉奇看到了奴隶拍卖会正在拍卖一位黑人，这一幕令他大吃一惊。杉奇喊出了比艾顿的求婚者马歇尔·内兰还高的价格，最终买下了这名年轻的"混血"女人，然后赐予她自由人的身份，并将她归还给了她的黑人母亲。内兰怒火中烧，而艾顿的父亲竟然还邀请了这位"该死的洋基人"（杉奇）来参加家中的舞会。艾顿试图阻止杉奇对上校女儿的爱慕之情，于是便当众嘲笑他是"共和党黑人"。正当黑人音乐家为舞会演奏之时，林肯当选总统的消息打断了舞会的进行。

杉奇成了北方联盟军的长官，而内兰则变成了南方联盟军的长官。后来，在惠普尔法官临死之际，艾顿和贝茜尔在床边听到了他的临终遗言，他希望自己能在临死之前和他一辈子的好朋友卡维尔上校重归于好。在这之后不久，卡维尔上校重新组织起他的军队，但不幸的是他被狙击手的子弹射中，随即便倒下了。南北战争结束之时，艾顿和杉奇重逢，他们请求林肯总统能够宽恕被抓获的南方联盟密探内兰的罪行。在故事最后，当他们听闻林肯总统被刺杀之时顿时悲痛欲绝。

影片《危在旦夕》中林肯总统和黑人握手，这一幕拍摄于芝加哥片场，这部
电影是塞利格对《一个国家的诞生》的致敬

1916 年 8 月 28 日，《危在旦夕》为交易商、评论家和戏剧界名人在匹兹堡进行了点映，改编自同一本小说的话剧也曾在这个剧院上映过。就在该片进行点映期间，塞利格将《危在旦夕》部分在美国和加拿大的收益卖给了交易商哈利·谢尔曼（Harry Sherman），自己则从中收取了二十五万美元。谢尔曼相信"《危在旦夕》是《一个国家的诞生》的最佳继承者"，他将从这部电影中收获巨额的利润。该片的原著小说在 1901 年 5 月首次出版之后到现在已经拥有三十二个版本，但是塞利格最终说服了格罗斯与邓拉普出版社（Grosset and Dunlap）再出版一份"影像版本"，将电影中的剧照作为插图收录其中。

1916 年年末，《危在旦夕》只在美国境内进行了放映，并在南部、中西部和东北部地区记录下了电影上映时的情况。实际上，每份报纸的评论文章都倾向于将《危在旦夕》和《一个国家的诞生》进行比较，就连那些南部小镇上（比如维克斯堡和杰克逊堡这些曾经作为拍摄地的地方）的报纸也不例外。根据《纽约论坛报》的报道，1917 年 2 月 26 日《危在旦夕》在纽约首映时，观众们的情绪异常激动，他们纷纷站起来鼓掌喝彩。《明尼阿波利斯杂志》（*Minneapolis Journal*）则这样写道：

> 《危在旦夕》最主要的优点在于它让人们瞥见了我们祖辈的习俗和风度……林肯与道格拉斯辩论时的火炬游行点亮了整个场景，这一画面无法在短时间之内被超越。维克斯堡的战争画面也比《一个国家的诞生》略胜一筹，因为观众的注意力不会受到一些纯粹煽情段落的影响。

《费城电报》（*Philadelphia Telegraph*）对此表示非常赞同，并且认为"如果《危在旦夕》早于《一个国家的诞生》先行上映的话，它会成为所有电影中的顶级佳作"。

塞利格恳请爱迪生为这部电影进行宣传工作，他对这部电影中肯的评价被印在了该片的宣传册上："《危在旦夕》为观众呈现了众多林肯总统的画面，他的动作、他的性格都在片中一五一十地被保留下来，并流传给后代，这些画面会让我想起了我曾经熟知的这位伟大的救世主。"这段评价说得非常中肯，但似乎没有任何人去质疑这样一个事实：在林肯总统被刺杀之时，爱迪生还只是一名少年，很难想象他在那时就已经熟知了这位第十六任美国总统。另外一段不那么令人生疑的溢美之词来自 H. D. 贝茨（H. D. Bates），他曾经是林肯总统的私人电报员，在已经八十岁高龄的他看来，演员山姆·D. 杜兰（Sam D. Drane）对林肯的塑造非常成功。《危在旦夕》也效仿了《一个国家的诞生》的放映模式，1917 年 3 月 6 日，《危在旦夕》也为伍德罗·威尔逊和他的内阁成员安排了一场特别放映会。

华纳兄弟影片公司买下了《危在旦夕》在加利福尼亚地区的版权。但是至今都没有人知道他们为什么将这部电影一直推迟到了 1917 年 4 月 5 日才进行上映，现存的历史资料中并没有显示相关原因的记录，但是电影在放映时仍然大受追捧。1917 年 4 月 6 日，威尔逊总统对德宣战。突然袭来的现实和即将爆发的战争致使全国上下的观众不再有心情观看内战电影，似乎在一夜之间，观众对电影失去了兴趣。华纳兄弟影片公司宣布他们的投资彻底失败了，这也不公平地让《危在旦夕》沾染上了商业或是艺术失败的污点。

毋庸置疑，塞利格想要自己发行电影，以赚取巨额利润。于是他直面战争的阻碍，大张旗鼓地在英国宣传《危在旦夕》，竭尽全力地广而告之这部电影所获得的赞赏。《财经消息》（*Financial News*）声称："《危在旦夕》全片高潮纷呈，令观众的注意力一直持续到了结尾。"《伦敦晚报》（*The London Evening News*）则评论说："《危在旦夕》在很多层面上都远比《一个国家的诞生》优秀得多。它强于角色塑造，在故事上也更加出色，影片中流露出来的身临其境之感更是其他上百部电影中所忽视的。"这段评论出自威廉·福克纳（William Faulkner）的笔下。《危在旦夕》改编自温斯顿·丘吉尔（Winston Churchill）的畅销小说，但是评论家福克纳却是一位英国人，而作者丘吉尔却是一个美国人，这种倒置似乎讽刺了塞利格不断减少的财富。

英国电影观众对于该片的评价似乎一分为二。抱怨者中的代表是这样评论这部电影的："现在这个时刻，英国人一点儿也不想看到战争"；"很抱歉，但我必须要说，这部电影绝对堪称一次失败"；"坦白说，买了《危在旦夕》的电影票真是在浪费我的钱"。一些影院经理也谈起过，在观众的反应中呈现出了阶层对比："《危在旦夕》在上等阶层中的反响非常之好，但是对于普通老百姓而言，它实在是太长了。"

其他一些影院影经理则给出了关于《危在旦夕》截然相反的评价："我很高兴地说，我们放映了一部值得载入史册的电影。所有阶层的观众对于这部电影都非常喜欢"；"我们很高兴地告诉你，《危在旦夕》在我们影院创下了票房纪录"；"《危在旦夕》无疑是一部伟大的电影，片中的很多地方都比《一个国家的诞生》要高明许多，我会毫不犹豫地继续订购这类电影。"不幸的是，这些正面回应仍不足以拯救这部电影，或者战胜塞利格透镜公司在战争最后一年所要应对的经济危机。不管怎样，塞利格只在英国全境发行了五份《危在旦夕》的拷贝版本。

对于塞利格而言，国际电影发行市场的崩溃应该归咎于第一次世界大战，以及美国国内那些受银行资助的独立制片公司的竞争，这些独立制片公司此时还并未开始依赖海外发行渠道。塞利格透镜公司在1918年暂停了所有制片活动，并在接下来的一年中关闭了它位于伦敦的办事处。虽然塞利格透镜公司受到了第一次世界大战的深远影响，但1909年塞西尔·海普华斯对该公司仍给予了相当高的评价，对于英国电影人以及海外电影市场而言，要重新收复自己在国内的电影市场是接下来一个世纪都存在的难题。与其他美国制片人相比，塞利格和维太格拉夫是确立美国在世界电影市场霸主地位的功臣。塞利格对于美国电影事业的发展令他甘愿冒着极大风险，来推动国际电影事业的发展并培养了一大批国际观众。美国第二代电影人因此得以有了相对轻松的环境来填补塞利格在第一次世界大战后留下的空缺，并且可以模仿他建立的电影工业和美学模式。

第七章 纪实片、探险片和新闻短片

在默片时代的大部分时间里，后来众人所知的"纪录片"拥有另外一个专有名词——纪实片。在美国商业电影发展的第一个十年中，纪实片的产量远比故事片要多得多。与故事片相比，它们的制作过程比较简单，成本也相对较低，并且不需要剧本、演员、道具和专门为了拍摄需要而搭建的布景。

艾莉森·格里菲斯（Alison Griffiths）曾论述说，商业电影的第一个二十年是"民族志电影的'黄金岁月'，这从电影的数量和风格、内容的创新上可以看得出来"。正是在这一时期，威廉·塞利格童年时期的好朋友波顿·霍姆斯（Burton Holmes）将"旅行纪实片"（Travelogue）这个词发扬光大，用来描述影像版本的巡游演讲。塞利格资助了一些人类学勘探活动，他的第一笔投资是弗雷德里克·斯达（Frederick Starr）教授开展于1905年到1906年的刚果勘探活动。摄影师曾尝试在刚果拍下这段旅程，但是燥热和潮湿的环境给摄影机和胶片带来了极大破坏，最终他们只好作罢。不过，斯达还是在精美绝伦的《刚果原住民》（*Congo Natives*）摄影集限量版中，向他的资助者之一塞利格致谢。

斯达拥有地质学博士学位，并且还是芝加哥大学的教授，他的学术声望使得他的影像作品更具可信度。在巡游演讲及其发表在《大西洋月刊》（*Atlantic Monthly*）、《芝加哥论坛报》和《妇女家庭杂志》（*Ladies' Home Journal*）的文章中，斯达热情洋溢地赞颂了电影的发明，打消了那些受过高等教育观众心中的疑虑。塞利格和斯达的合作同样也增加了塞利格的可信度，与其他竞争者一样，他也渴望能被上流阶层所接纳。塞利格之所以选择在 1912 年资助斯达重返非洲，原因在于他想要收集一些真实的风景、人物和动物素材，将这些素材与在塞利格野生动物农场拍摄的桥段穿插在一起，他的这一策略被错认为是米高梅电影公司在《大探险》（*Trader Horn*，1930）中才实现的创新。

此外，塞利格还赞助了斯达前往日本的旅程，这趟旅程最终被拍摄成一部五分钟的旅行片《在日本》（*In Japan*，1911），以及一部人类学主题纪实片《日本阿伊努人》（*The Ainus of Japan*，1913），记录了居住在拉祖岛上的原住民生活。在一次前往亚洲的旅程中，斯达还拍摄了一些关于韩国和菲律宾的素材。

除了资助斯达的旅行之外，塞利格还赞助了由艾米特·奥尼尔（Emmett O'Neil）发起的亚马孙河流域的探险之旅，他还在 1915 年雇用维克多·米尔纳和弗兰克·T. 法雷尔（Frank T. Farrell）拍摄了比属刚果资料片。此外，塞利格更是积极支持了两趟昂贵的环游世界摄影之旅，由颇有名气的演说家爱德华·波顿·麦克道尔（Edward Burton McDowell）博士领航前行。麦克道尔后来将名字改成了"MacDowell"，根据瑞克·奥尔特曼（Rick Altman）的说法，他仅仅只是名义上的"博士"，利用这一称号来衬托他巡游讲座的合法性——正如塞利格在名字中自称"上校"一样。他和塞利格早已是旧相识，当时塞利格正在一门心思对付爱迪生的侵权案，他在 1906 年发行的一些电影是从麦克道尔那里买来的，那些电影几乎都于 1903 年和 1904 年在萨摩亚和斐济拍摄而成的。据说，这些电影是在南海诸岛拍摄的第一批电影。麦克道尔的首次大探险旅程由塞利格赞助，他们共拍摄了十八部关于中国的电影，三十三部关于印度的电影，以及一些数目不明的异域场景，这些影像栩栩动人，直接影响了异域"丛林—冒险"电影的场面调度，比如"凯瑟琳的大冒险"系列片。

麦克道尔的第二次环球探险之旅持续了一年多的时间，他于 1913年 12 月 1 日离开纽约，直到 1915 年年初才回到芝加哥。在埃及，他拍摄了开罗的大金字塔和狮身人面像。随后他又沿着尼罗河顺流而下，拍摄了凯尔奈克和卢克索地区的古老庙宇。麦克道尔拍摄了苏丹原住民游牧部落，以及《圣经》上所说的圣地，比如耶路撒冷、拿撒勒和伯利恒。他从塞德港乘船离开，驶向新加坡、爪哇、曼谷和暹罗，然后到了香港，因为这时第一次世界大战已经爆发，麦克道尔被迫乘坐一艘蒸汽小船逃往日本。他在日本只待了两个半月的时间，并且拍摄了两百多米长的胶卷，其中含有日本艺伎在樱花园中摆出各种姿势的场景。

基于早期铁路"幻影之旅"和"一镜到底"的城市风光片，塞利格又开始制作美国旅行纪实片，比如在 1911 年年末到 1912 年年初推出的"城市系列片"，其中包括《华盛顿导览》（*Seeing Washington*）、《印第安纳波利斯导览》（*Seeing Indianapolis*）、《辛辛那提导览》（*Seeing Cincinnati*）、《水牛城导览》（*Seeing Buffalo*）和《斯波坎和新奥尔良导览》(*Seeing Spokane and New Orleans*)。与《华盛顿导览》同卷拍摄的是古怪的工业片之一《六吨芝士的奇迹》(*Making a Six-Ton Cheese*，1911)，影片讲述了一位来自威斯康星厄普顿芝士制作者的奇思妙想。这个直径约二十厘米的芝士，用了七十二吨牛奶、三百斤芝士盐和二十八斤炼乳制成。比起制作这样一部电影，更让人们诧异的也许是，《六吨芝士的奇迹》通过塞利格在伦敦的代理人蒙塔古，被积极推广到了世界各地的影院中去。

美国消遣娱乐生活促使塞利格发行了他最著名的体育运动片。《白袜队与小熊队的棒球冠军赛》(*The Championship Baseball Game between the White Sox and Cubs*，1906)中运用了1906年世界职业棒球大赛中五场赛事的珍贵影像资料。白袜队赢得了最终的胜利，以八比六的总比分击败了众人喜爱的小熊队。这部电影的开场是乌压压的人群争先恐后地买票，他们全都围堵在小熊队的西边公园门外。据当时的报道所称，大约有两万三千二百五十七名观众在现场观看了比赛，另外还有八万人则挤在场馆外面，在屋顶或者电线杆上观看比赛。影片中的第二个镜头是一个一百八十度的摇摄镜头，展示了赛前热身时的场地和看台。电影中还收录了两只活生生的小黑熊的表演，它们站在小熊队经理弗兰克·强斯(Frank Chance)的身边，目睹了球从廷克斯到埃弗斯再传到强斯，完成了一次本垒打。当然，两支参赛队伍在比赛时的激烈对抗也被收录其中。十年之后，塞利格被迫付给国家棒球委员会两千五百美元，因为他获得了1916年世界职业棒球大赛"电影拍摄"的特权，在那场比赛中，波士顿红袜队最终以四比一的总比分战胜了布鲁克林道奇队。近乎每场比赛中，塞利格都动用了八部摄影机进行拍摄，通过冲印、剪辑，在每场比赛之后的四十八小时之内进行放映。可惜的是，在塞利格的大量电影作品中，没有与世界职业棒球大赛相关的电影被保留到了二十一世纪。

1913 年，塞利格为肯塔基赛马会拍摄了长达三百米的胶片，这场年度赛事在丘吉尔马场展开，多纳瑞尔（Donerail）获得了历史性胜利，以总比分九十一比一战胜了德比（Derby）。此外，还有一些关于职业摔角比赛的电影也被拍了出来。最早的一部电影是拍摄于 1909 年的比赛，主人公是波兰传奇名将巴兹科（Zbyszko）［亦称斯坦尼斯洛斯·塞甘尼维兹（Stanislaus Cyganiewicz）］。在接下来的一年时间里，塞利格又拍摄了巴兹科与世界重量级冠军弗兰克·高奇（Frank Gotch）之间的比赛，在这场比赛中，美国人高奇第一场就跳过开场铃，一拳将波兰对手击倒在地。五年之后，塞利格高调地宣布弗兰克·高奇将在芝加哥片场受邀为观众进行三场"真正的"冠军赛，并获得十万美元的奖金，塞利格真可谓是二十世纪职业摔角比赛的促发人。这些比赛成为塞利格运动文化比赛电影的一部分，这一系列的体育运动片从 1915 年 4 月起每周一上映。

运动冠军并不是塞利格纪实片中的唯一主角。1911 年 6 月的最后一周，塞利格透镜公司收到了一封哈利·L. 弗登（Harry L. Virden）的来信，他曾是俄克拉荷马盲人学校的老师，他建议如果能够拍摄一部关于十八岁的沃尔科特·库姆斯（Wolcott Coombs）的电影，这将会是一部极具价值的电影。海伦凯勒于八年前通过出版她的自传进入公众的视野之内，与她类似，库姆斯也是盲人兼聋哑人，但是他们却都自学如何说话，虽然这多多少少都会有一些聋哑人都有的哑音。经过三年时间，库姆斯在俄克拉荷马盲人学校就读期间学会了使用雷明顿打字机打字和阅读盲文和盲人点，并将它们转化成符号语言和可供画在手掌上的字母，他甚至还学会了用笔写字。

弗登劝说塞利格，拍摄这部电影的唯一支出仅仅是库姆斯往返俄克拉荷马阿纳达科家中的火车票、酒店住宿以及支付给弗登五十美元的服务费，不过他并没有提及要给这位年轻人报酬。弗登甚至还声称，由于自己将在电影中提供一些私人讲座的画面，所以这也需要一定的酬劳。弗登自私自利的要求越来越明显，他自告奋勇地说库姆斯是"一个外表英俊的年轻人"。不管怎样，塞利格最终和他达成了共识，同意开始拍摄一部关于这个杰出年轻人的纪实片。

沃尔科特·库姆斯和哈利·弗登在堪萨斯城进行了会面，托马斯·帕森斯在那里为他们掌镜拍下了一些画面。1911年9月下旬，塞利格派人去接库姆斯和弗登到芝加哥片场进行拍摄工作，这段经历对他们而言将会是毕生难忘的。那时，弗登已经安排库姆斯和他一起进行为期整个冬季的私人旅行，他希望库姆斯能进入大学学习。在他们抵达芝加哥的时候，《灰姑娘》（*Cinderella*）正在塞利格的片场进行摄制工作。库姆斯此前对于电影的摄制工作一无所知，于是他顺着梯子爬了上去来感觉整个场面和布景，并用他敏感的双手触摸了为《灰姑娘》准备的道具和戏服。他后来形容："那种感觉就像是到了一个美妙的童话世界，我每天都可以学到很多有趣的知识，那段时间过得非常快乐，我根本不会意识到自己是在学习。"《灰姑娘》是引导库姆斯进入电影世界的极佳主题，正如这个故事中受尽委屈的女主角一样，他对外面的世界也一无所知。

1911年9月27日，在库姆斯抵达芝加哥的那几天，塞利格请来了报社的记者来见证这位盲人兼聋哑人的电影拍摄情况。哈利·弗登用手搭在他的肩膀上，镜头中的沃尔科特·库姆斯则在打字机上敲下了一封致"W. N. 塞利格先生及其朋友"的信件：

> 曾经有那么一段时间——并不是在很多年以前，我无法相信
> 我一无所知的外面的世界竟然有那么多丰富美好的事物，而现在，
> 我每天接触到的东西向我展示了这个世界的存在。在我的新世界
> 中，最美好的事情是善良的男人们和温柔的女人们带给我的友谊。
> 因为我明白，人远比名誉上、记录中的他要更加伟大，我对人们
> 的宗教信仰、日常生活和工作状况最感兴趣。我希望终有一天，
> 可以有一所专门为聋哑人所准备的学校，那些和我同病相怜的人
> 们可以得到我在弗登先生那里享受到的同样指导和陪伴。

然后库姆斯用墨水笔签上了他的名字，笔迹颤抖但却十分易读。

塞利格给了弗登五百美元，以资助他开设一间工作室，在那里库
姆斯可以编织毯子、制作盲人读物并将其卖给公众。塞利格同时还秘
密支付了库姆斯的大学学费，并让自己的律师帮助弗登成为这个男孩
二十一岁之前的监护人。那个冬天，弗登计划在十四所大学和学院开
展巡回演讲，演讲中他会展示库姆斯的特别才能——并因此而赚到了
一大笔钱。

沃尔科特·库姆斯的父亲 A. M. 库姆斯（A. M. Coombs）在他的母
亲去世之后重新组建了自己的家庭。他给弗登写信，表示自己对于这
些安排非常怀疑，他认为自己的儿子不可能在这件事中得到任何好处。
于是，弗登便诱劝沃尔科特·库姆斯给他的父亲写一封信，以争取他的
默许。在信中，沃尔科特·库姆斯告知父亲，弗登"一直都在处处为我
考虑"。他提供了弗登为他买衣服的账单，但他并不知道这其实是塞

利格付的钱，而且天真地谈起他是如何享受早晨起床后的沐浴和日本
摔角比赛的。他的父亲回信说，沃尔科特·库姆斯可以一直和弗登在一
起——"只要你愿意，而且他们待你还不错的话。"但是，他拒绝放
弃对儿子的监护权。

当库姆斯和弗登的父亲以及其他亲属一起住在伊利诺斯的斯普林
菲尔德时，他似乎对恩师的妹妹产生了兴趣，虽然他的身体残疾但这
并没有阻止他将妹妹也带到了电影拍摄现场。同一时间，弗登似乎也
和塞利格的公关负责人斯坦利·特维斯特（Stanley Twist）发展出了亲
密的友谊，虽然特维斯特在此后不久就离开了塞利格透镜公司。

《沃尔科特·库姆斯》（Wolcott Coombs）的成片有半卷胶片长，
并于 1912 年 4 月 5 日在全美公映。除了展示沃尔科特用打字机打出来
的信件之外，电影中还展现了这位年轻人编织毯子和制作吊床、椅子
以及通过各种各样的方式与他的导师进行沟通的场景。在此期间，塞
利格又专门为弗登的讲座以及独立教育和科学机构准备了一份更长的
电影版本。除了强调库姆斯善于使用多种方式——如通过盲文打字机
打字进行交流以外，这部电影还展示了库姆斯在塞利格默默提供给他
的商店里工作时的情景。《影像杂志》赞扬了塞利格和弗登是"心胸
宽广的人道主义者，因为他们完全没有考虑利用这一主题获得任何经
济上的利益"。《影像杂志》同时认为，库姆斯最值得称赞的野心当
属他希望"在美国国内建造一所聋哑人的专属学校，可以让其他像他
一样的人得到他所享受到的教育资源"。不幸的是，这个梦想并没有
实现，根据 1920 年的《美国人口调查报告》显示，沃尔科特·库姆
斯在 1917 年第一次世界大战征兵时被列为精神病人，他被收进了俄克
拉荷马维尼塔的俄克拉荷马东部精神疗养院进行康复训练。而在 1930

年的《美国人口调查报告》中，我们甚至找不到关于他的任何信息，恐怕他早已在精神疗养院中去世了。

毋庸置疑，无论是一名身残志坚的年轻人还是一块巨大的芝士，观众对于他们的兴趣都非常有限。但是当各种不同的纪实主题融汇在一起组成一部长片之时，纪实片的观众群就扩大了。在这种组合长片中，塞利格会针对男人、女人、儿童或者其他人群量身定做他们感兴趣的元素。这种形式最初是在 1910 年由查尔斯·百代在巴黎创想的，后来其发展成了众人皆知的新闻短片。

百代新闻短片的成功激发了百代公司在 1911 年 8 月开始每周专门针对美国市场放映美国版本，其中百分之六十的内容都与美国人的日常生活息息相关。很快，百代公司又开始向美国观众引介每月新闻片，不过好景不长。根据雷蒙德·菲尔丁（Raymond Fielding）的说法："早在 1911 年的秋天，赫斯特公司影像部门的主管埃德加·B. 哈特里克（Edgar B. Hatrick）就建议赫斯特也制作新闻短片，与百代公司、维太格拉夫影片公司展开竞争。"1913 年，赫斯特公司终于同意让哈特里克和威廉·塞利格进行协商，通过威廉·鲁道夫·赫斯特强大的新闻机构一起联合制作新闻片。这次合作的结果便是《赫斯特 – 塞利格新闻片》（*The Hearst–Selig News Pictorial*），于 1914 年 2 月 28 日在美国开播。塞利格和赫斯特的合作关系只维持了不到两年的时间，在此期间，基于他们拍摄的双周播出、十分钟左右的影院新闻，"新闻片"这个名词由此诞生。

最初，这次合作取得了不俗的反响，双方的宣传、组织都使对方受益良多。赫斯特新闻机构对一些国际事务和政府官员十分熟悉，他们有能力迅速捕捉到值得报道的事件。塞利格则在全世界范围内聘请了

哈利·弗登俯身看着沃尔科特·库姆斯打出给塞利格"上校"的一封信

一组特约摄影师和通讯员，让他们与赫斯特公司的新闻部门协作工作。在塞利格位于芝加哥的片场有两个冲印室，这样就保证了每周一和周四有无数胶片可以被迅速地冲印出来，然后分发到全美各地的影院中。"赫斯特－塞利格"很快就成为美国国内最具影响力的新闻服务组织，随即便取代了百代公司。

毫无疑问，"赫斯特－塞利格"新闻片受惠于第一次世界大战的爆发。在战争爆发前的六个月，他们拍摄的新闻片的宣传语是"最及时的战争讯息，最迅速的和平信息，最优秀的大众新闻"。在英国对德国宣战三周之后，"赫斯特－塞利格"新闻片的摄影师拍摄到一大群人等在国会外面，他们希望听到关于战争的相关信息，紧接着的一幕是一列排在征兵站外面的队伍，以及人们接受英国远征军训练时的场景。考虑到海运业务的暂停以及英国政府严苛的审查，这些素材显得无比珍贵。

此外，他们也对比利时的沦陷进行了精准的记录：在摄影师拍摄的素材中，有艾伯特王派遣出征的第九军团，但是该军团很快就在血战中遭遇惨败，比利时伊丽莎白女皇在布鲁塞尔的皇家宫殿中照顾伤员，这座宫殿后来被改建为医院，以及德国军队占领了布鲁塞尔……这段素材后来被剪辑成了一部电影，其广告语是这么说的——"在美国展映的电影中，德国军队第一次也是唯一一次出现并踏上了敌方的土地。"这部电影由赫斯特公司的新闻记者 A. E. 华莱士（A. E. Wallace）掌镜，他拥有德国护照和通行许可证，这使他得以接近德国军队。他拍下了德军大笑和挥手的镜头，仿佛战败的人民正在看着他们一样。在战争期间，他们还拍摄下了上千名俄国囚犯被德国人关押在哥尼斯堡，一群法国囚犯则在哥尼斯布鲁克的街头举行游行活动，还有第一次世界大战开战后欢呼雀跃的群众聚集在恺撒宫殿外的热闹场景。

考虑到威尔逊总统的中立政策，以及后来扩散到全美的反战情绪，"赫斯特－塞利格"新闻片一般会从战争双方的角度来向观众进行展示，不过这样的呈现方式还是流露出了制作方同情德国的情绪。这种情绪直接造成了一条最不明智的广告投放。《电影世界》刊登了一整版关于"赫斯特－塞利格"新闻片将在 1915 年 3 月 8 日发行新片的广告，演员冯·兴登堡（Von Hindenburg）直直地盯着摄影机，并配有如下文案：

你可以保持中立

但是仍可以向观众展示出对德国军队的崇拜

德意志帝国将希望

押宝在这个伟大的头脑中

这个男人，每一天，都承担着肩膀上的巨大责任感

《战场将军冯·兴登堡》（*Field Msrshal Von Hindenburg*，1915）

首部描绘战争世界巨人的电影

拍摄于东普鲁士军队指挥中心

摄影师A. E. 华莱士

这种对于同盟国敌人的露骨颂扬完全不像塞利格发行部门的一贯风格，这很有可能是赫斯特公司的所作所为。赫斯特要求在片尾字幕中删去自己的名字，因为当观众看到他对德国的肯定时一定深感愤怒。

1915 年年初，塞利格将新闻片中的战争场景拼凑成了一部五卷长的纪实片《世界大战史》（*The History of the World's Greatest War*，1915）——"在旧世界城市凄惨的废墟中，勇敢无畏的塞利格、摄影师

以及高效大胆的新闻记者赫斯特联手记录了可怕的欧洲战场。"这部电影运用了动画地图来介绍军队的行军路线，还有一些饥肠辘辘的比利时妇女向救援人员讨要食物的画面，除了原始新闻片之外还新加入一些场景，比如英国和法国军队从马恩河撤退，英国和德国俘虏营中的画面等。这部电影在旧金山的波托拉剧院（Portola Theatre）上映了整整一周的时间，大约有五万名观众聚集在影院中观看了这部电影。

欧洲战事的报道并不是"赫斯特－塞利格"出品的唯一作品。赫斯特报纸专栏作家格雷斯·达林（Grace Darling）从 1915 年年初开始被聘为出镜记者，专门报道女性议题，并定于每周二上映。她的第一份工作是对国务卿和总统候选人威廉·詹宁斯·布莱恩（William Jennings Bryan）进行一场"影像访谈"。在电影中，布莱恩发表了关于女性争取投票权的演讲，不过这场演讲显然受到了默片的制约。一时之间，新闻访谈都纷纷开始采用这样的形式。露西尔（杜夫－戈顿女士，Lady Duff-Gordon）针对女性观众所打造的新闻片，对新近的流行趋势进行了报道，"褶边成为女人们的心头所爱"，这些电影定于每周一上映。

此外，"赫斯特－塞利格"也制作了一些新闻资讯影片。第六十五期于 1915 年 8 月 16 日进行放映，内容包括：在马萨诸塞州查尔斯顿举办的军队葬礼，这是在海地太子湾攻防战中牺牲的美国海军的墓园；生病的孩子们在纽约海上医院的甲板上接受治疗；在旧金山博览会上，人们为寡妇和孤儿进行了募捐活动；在波士顿海港，军方进行了潜水艇装弹演习；西部网球锦标赛的双人冠军赛在伊利诺伊州的莱克福里斯特开赛；第六十二届苏格兰年度野餐会在马萨诸塞州的罗克斯伯里举办；圣马力诺共和国军队加入了意大利军队；五万名女性在下议院门外进行示威活动，呼吁协助英格兰进行战斗；在墨西哥内战爆发后，弗雷德里克·芬斯顿（Frederick Funston）开始召集军队。

名人也是"赫斯特－塞利格"新闻片中广受欢迎的主题。1915 年 10 月 28 日，这一期的新闻片中就出现了乔治·M.科汉（George M. Cohan）为纽约新建成的天主教修道士俱乐部总部奠基的片段，以及在旧金山展览会上的"爱迪生日"中，托马斯·爱迪生受到了卢瑟·伯班克（Luther Burbank）和亨利·弗德（Henry Ford）的盛情款待。

1915 年 9 月 6 日，"赫斯特－塞利格"新闻片发行了一段展示威廉·鲁道夫·赫斯特在自己的家中与在芝加哥办公室的威廉·塞利格通电话的影片，据说他们是在共同确认关于新闻片的一些"重要事项"。然而，到了这一年年底，他们的合作关系却出现了裂痕。塞利格决定解除与赫斯特公司的合作关系，并且声称这是他的个人决定，但是历史资料却显示，就在这次合作关系破裂之前的两个月，赫斯特公司与新的合作伙伴维太格拉夫影片公司签订了合约。"赫斯特－维太格拉夫"新闻片持续放映了不到一年的时间，此后，这位新闻业巨头又和百代公司、米高梅电影公司进行了合作，他与环球影业的合作一直持续到了 1967 年。

塞利格很快就找到了新的制片伙伴，并且重新开始制作全新的新闻片。考虑到塞利格和《芝加哥论坛报》在推广"凯瑟琳的大冒险"系列片中的互利互惠关系，他们组成的合作团队并不奇怪。《塞利格论坛报》标榜塞利格的作品是"世界上最伟大的新闻电影，这直接改用了《芝加哥论坛报》的宣传语——世界上最伟大的新闻报纸"。卢西恩·C.惠勒（Lucien C. Wheeler）被聘为总编辑。除了能联系上美国前总统及其他华盛顿内线以外，惠勒还曾担任过《纽约世界》（New York World）和《华盛顿邮报》（Washington Post）的记者。《塞利格论坛报》还有一名记者专门负责在巴尔干地区、伦敦、法国、俄国、墨西哥报道战争新闻，与他一起工作的还有一位身处德国总参谋部的"出镜记者"。塞利格还保留了摄影师埃德温·维戈尔（Edwin Weigle）的职位，此前他曾经拍摄过维拉克鲁斯和安特卫普的沦陷，以及在波兰的德国人和在意大利的澳大利亚人的生活状况。在战争期间，塞利格旗下的摄影师奔波于芝加哥、纽约、华盛顿、洛杉矶、旧金山、波士顿、厄尔巴索、新奥尔良、亚特兰大和俄勒冈州的波特兰。

《塞利格论坛报》被视为"视觉报纸"，而且它本身也很注重视觉的呈现。大多数新闻电影的开场画面都模仿了报纸的头条新闻，用大标题和导语来介绍新闻片的内容。头条新闻的印刷副本也被用作杂志广告和海报。《塞利格论坛报》的另一个创新在于它的幕间字幕，采用了英语、德语和意大利语，反映出当时美国电影观众的多样性。塞利格在芝加哥片场雇用了七十五名工人来冲印底片，将一手素材剪辑成故事（总长度在三十秒到两分钟之间），嵌入幕间字幕，每周两次将上百卷影片运往放映商那里，这些放映商大多仍忠实于塞利格而非赫斯特。

《塞利格论坛报》也荟萃了当下的时事以及平时发生的有趣故事。在 1916 年 8 月 7 日上映的第六十三期中，影片呈现了黑汤姆岛遭遇军事爆炸后的惨状，这是德军犯下的严重罪行，造成了二十万美元的损失，自由女神像的胳膊也受到了永久性损伤。《塞利格论坛报》的摄影师拍下了亚利桑那战舰出航的画面，这艘战舰在二十五年之后日本偷袭珍珠港时被炸毁。

正如之前将"赫斯特 – 塞利格"新闻片中的战争场景集结成纪实长片那样，塞利格同样也整合了《塞利格论坛报》的新闻素材，他还从合作伙伴赫斯特那里回收了一些影像资料，制作了《波兰战乱》（*War-Torn Poland*，1916）。影片记录了帕德雷夫斯基（Paderewski）来到伊利诺伊州，请求美国政府帮助自己已被战火荼毒的国家。在影片结尾处，塞利格宣布他将把部分票房收入捐赠给波兰慈善基金会。

同一时间，虽然俄亥俄州审查部门禁止放映这些电影，因为影片中涉及"杀人犯兼强盗的潘丘·维拉（Pancho Villa）"，但塞利格还是拍摄了墨西哥战争。《塞利格论坛报》拥有一部自己的摄影车，专门为"讨喜的摄影师"维克·特赖斯（Victor Reis）和尼古拉斯·麦克唐纳（Nicholas McDonald）在墨西哥进行拍摄。这辆车自带二百八十升的油箱，车上还装有五十六升水和三十升油，并用铁板将其固定住。此外，他们还在车上配备了机械枪和炮塔。也许是因为维系如此之多的国际出镜记者的费用过于昂贵，《塞利格论坛报》的开销很大，特别是塞利格在事业发展上还遇到了一些其他阻碍。因此，在放映完近一百五十期新闻片后，这项事业于1917年5月暂停。

继《塞利格论坛报》被转让之后，塞利格连忙转战发行可替代的新闻片，即《塞利格世界资料库》（*The Selig World Library*），它是斯达和麦克道尔拍摄的旧新闻片和纪实片素材的整合。1918年，塞利格将自己珍藏了二十年的纪实片和新闻片素材交给了纽约发行商本嘎电影公司（Bengar Pictures），任由他们进行商业和私人展演。

在第一次世界大战之前，塞利格还忙于另外一项事业，这项事业潜在的重要性足以改变整个电影工业的格局。然而，塞利格希望涉及有声电影的"探险"活动却给他的资金链带来了灾难性的冲击。1914年，塞利格打算拍摄一部关于哈利·劳德（Harry Lauder）的有声电影，当时的他是世界上最受欢迎的杂耍剧和音乐剧表演者。劳德穿着传统

的苏格兰短裙、戴着苏格兰帽，是一位颇具绅士风度的、幽默的演员，
他总是在舞台上唱着自己原创的歌曲。和乔治·M.科汉一样，他也写
过一些旋律简单但却十分动听的歌曲，观众只要听过一次便会齐声合
唱。当1907年劳德首次在美国进行演出时，他已经在欧洲音乐殿堂中
享有极高的盛誉。很快，他便成为冷酷无情但极具天赋的代理人威廉·
莫里斯（William Morris）最重要的客户，那个时候，他每周可以赚到
五千美元。1914年2月2日，在他的第七次环球巡演中，他在芝加哥
加里克剧院（Garrick Theatre）进行了为期六天的表演。

在加里克剧院演出间隙，劳德会去塞利格的芝加哥片场，在那里拍
摄演唱时的画面以及一些各人自述的场景。1912年，艾索德·基斯（Isodor
Kitsee）申请了气动控制的"同步留声机和活动电影摄影机"专利，这
是他和他的菲律宾同事阿瓦·里滕豪斯（Alvah Rittenhouse）一起发明
的。基斯说服了影院经理约翰·柯特（John Cort）资助他们制作这台机器。
五位来自蒙大拿巴特的风险投资家同意对这个项目投资四万美元，柯
特则唆使威廉·莫里斯让哈利·劳德出演一系列影片，报酬是分一半的
红利给他。在这个基础上，哈利·劳德电影公司（Harry Lauder's Films
Company）就此成立。后来，哈利·劳德电影公司雇用塞利格透镜公司
制作了一系列有关劳德的有声电影。

1914年2月8日，劳德在芝加哥的表演已经结束，塞利格将已经
拍完的影片放给他看，对于拍摄的结果，劳德可谓是"心花怒放"。
这位苏格兰超级巨星当场就题写了自己的一张照片——"献给'片场
之王'塞利格先生"，在照片的背面他还写道，"请允许我转达我对
您无尽的谢意，因为我知道这些影片完全仰仗您所提供的优秀摄影棚。
您的成就是无法被超越的。"威廉·莱纳德·雷尼克（William Leonard

Renick）作为巴特投资者的代表，对于这些成片感到非常满意，于是他命他的猎手捕获了两只小灰熊作为礼物送给了塞利格动物园。

十七部记述哈利·劳德流行音乐的电影最终被拍摄完成，其中包括《漫步暮色中》（*Roamin' in the Gloamin*）、《我爱上了一位少女》（*I Love a Lassie*）和《她叫玛·黛西》（*She's Ma Daisy*）。除此之外，制作团队还在片场即兴拍摄了一部"电影短片"，并由劳德和塞利格主演。这部电影的开场便是塞利格拎着一大袋钱走出了银行，劳德跑过去向他乞讨，塞利格决定通过掷硬币的方式来决定是否施舍钱给劳德。苏格兰人赢了，塞利格从口袋里拿了一叠钱给他，然后又投掷了一次硬币。劳德又赢了，不过这次塞利格却冲着他的肚子打了一拳。当二人在银行门前打成一团时，警察赶到了，将他们抓了起来，路人威廉·莫里斯则在一旁袖手旁观地看着一切的发生。这部没有公开发行的"电影短片"，是塞利格甚少露脸的几部电影之一，不过这更像是一部充斥着霉气的电影，而非喜剧。

《哈利·劳德有声音乐电影》（*Harry Lauder Singing and Talking Pictures*，1914）有一个二十分钟的版本，作为演出的一部分，它于1914 年 3 月 22 日在旧金山的萨沃伊剧院（Savoy Theatre）进行了首映。影片完美地将画面和声音同步在一起，大大超越了同期其他与之竞争的设备，包括爱迪生的声音磁盘活动电影系统，这个系统曾经在五十家基斯 – 阿尔比（Keith–Albee）杂耍剧院使用了一年的时间。到了 1914 年 5 月初，劳德的有声电影在纽约皇宫剧院上映，这是美国歌舞杂耍表演黄金时期的顶级剧院。由于威廉·莫里斯和皇宫剧院的经理 B. F. 基斯（B. F. Keith）、E. F. 阿尔比（E. F. Albee）之间长期以来的不和，劳德从来都没有在这家传奇剧院中进行过演出。然而，这并没有影响基斯和阿尔比订购他的电影。根据《综艺》杂志的报道，莫里斯只能获得四分之一的劳德演出费作为酬劳。皇宫剧院将印有劳德名字的海报贴在了剧院外的广告栏上，劳德的名字居然有一米二那么长，在名字的下方印着三十厘米的小字"有声音乐电影"，这张海报的设计者后来被称赞为极具"敏锐的商业头脑"。在皇宫剧院购入的那些歌曲中，《多丽丝的敬酒歌》（ *A Wee Deoch An'Doris* ）无疑是最成功的一首，在已经录制完的四首歌曲中，它是唯一一个以特写镜头拍摄的，这些特写镜头捕捉到了这位苏格兰巨星的多面性格，十分招人喜欢。当《综艺》杂志注意到观看电影的效果远不如亲临哈利·劳德的现场演出之后，出版商西姆·西尔弗曼（Sime Silverman）承认说："对于那些喜爱劳德以及没有亲眼见过他的人来说，劳德的有声电影也是歌舞演出界的一大盛事。"《哈利·劳德有声音乐电影》在皇宫剧院上映期间大获成功，一年半以后，该片又卖出去了三份拷贝版本，在欧菲姆剧团的巡演中进行展演，再次惊艳全场。

　　《哈利·劳德有声音乐电影》带来了极高利润，此时的威廉·莫里斯每周至少进账一千五百美元，塞利格因此而制作了额外的拷贝版本，并且还提供了其他服务，但他仍然没有收到一千五百美元的账款。莫里斯继续受益，而蒙大拿投资者却承担着支付开销的责任，比如广告费用、放映员的工资，以及花在那些谎称宣传产权受到侵犯的诉讼案上。由于缺乏利润，蒙大拿投资者们最终心力交瘁，在1915年10月末决定买下哈利·劳德电影公司的一半分红。作为合作伙伴的代表，雷尼克也给塞利格提供了一个机会，邀请他加入这个新公司，并继续为哈利·劳德制作更多的电影，合约要求这位巨星直到1916年年末都一直要配合他们的演出（意外接连不断地发生着，雷尼克告诉塞利格，那位帮

威廉·塞利格（站在两名警察中间）、威廉·莫里斯（右起第二位）和苏格兰

超级巨星哈利·劳德（右起第一位）

他们捕获小灰熊的猎手几天前因事故意外死亡了）。塞利格意识到，
为长片提供有声系统是极具发展潜力的，这甚至可以改变整个电影工
业，于是他接受了这个邀请，买下了公司的另外一半红利，并且拥有
同步留声器材的所有权，与投资者基斯、里滕豪斯也建立了合作关系。

1916年4月12日，塞利格从柯特和基斯那里获得了摄影机以及"电
影展映和录音同步设备"的专利权。一周之后，塞利格就收到了来自
威廉·莫里斯寄来的三十四部有关哈利·劳德的电影胶片，以及同步留
声器材，只是这些器材看起来像被恶意破坏过。据说，莫里斯的这种
恶意行为是因为他不愿和其他人分享哈利·劳德所带来的丰厚商业利
润。莫里斯可能也意识到过度曝光他的"摇钱树"，以及让放映商和
观众以折扣价接触到劳德所招致的危险。不过无论怎样，塞利格都别
无选择，他的技术团队只能求助于里滕豪斯，希望能在投资者的协助
下打造一个新的同步留声器材。不幸的是，里滕豪斯没有起到任何帮
助作用，他们无法破译不完整的蓝图，基斯也因视力退化而无法继续
工作。塞利格进一步受到了战时经济环境的束缚，战争阻碍了原材料
的获得以及来自电器工业的协助。不用说，塞利格对于莫里斯非常恼怒，
因为后者本可以为塞利格的长片提供极具潜力的明星，但他甚至都不
愿偿还长期以来的欠款。

1917年，塞利格虽然丧失了与哈利·劳德的合约，但他仍然坚信
他所拥有的"人声—影像同步"系统是最好的发明，最终一定能在电影
工业中被普及。遗憾的是，直到1920年，当他得以重新打造这套系统时，
他的放映商对于有声电影已经不再感兴趣了。几年之后，塞利格和巴
特等投资者发表声明，声称《爵士歌王》（*The Jazz Singer*，1927）的
声画同步系统侵犯了他们的专利。不过，历史上并没有留下任何证据

显示后来他们采取了法律行动，或者是与华纳兄弟影片公司私下达成和解。

1931 年，时逢美国经济大萧条时期，威廉·莫里斯又开始联系塞利格，讨论重新发行《哈利·劳德有声音乐电影》的可能性。塞利格花了六个多月的时间，几乎耗尽了他所有的资金来制作这些电影以及重新制作能用的器材。他甚至成立了"计划经商集团"，但是莫里斯突然又变卦了，声称塞利格没有任何法律权限来处理劳德的电影或者拍摄电影的相关器材。塞利格不仅没能得到任何回报，甚至还在一瞬间才发现自己竟然要维护自己本该享有的劳德电影交易权，以对抗凶残的虚假指控。这一指控一直持续到了 1932 年，在此期间，塞利格被迫典当了他的家具和妻子玛丽的珠宝，只是为了能够勉强维持生计。直到 1932 年威廉·莫里斯去世，整个悲剧才终于画下了休止符。

第八章 电影长片的发展

在美国商业电影发展的前十五年中，大多数电影的时长都不会超过十五分钟。造成这种情况的一部分原因在于一部放映机每次只能放映一卷胶片。除此之外，一整卷胶片放映完大概需要十五分钟的时间，这与一场小型杂耍的演出时长正好一致。上演小型杂耍演出的剧院是那一时期放映电影的主要场所之一，此外还有街边的五分钱影院，它同样也会吸引工薪阶层和移民顾客来享受各式各样的娱乐活动。而且，那个时期单卷电影的胶片长度大多从一到十二米不等。因此，许多不同主题的素材常常会拼接在一起，以完成一整部"荟萃"单卷电影。在商业电影发展的前十年中，常规实践之外还有两个著名的例外：多卷拳击赛和宗教题材电影，它们往往在宣传广告中被称为极具吸引力的"特辑"，这一术语曾在杂耍剧中被用来描述特别的"彩蛋"。

威廉·塞利格渴望通过吸引中产阶级观众来扩大他的电影市场，他相信实现这一愿望最好的办法就是放映时间更长、情节和角色更复杂的故事片。不幸的是，虽然广大电影爱好者都对长片这个词耳熟能详，但他在电影长片发展过程中所扮演的角色却从来没有被人们所认可，这可能是因为在讨论美国电影最初二十年的历史时，大多数影史学家都热衷于中伤所有电影版权公司（Motion Picture Patents Company）的成员，轻蔑地将他们称为"基金会"。他们认为这些缺乏想象力的"技工"身上只有贪婪和无知，对于电影长片的发展充满敌意，或者完全无法理解长片可以作为挖掘新媒体艺术和商业潜力的方式。

这些年中，一些主流的错误信息有泰瑞·拉姆齐（Terry Ramsaye）笔下有关电影工业的早期历史："正统电影制片人所处的阵营……毫无条件地反对这个想法（制作电影长片），他们认为这些长片一定会浪费金钱，甚至会损耗一些更宝贵的东西——创意和想法。"尼尔·盖布勒（Neal Gabler）在《他们的帝国》（*An Empire of Their Own*）中提出，反对"电影长片"是"一意孤行的基金会"的典型呼吁。盖布勒引用了阿道夫·朱克（Adolph Zukor）回忆录中的说法，并对此表示赞同："'我们所创造的一切都属于技术工人'，朱克后来在一篇简短的文章中用这句话来区分早期电影发展史中的犹太人和非犹太人。"此外，克莉丝汀·汤普森（Kristin Thompson）和大卫·波德维尔（David Bordwell）最新的影史教材也盖棺定论，声称 MPPC 成员根本没有兴趣制作超过一卷长的电影，因为"无论什么样的电影，每卷电影都以同样的金额被租售，因此制片人视电影为标准化产品，就像香肠一样"。这样的论述将美国第一代电影先驱的创新功绩错置到了第二代电影人身上。确实，控制传记公司的银行并不想让 D. W. 格里菲斯制作更长的故事片，但是对于塞利格或是 MPPC 的成员维太格拉夫而言，情况并非如此。

塞利格制作的第一部三百米长的单卷长片是《女劫匪》（*The*

Female Highwayman ），这是一部上映于 1906 年的现代警匪片。据说，维太格拉夫影片公司和百代公司都曾在 1909 年分别制作了一部双卷影片。然而，制作出美国首部虚构长片的电影人应该是威廉·塞利格，《生死之交》（ *Damon and Pythias* ）于 1908 年 6 月 22 日进行了首映。与当时其他改编自戏剧的电影一样，《生死之交》是在绘制好的布景前进行拍摄的，现场布景极具舞台造型的风格特点。塞利格为这部电影准备的宣传资料让人们看到，影片的主题和史无前例的时长都是精心选择的，主要目的是为了吸引未曾造访过五分钱影院的那群人，让他们明白看电影是多么与众不同，电影寓教于乐，影像美丽非凡，人们会重新爱上社会生活的。

虽然我们至今仍然无法得知观众对于《生死之交》的观后感，但是来自发行商和放映商的回馈驳斥了长久以来影史学家们认为是制片人在抵制电影长片的假说。一些发行商抱怨说，如果他们早知道这部电影这么长，他们绝不会第一时间订购《生死之交》。交易商们直言，五分钱影院的经理们不需要这么长的电影，他们认为过长的电影会削减观众的观影速度，从而减少他们的盈利。除此之外，他们还争论说自己的观众喜欢看各式各样的短片，而不是长片以及更复杂的叙事。在艾莲·鲍瑟看来，许多放映商的脑海中都存在这样一个观念——"一部失败的短片可以被一部优秀的短片抵消掉，但是如果一部长片很烂，那么就只有死路一条了。"刚刚成立的纽约电影服务协会（Film Service Association of New York）组织了一场抗议活动，这个组织中有一些电影人后来被追认为电影长片的先驱，他们告诉塞利格将不再与他续约，并退还现有的电影。还有一位五分钱影院的经理干脆将《生死之交》直接剪辑成了单卷电影。面对这些拒绝买入长片的交易商和放映商，塞利格在接下来的三年内，再也没有发行过三百米胶片以上的虚构电影了。

这些机构对于多卷电影的抗拒影响了塞利格的电影发展道路，甚至一度造成了妥协的结果。1908年，《绿野仙踪》（*Wizard of Oz*）的作者 L. 弗兰克·鲍姆（L. Frank Baum）聘请塞利格来制作二十三部短片，用来讲述他"奥兹国"系列的两本书以及另外一部小说中的场景，以辅助鲍姆的巡讲活动，这场活动被称为"童话影片和广播剧"。鲍姆在筹备他的多媒体演讲中背负了沉重的债款，他欠下了塞利格三千美元。他把三本书的电影版权给了塞利格来偿还其中一部分欠债：《奥兹国的魔术师》（*The Wonderful Wizard of Oz*）、《奥兹国仙境》（*The Marvelous Land of Oz*）和《约翰·道格和天使》（*John Dough and the Cherub*）。1909年年末，奥蒂斯·特纳在塞利格的芝加哥片场自编自导了这几部电影。

在将"奥兹国"系列图书改编成电影的过程中，塞利格面临着三种选择：将它们浓缩成一部十五分钟的单卷电影，这可以讨好放映商和发行商，但很可能会让观众非常失望；拍摄一部多卷长片，但极有可能面临卖不出去的风险；或者基于每本书制作三部独立的电影，并分开发行。塞利格最终选择了第三个选项，虽然这并不是一次胸有成竹的妥协。三本书的元素分别被融入自给自足的电影中，这对那些熟悉故事的读者造成了极大困惑。影片《奥兹国的魔术师》（*The Wonderful Wizard of Oz*，1910）实际上是一部原著小说与1902年由鲍姆改编的经久不衰的舞台剧的"大杂烩"电影。与1939年米高梅电影公司出品的经典版本类似，塞利格在这部电影中也采用了油画布景。与小说和舞台剧相比，编剧对影片的剧情进行了一些改动，比如，桃乐茜在堪萨斯遇到了稻草人，她与一些农场动物、稻草一起被卷入了龙卷风中，最后被运送到了奥兹国。

塞利格的《奥兹国的魔术师》受到了《纽约戏剧镜报》的盛赞："塞利格具有制作惊人而又不同寻常电影的名望，他的好口碑仍在不断持续发酵。这是一部极其出色的电影，演员的表演非常精湛，画面十分清晰。"此前，塞利格出品的《奥兹国的魔术师》一度被认为已经遗失了，直到 1983 年，电影研究者们才发现了一份拷贝版本。于是，国家电影保护基金会（National Film Preservation Foundation）将其重新制作并发行了 DVD 版本，将其作为美国电影珍贵档案系列（More Treasure from American Film Archives）的一部分。对于当代观众而言，这是迄今最容易买到的塞利格的电影了。

在《奥兹国的魔术师》发行之后的几个月，塞利格决定再次拍摄一部电影长片——《双孤》（*The Two Orphans*，1911）。1911 年春天，该片在芝加哥片场开机准备拍摄，但是直到导演奥蒂斯·特纳和演员凯瑟琳·威廉姆斯、温妮弗雷德·格林伍德（Winniefred Greenwood）和查尔斯·克莱瑞从佛罗里达回来之后，影片才正式开拍。影片一共拍摄了三卷胶片，但是统一电影公司（MPPC 的主要发行渠道）并不愿意发行这部电影。统一电影公司只乐意向放映商发行单卷电影，因为大多数放映商仍然抵制放映长片。维太格拉夫影片公司在同年早些时候也尝试发行《双城记》（*A Tale of Two Cities*，1911）的三卷版本，但是五分钱影院的经理们并不愿意接收全部三卷电影，他们只愿意选择一周之内的某一天放映其中一卷胶片。迫于形势的无奈，塞利格在 1911 年 9 月 25 日、26 日和 28 日每天分别发行一卷《双孤》的胶片。不过，值得我们注意的是，完整的三卷电影最终发行到了英国，虽然也受到了放映商们的阻碍，但结果却证明这是一次非常成功的尝试。

《双孤》在美国国内溃败后，塞利格满脑子都在琢磨寻找一种深受观众喜爱的故事类型，让放映商难以拒绝它或者切分它。进口的多卷意大利电影在此时大获成功，比如由统一电影公司发行的《特洛伊的陷落》（*The Fall of Troy*，1910）、《十字军》（*The Crusaders / Jerusalem Delivered*，1911），在这些大获成功的电影的鼓励下，塞利格也开始制作他认为能够吸引放映商的长片。经典儿童童话《灰姑娘》此前至少两次被搬上银幕：1900 年在芝加哥上映的乔治·梅里爱的版本，以及纽约独立电影商善郝瑟（Thanhouser）在 1911 年发行的拙劣版本。塞利格清楚地知道，为了打破放映商对发行长片无形的枷锁，他必须摄制一部更华丽、更新奇的《灰姑娘》。因此，正如他之前和霍巴特·博斯沃思及其他人的合作那样，塞利格聘请了已经成名的一线戏剧明星担当该片的主演，他们会给电影带来更多的认可度，吸引更多观众。身材娇小的梅布尔·托利弗（Mabel Taliaferro）从十四岁开始就成了戏剧界的冉冉之星，但是当塞利格找她出演"灰姑娘"时她却拒绝了，当时戏剧明星的典型心态就是他们非常鄙视电影，托利弗也不例外。不过，在参观完塞利格的芝加哥片场以及被承诺会得到丰厚的片酬之后，她改变了自己的想法。

《灰姑娘》的剧本由亨利·K. 韦伯斯特（Henry K. Webster）撰写而成，并由柯林·坎贝尔担任导演，影片的摄制工作开始于 1911 年 9 月中旬。《电影世界》的评论家詹姆斯·麦奎德拥有提前点映这部即将于 1912 年 1 月上映的电影的机会。麦奎德联系了明尼阿波利斯利里克剧院（Lyric Theatre）的经理 S. L. 罗瑟波斐尔（S. L. Rothapfel），以获得这部电影的相关资讯。罗瑟波斐尔因配合电影的宣传，同步在剧院内上演有品位、豪华的舞台表演而名声鹊起。塞利格观看了罗瑟波斐尔放映的《灰姑娘》，这堪称"电影新纪元"——三卷电影一起完整放映，同时还伴有二十曲管弦乐演奏。统一电影公司则一次推出了一卷《灰姑娘》进行放映，但是塞利格怂恿放映商像罗瑟波斐尔那样，将三卷电影进行连映，同时不要为了加入其他表演而将电影快进。

根据宣传资料显示，《灰姑娘》共耗资两万一千三百一十美元的拍摄成本，其中大多数都用于支付梅布尔·托利弗的片酬，以及华丽的戏服和布景。此外，片方还希望加入一些独创元素，以将故事延展成三卷，因此塞利格聘请了《电影世界》的克拉伦斯·E. 辛（Clarence E. Sinn）来完成一份口头演讲，以配合这部电影的放映，当然放映商可以自行决定是否启用这份演讲。在每卷胶片的最后，辛会宣布稍等片刻后电影会继续放映，这是因为大多数剧院中都只有一部放映机，他们需要时间来更换胶片。

《纽约电讯报》（*The New York Telegraph*）对于《灰姑娘》毫不吝惜溢美之词：

> 在塞利格透镜公司摄制的这版《灰姑娘》中，托利弗饰演了影片中的女主角灰姑娘，这是美国电影史上的一大进步……电影的整体呈现非常出色，无论是恢宏的场景和服饰，还是首屈一指的演职人员，从明星到默默无闻的群众演员都倾情出演。它配得上所有人对它的赞许，而且该片确实为上万名观众提供了最佳的娱乐方式。

《灰姑娘》也在国际影坛上斩获成功。塞利格直到 1912 年年底才在英国发行了《灰姑娘》，原因在于他希望《灰姑娘》能成为传统圣诞童话剧之外的别样"高科技"演出。英国数一数二的期刊《电影院》（*The Cinema*）为该片进行了宣传造势，这无疑为塞利格的英国代理人在售卖这部电影时提供了极大帮助。"这是塞利格的电影，就这一个理由已经足以让我们愿意推荐它……我从来没有在塞利格的放映室里看过一部粗制滥造的电影，因为蒙塔古先生明白，要吹捧一部不够出色的电影简直是在白费力气。"后来，《灰姑娘》被证实确实大受欢迎，因此在一年半以后，塞利格又重新发行了《灰姑娘》的手工上色版本。根据罗瑟波斐尔的说法，这个版本比初版更加成功。至此，塞利格通过这部让之前的《灰姑娘》和之后"所有"美国电影都黯然失色的长片，成功击破了各方对电影长片的抗拒。

1911 年秋天，塞利格增加了公司的产出，每周都会推出四部单卷电影，他有责任按照合同的要求将这些电影通过统一电影公司发行给放映商。一时间，《纽约戏剧镜报》评论说，这样频繁的制片和发行会影响电影人拍摄大型电影长片的品质。但是对于塞利格透镜公司和维太格拉夫影片公司而言，这并不存在任何问题，他们受到意大利长片在世界各地广受欢迎的启发，仍在继续推动叙事电影在长度上和内容上的进展。《公告牌》写道，这些电影长片"终有一天会变成世界各地热爱娱乐的年轻人的最爱——多卷胶片展演的多幕电影"。《电影世界》准确地预测到多卷长片是实现高品质叙事质量的必要保证，而且这会成为常规，而不是特例。在《电影世界》的撰稿人看来，在周一放映一卷电影，然后周二放映另一卷电影，这不是很荒谬吗？

正当塞利格忙于拓展电影叙事的可能性时，全球电影工业也在努力战胜其他困难，不过有些困难则是他们自己造成的。二十世纪初期，法国电影人被冠以"剥削女性裸体"的坏名声，而意大利电影则因为暴力内容而臭名昭著。建立电影版权公司的主要目的之一是通过建立统一的自我审查体系，限制美国电影中过分的性和暴力内容，以此规避政府和其他组织对于电影内容的干涉。同时，一些电影版权公司也希望通过制作全年龄段的电影来吸引更多中产阶级观众，并将美国制作和欧洲制作区分开来。对于电影中性和暴力的批判并不仅仅局限在美国。《纽约世界》报道说，1909 年 7 月，根据意大利警察局提供的犯罪记录显示，罪犯犯下的大多数罪行都可追溯到真实的犯罪恐怖片中。这使得教皇皮乌斯五世（Pope Pius X）申诉建立条例，禁止牧师出现在电影中。随后，禁令从牧师扩大到了普通的天主教信徒中。1909 年秋天，在塞利格访问欧洲期间，他观察到当时天主教对电影的禁令严重影响了意大利的电影工业。

塞利格急于扩展他的观众群，他下定决心要拍摄一部以美国为主题的"重要"电影。他希望影片具有普遍吸引力，并寄希望通过这部电影扭转天主教对于电影的禁令，力图让电影的影响力覆盖到成千上万名潜在的天主教观众中。回到芝加哥以后，塞利格听闻了一则消息，三艘船陷在了密歇根湖的沼泽地里,这三艘船分别为"妮娜号""皮塔号"以及"圣玛利亚号"的全规格复制品。这些船原本由西班牙政府建造，为了纪念哥伦布发现新大陆四百周年。这三艘船沿着哥伦布最初的航线行驶到了圣萨尔瓦多，1893 年最终停靠在芝加哥港口，作为纪念哥伦布航海之旅的礼物送给美国。塞利格因此而受到启发，决定拍摄一部关于哥伦布的史诗电影。

塞利格拿出两万美元，从南方公园委员会租借了这三艘船的复制品，他们还花了几千美元的维修费，修补这些航船以适应新的航线，并且重新粉刷它们，使其更适合下水。1910 年 10 月，塞利格安排经验丰富的芝加哥戏剧评论家和剧作家 C. E. 尼克松（C. E. Nixon）打造一个具有历史准确性的剧本，他为此而支付了二十五美元。布景师盖柏·波洛克（Gabe Pollock）告诉塞利格，他需要将椰子树、枣树、蕨类植物以及其他热带植物从当地的温室里运到密歇根湖旁边的一片沙滩上。大约有二百五十名群众演员参与到影片的拍摄过程中，除了个别人以外，大多数群众演员都穿上了华丽的戏服。为了增强影片的真实性，塞利格还从西班牙领事馆租借了哥伦布航海日志的原稿作为电影中的道具。据说，影片《哥伦布》（*The Coming of Columbus*，1911）用了近两年的时间进行筹备，在 1911 年的夏天花了一个半月的时间拍摄完成，全片的成本超过了五万美元。

待电影杀青以及剪辑完毕后，罗瑟波斐尔还专门为《哥伦布》谱写了一首乐曲。此外，塞利格还支付了一笔额外的开销，他将《哥伦布》的一份副本进行了手工上色，专为尊贵客户放映。《哥伦布》于 1911 年的"哥伦布日"（每年 10 月的第二个星期一）首映，塞利格希望那些协助电影研究和修复船只的哥伦布骑士们能给电影带来好运。在首映当天，现场还举办了露天表演、严肃的大弥撒仪式和演讲活动——这些都显示出这部电影在"呈现准确历史细节"上的良苦用心。塞利格透镜公司公关部门制作的放映宣传册上写着："《哥伦布》可以被视为电影史上的一座丰碑，给即将到来的新世纪带来启蒙。塞利格先生将它献给全世界和子子孙孙，并不奢求任何金钱上的回报。"我们从中可以看出塞利格在幕后为电影所付出的一切。

一个月之后，《哥伦布》专门为美国大主教"红衣教主"吉本斯（Gibbons）进行了放映，在观影结束后，他认为《哥伦布》一片"堪称一部卓越之作"。这无疑鼓励了塞利格将彩色胶片寄给了他的朋友约瑟夫·托内洛（Joseph Tonello）神父，他当时正在梵蒂冈出差。虽然大主教禁止任何电影放映活动，但是托内洛神父还是在梵蒂冈的萨拉皮亚进行了一次秘密放映活动，观众是经过精心挑选的主教、教士和其他显要人物，其中还包括大主教的私人秘书。观众对塞利格的电影欢呼雀跃，第二天托内洛神父就将电影呈送给了大主教皮乌斯五世，并在教皇的房间里进行了私人放映。在了解了之前的放映安排后，大主教赠送了一枚银色纪念奖章给托内洛神父，并让他传话给塞利格。大主教告诉托内洛："请你将我的感谢和祝贺转达给塞利格先生，我希望《哥伦布》一片能够大获成功。我也鼓励他制作其他类似具有历史和道德价值的电影。"据托内洛所说，大主教是这样评价这部电影的："我个人非常希望这个伟大的发明（电影）能够成为真理、高等教育、道德、社会和国家美德、人性之善和宗教的源泉。"第二天，托内洛给塞利格写了一封信，他在信中讲述了《哥伦布》是皮乌斯五世观看的第一部电影。大主教命令托内洛和塞利格对这次放映事件缄口不说，他们不能在意大利或其他地方的任何一份报纸上刊发这件事。

如此巨大的转变令塞利格感到十分欣喜，这无疑是一个好兆头。不过，意大利报纸并没有理会皮乌斯五世的这则禁言令，多家报纸都刊发了这则新闻。在梵蒂冈进行放映的那几天时间里，塞利格将《克里斯托弗·哥伦布》（*Christopher Columbus*，电影在海外发行的名字）的独家版权卖给了英国，以未曾透露的价格卖给了一位英国代理人。在当时，这恐怕是一部电影从未卖出过的高价。影片《哥伦布》打破了票房纪录，并且在诸如拖基、高菲尔德、切斯特菲尔德和拉内利等英国小镇上受到了高度赞誉，并且吸引了大量从未进过电影院的观众。

在圣海伦电影院中，每一次放映都伴有二十五名唱诗班歌手和童子军乐队。在澳大利亚，《哥伦布》也获得了巨大成功。澳大利亚的教育部部长将这部电影推荐给学校，他要求所有在校师生都必须观看这部电影。

除了一些特别场次的提前放映，《哥伦布》是塞利格唯一一部先行在欧洲发行的影片，一部分原因在于电影的长度：《哥伦布》有三卷胶片长。然而，塞利格坚信，这样一部重要的电影需要更多时间来传达一个结构紧凑、戏剧性强的故事。由于有了梵蒂冈教会的认可以及影片在欧洲电影市场上的大获成功，塞利格说服了统一电影公司推进"特别长片服务工作"，让影院以更长的排片、更高的价格来发行《哥伦布》。艾莲·鲍瑟曾经论述说，这是导致五分钱影院消失的重要因素之一，这些影院有限的座位和低廉的票价让电影长片得不偿失。

1912 年 5 月 6 日，《哥伦布》正式在美国发行上映，这比阿道夫·朱克从法国进口的电影《伊丽莎白女王》提前了两个月。不过，许多电影史学家却错误地将《伊丽莎白女王》视为在美国上映的第一部多卷历史长片。更确切地说，朱克之所以决定引进《伊丽莎白女王》是受到了《哥伦布》大获成功的启发。《影像杂志》宣称塞利格的电影是"从未被超越过的大师之作，影片中不仅故事引人入胜，它还是世界历史特定时期的不朽记录"。

塞利格在宣传《哥伦布》时，极力突出了制片的重要性和特殊性。伦敦商业杂志《拜欧放映》撰写了一篇完整的评论，称《哥伦布》是"前所未有的、最伟大的历史主题片"，这篇评论极有可能是欧洲商业杂志提供给美国放映商的第一份外国评论，以此来宣传一部美国电影。这篇评论中还配有《哥伦布》的剧照，它被多家报纸和杂志整版地转载，甚至还包括一系列天主教期刊，并发行至欧洲各地。当时，几乎每篇文章都会大书特书这部电影的两大特色：大主教对它的认可，以及它的历史准确性。

托内洛神父在《影像杂志》上刊登了一篇两页长的文章，这篇文章中记述了他在梵蒂冈放映影片《哥伦布》时的经历。此外，文中还记载了大主教赠给塞利格的奖章和浮雕，仿佛是为了打消人们对于大主教是否真的认可这部电影的疑虑。另外一篇刊登在《影像杂志》上的文章提及了这部电影也受到了"哥伦布骑士勋章"获得者的首肯，他们非常希望在银幕上看到有关这位伟大探险家的回忆录，这会是莫大的荣幸，也是真实性的保证。除了展示"圣玛利亚号"上的航海日志、船只、服饰、武器的复制品、古代工具和绞盘以外，一些特别制作的场景在众人的转述中成为电影精确性的例证。演职人员的阵容、电影筹备的周期，特别是《哥伦布》的拍摄成本，它们也作为真实性元素被记录了下来。《塞利格先驱报》鼓吹《哥伦布》是一部被全球教育界、媒体、神职人员和公众所认可的电影，影片讲述了文明开化的、人民耳熟能详的历史故事。塞利格在推广这部电影时的另一个创新是让公关人员哈利·科恩（Harry Cohen）乘飞机赶赴所有统一电影公司分部的办公室，在二十天之内掀起了全美范围内的《哥伦布》观影热潮。

在观看电影和与之相随的大张旗鼓的宣传之间，观众似乎感觉他们正在见证如数还原的真实历史。电影《哥伦布》栩栩如生，仿佛摄影机通过某种神秘力量被架设在了过去，视觉化再现了一去不复返的场景。与其他电影相比，从叙事角度而言，《哥伦布》是一部不可多得的佳作，它也极具教育意义，是"活历史"中的一个生动章节，在每一个可能的细节中都能做到真实、细致。相比之下，同时期拍摄的其他电影中并未出现可以与之匹敌的作品。正如塞利格打造的西部片和"丛林—冒险"电影那样，他通过《哥伦布》建立了清晰的美学标准，这影响了后来所有的史诗电影。《哥伦布》成为他孤注一掷、辛勤努力的成果。

就电影本身而言，它以哥伦布和他的儿子在岩石山坡跪下，对着一座坟墓进行祈祷的画面开始。在一家修道院里，哥伦布和支持他理念的传教士相遇了。然后场景转换到了战场的帐篷中，在那里伊莎贝拉女王会见了哥伦布。投降的摩尔人带来的消息打断了他们的交谈。然而自从那时起，哥伦布的神志就受到了教会其他神职人员的质疑。当"红衣主教"斐迪南二世和其他皇家法庭成员一起论证哥伦布的环球航行时，伊莎贝拉女王不惜拿出了自己的珠宝资助了他的这次环球航行。此时，画面中出现了一名神父引领着哥伦布和他的团队在"圣玛利亚号"的甲板上跪地祷告。当船只整日漂泊在海上并渐渐远离航向之时，哥伦布镇压了水手们的暴动行为。很快，哥伦布开始亲自掌舵，乘风破浪前行。当神父再次带领众人祈祷之后，三艘大船放下来了几只小船，划向热带海岸。哥伦布和他的团队在海岸上遇到了几名黑皮肤原住民。随后画面再次切回到皇家城堡，号手们吹响号角迎接哥伦布的归来，他带来了来自"新世界"的人民和物资，斐迪南二世和伊莎贝拉女王接受了他的礼物。然而在筵席之上，哥伦布却受到了一位客人的挑衅，于是他将鸡蛋轻轻磕立在桌子上来证明他的观点。几年过去了，在回到"新世界"之后，年岁已高的哥伦布被西班牙士兵软禁在茅草屋里。他被监禁、押送回西班牙，而印第安人则呼喊着与他道别。故事的结尾是哥伦布被软禁在一艘双桅船上，他已经彻底绝望了。

与早期默片时代发展出的电影叙事一样，这个故事有时令人非常难以理解。这部电影显然需要观众提前对哥伦布的一生有一定的了解，这和当今的电影完全不一样，比如《拯救大兵瑞恩》（*Saving Private Ryan*，1998）和《父辈的旗帜》（*Flags of Our Fathers*，2006），通过历史见证者的角度来讲述诺曼底登陆和硫磺岛战役，以克服叙事上的困境。在《哥伦布》一片的宣传上，塞利格也采用了类似《灰姑娘》的方式，工作人员在宣传材料中提供了《哥伦布》的故事大纲，可由演讲者跟随电影大声朗读出来，使观众更加熟悉整个故事。比如，对于那些不知道"哥伦布对于筵席间的挑衅做出了著名的回复"这一幕间字幕内涵的观众而言，故事大纲完整地讲出了这个关于"鸡蛋"的故事：

> 出于狭隘的个人嫉妒心理，一位侍臣询问哥伦布，是不是所有人在同样的情况下都可以发现他所找到的"印度"。为了回答这个问题，哥伦布随手拿起了一个鸡蛋，邀请那位侍臣来让这个鸡蛋"站立在"桌子上。遗憾的是，侍臣没能做到。其他人也用尽了各种办法，但是他们都失败了，没能让鸡蛋立起来。然后，哥伦布用鸡蛋的一端轻轻敲击桌子，打破了底端的蛋壳，最终使它"站了起来"。"每个人都可以做到。"侍臣大声呼喊起来。"但这是在我展示过这个方法之后。"哥伦布回答说。

其他幕间字幕如"哥伦布和女王在格拉德战场上会面，不过却被摩尔投降者打断"，这也是用来解释相应场景内所发生的故事。

位于印第安纳州的密歇根湖沙滩取代了圣萨尔瓦多，所以哥伦布把小船停泊在海港中，登上新大陆的场景只能从某个特定的角度来进行拍摄，即从沙滩拍向湖面。在整个拍摄过程中，摄影师几乎不能运用更加真实的反打镜头来将船只放入前景上，而哥伦布登陆印第安纳沙滩则被置于背景画面之中。

此外，《哥伦布》在片中融汇了电影和戏剧的双重元素。塞利格获取了真实的哥伦布航海日志，以及一些仿真的中世纪家具，不过该片的室内布景仍然用的是油画布景。在伊莎贝拉女王帐篷拍摄的那场戏中，我们可以透过门帘看到一大群动物和身穿戏服的群众演员在帐篷之外。这种电影和戏剧的并置无疑让当时的观众有点儿不太适应，但是影像的真实性显示出它在根植于舞台艺术的场面调度上又前进了一大步。

在三百五十名演职人员中，大多数人都需要穿上奢华的历史时装，模拟当时法国和意大利的服装，然而"新世界"的原住民则由白人化装成黑人来扮演，在视觉呈现上，他们更像是非洲人而非原始的美国原住民。考虑到此前教会和教育学者们对该片的认可，令我们难以置信的是，影片中竟然会出现一些印第安女性袒胸露乳的画面，这同样也塑造了允许在历史片中描绘非白人女性裸体的语境。

拍摄《哥伦布》期间正好是电影表演和导演风格的转型时期。这部电影不仅有直面摄影机／观众的戏剧式大胆姿势，也有一些细微的表演风格和镜头卡位。查尔斯·克莱瑞饰演的哥伦布，凯瑟琳·威廉姆斯饰演的伊莎贝拉女王，他们不对等的表演融汇了夸张的动作和细微的姿势，这可能也是他们出身于戏剧舞台的背景反映。那些装扮成"圣玛利亚号"船员和圣萨尔瓦多的印第安人演员，可能没有多少戏剧表演经验，他们的表演显然不那么华丽，不过这兴许正是观众喜欢的风格。为了提供更加真实、舒适的纵深感，导演奥蒂斯·特纳往往会从十分特

哥伦布乘船划向"新世界"的镜头

别的角度去进行拍摄，而不是采取以往直面摄影机的正面拍摄。他利用高角度俯拍来囊括前景和背景中的所有戏份，哥伦布站在甲板上和登陆的那些场景就是以这种手法拍摄而成的。当哥伦布站在甲板上寻找陆地海岸线的时候，特纳采用了壮观的推近摄影，这在 1911 年是非常罕见的运动镜头画面。

电影以引人同情的方式讲述了哥伦布的一生，这与他在生命的尽头以及后世所遭受的非议形成了鲜明对比，这种同情再次成为当时社会的一种潮流。电影结尾的幕间字幕是这样写的："圣萨尔瓦多的耻辱。"画面中的哥伦布戴着镣铐，脸上写满了灰心丧气。对于结局的设定，《哥伦布》还原了真实的历史，而不是采用虚构电影传记片的"幸福结局"。

《哥伦布》一片最独特的一点在于它突破了天主教下达的观影禁令。讽刺的是，虽然塞利格由保守的天主教父母抚养长大，但他却放弃了这一信仰，而大主教对于电影的首肯，其实是基于对梵蒂冈"红衣主教"和修女们的一种回应，这一时间远远早于他亲自观看这部电影的时间。虽然这部电影解放了天主教观众，但由于它的时长和成本，它需要在更大的场地展映，于是《哥伦布》成了五分钱影院消亡的重要因素之一。一位芝加哥放映商写信告诉塞利格，《哥伦布》一片大获成功，他加开的特别场一直持续到了午夜，这部电影打破了这间拥有上千个座位影院的观影纪录。他提出想要更多类似《哥伦布》这样的电影长片，以吸引各式各样的观众，提升这种新艺术形式的观感。虽然在接下来的时间里，电影在技术和美学上都发生了改变，但是《哥伦布》一直持续展映到了 1930 年。

由于《哥伦布》的成功，统一电影公司开始安排发行由 MPPC 成员常规制作的两卷和三卷电影，比如塞利格接下来制作的三卷长片《基督山伯爵》（*Monte Cristo*）就于 1912 年 10 月 14 日上映。与影片《双孤》类似，《基督山伯爵》是在之前佳作上的延展。这部电影改编自塞利格 1907 年在洛杉矶拍摄的电影，当时的导演是弗朗西斯·博格斯。导演柯林·坎贝尔将它改编成新的版本，在恩登戴尔片场以及南加州的外景地进行摄制。这部花费了一万五千美元的电影只有部分剧照被留存下来，从剧照中我们可以看出该片的室内场景都是特地搭建起来的，而外景地的选择也十分符合塞利格对于真实场景的一贯坚持。霍巴特·博斯沃思饰演基督山伯爵，配角由汤姆·杉奇、尤金妮娅·贝茜尔和贝茜·艾顿担当。

在美国，《基督山伯爵》为放映商和媒体进行了提前点映，然后于 1912 年 10 月 14 日正式上映，而它的国际上映日期则是在 1913 年 1 月上旬。一位英国评论家观察到：

> 任何布景师都别指望通过人工道具来达成这部电影的完美布景。我们可以看到每一个场景都和自然环境产生了互动……没有什么比描述基督山伯爵在地牢中的悲惨遭遇更写实的了，这在任何电影中或舞台上都是未曾被尝试过的。

从英国北部到中国上海，虽然影片有这些重要的评论和广泛传播的成功广告，但是塞利格重新拍摄的《基督山伯爵》很快就变成了他职业生涯中遭致麻烦最多的一部作品。纽约东部下城区有一家德兰西街剧院，在塞利格电影首映当晚，埃德温·S.波特就坐在这家剧院的观众席中。波特因导演《火车大劫案》而闻名遐迩，毕竟这部电影是默片时代最受欢迎的美国电影之一。不过遗憾的是在这之后，他再也没能复制自己在商业上取得的巨大成功或是电影上的创举。然而，这部电影划时代的巨大利润对于曾是一位裁缝的影院经理阿道夫·朱克也已经足够了，于是他雇用了波特作为他在 1912 年下半年所成立的电影公司的导演，这家公司就是后来的名角公司。朱克和波特选择了《新基督山伯爵》（*The Count of Monte Cristo*，1913）作为他们的处女作，并且对于塞利格大张旗鼓宣传的电影毫不知情。自 1883 年起，詹姆斯·奥尼尔（James O' Neill）持续不断地在五千多部话剧中饰演过基督山伯爵，此次他被名角公司聘请再次塑造该人物。一家位于纽约西 26 号大街的古旧军工厂被匆忙改造成摄影棚，而《新基督山伯爵》也马不停蹄地进入了摄制阶段。据说，当波特出席塞利格的《基督山伯爵》电影首映之夜时，他的电影也即将发行上映。

仿佛是为他们的处女作《新基督山伯爵》造势一般，名角公司对塞利格展开了诉讼，控诉他侵犯了他们所拥有的《基督山伯爵》的戏剧版权，该版权归詹姆斯·奥尼尔所有。塞利格并没有让统一电影公司撤下他的电影，而是投身这场官司中，并且在纽约州最高法院上为自己辩护，定名为"詹姆斯·奥尼尔对抗统一电影公司"。奥尼尔称自己在 1884 年 6 月 15 日买下了大仲马《基督山伯爵》的英文戏剧版权，该戏剧版本由查尔斯·费克特（Charles Fechter）和亚瑟·雷勒克（Arthur LeClercq）在 1870 年到 1871 年间写作完成。然而，奥尼尔并没有他所宣称的交易回执单或是任何文件副本。奥尼尔曾在其他地方宣称，直到 1887 年 8 月 31 日，他才真正获得了《基督山伯爵》的戏剧版权，于是他在诉讼案中做出了让步。作为名角公司的代表，奥尼尔控诉塞利格的《基督山伯爵》抄袭了他的戏剧剧本，其并非直接改编自大仲马的作品。他甚至还抱怨说，这些电影以低廉的价格进行展映，在所有的展映场所中，票价大都在五到二十五美分之间（不过他并没有提及朱克和其他美国本土放映商都是以相同的电影票价进行售卖的）。

1912 年 11 月 16 日，埃德温·S.波特承认，《新基督山伯爵》在首映了一个月之后，仍然在曼哈顿放映。根据波特的说法，塞利格出品的《基督山伯爵》与戏剧版本之间最大的相似点在于丹特斯在逃出监狱，爬上一块岩石时，大声喊出"世界是我的！"这句话。波特注意到，在大仲马的原著中，丹特斯在爬上石头之后便睡着了，而这句"世界是我的！"的呼喊只在奥尼尔所持有的戏剧版本中出现过。

为塞利格出庭作证的是影片《基督山伯爵》的编剧约翰·普力拜和导演柯林·坎贝尔。普力拜力证塞利格的电影在本质上改编自大仲马的原著小说，他认为"自从1844年小说出版以后就出现了无数戏剧版本，电影《基督山伯爵》则根据现有的多种版本进行了很多改动"。随后，柯林·坎贝尔证实了普力拜的证词，他对于"世界是我的！"这句台词的认知来源于"我在公开场合看到的《基督山伯爵》戏剧表演的海报和印刷品"。塞利格还在庭审期间呈送了一份坎贝尔撰写的分镜头脚本的副本，以及一份将它和奥尼尔所持有的戏剧版本之间进行详细对比的文件。

经过将近三年的"马拉松"诉讼和未被透露的律师费用，纽约州最高法院最终于 1915 年 10 月 15 日做出了判决，法官认定奥尼尔合法拥有大仲马原著《基督山伯爵》的戏剧版权，任何看过影像表演和熟悉（奥尼尔）版本的见证者都可以轻易地辨认其相似之处，《基督山伯爵》与《基督山伯爵》戏剧版中的故事近乎以相同的序列呈现在观众面前。塞利格透镜公司与统一电影公司需要对奥尼尔以及名角公司所造成的"损失"做出赔偿，法庭要求塞利格版本的《基督山伯爵》

必须立即在影院下线，并销毁所有胶片。这份针对塞利格的判决意味着他再也不能重新发行《基督山伯爵》了，这部电影也将无法传递到未来几代人的手中。

就在名角公司控诉塞利格和统一电影公司的同时，他们还宣称塞利格出品的《基督山伯爵》所造成的不公平竞争致使他们无法发行自己的版本。然而，就连朱克自己也非常清楚他的《新基督山伯爵》根本无法与塞利格的版本相抗衡。艾莲·鲍瑟注意到波特的导演风格非常老派，他会让詹姆斯·奥尼尔直面观众，观众非常轻易地就猜出来他接下来的动作和姿势。查尔斯·马瑟对艾莲·鲍瑟的这一说法表示非常赞同，在他看来，奥尼尔的表演风格及布景都与当时流行的现实主义概念非常不搭，显得十分过时，就算把它搬到戏剧舞台上进行演出，《新基督山伯爵》也显得缺乏新意。《新基督山伯爵》终于在1913年在全美上映，不过它只收获了一点点注意力，遗憾的是，就连当时的商业杂志也对它提不起兴趣。不过很显然，阿道夫·朱克的广告至少还能为他"发展中的帝国"争取一些曝光度。

虽然塞利格的《基督山伯爵》在商业和舆论上都获得了巨大成功，但是巨额的律师费和法庭裁断所带来的损耗致使塞利格出现了严峻的金融危机。朱克显然是在刁难塞利格，因为他也曾是MPPC仅有的三名成员之一，他曾一度为自己投票，请求统一电影公司发行《伊丽莎白女王》一片。

塞利格并不是当时唯一一位摄制叙事长片的电影人，一些欧洲电影人也投身于发展类似的电影美学之中。意大利电影由塞利格的好友乔治·克莱恩（George Kleine）进口到美国，并且获得了巨大成功，强烈地影响了美国电影人。在纽约阿斯特剧院进行了首映之后，八卷长的巨制《君往何处？》（*Quo Vadis*，1912）被《纽约戏剧镜报》称赞为"大师之作"，虽然它被中场休息拆分成了三部分进行放映，不过这完全遵循当时剧院中"合法"的戏剧惯例。意识到《君往何处？》在叙事和视觉上的复杂性，《影像杂志》写道："试图用任何方式缩短《君往何处？》的时长都是一种亵渎……电影长片是十分必要的，它是进步的必然过程。不断拍摄重量级电影作品能解决电影在发展之路上的问题。"有证据显示，随着票房的增长，观众显然开始对娱乐电影长片的质量有所期待。在一众意大利电影在美国放映了十八个月之后，《庞贝城的末日》（*The Last Days of Pompeii*，1913）、《克莉奥帕特拉》（*Cleopatra*，1912）和《君往何处？》为乔治·克莱恩带来了一百一十八万三千四百二十八美元的巨额利润。在对一些五分钱影院经理进行调查之后，《影像杂志》敏锐地捕捉到："在这些电影上映之后，观众迫切地希望看到比现有电影长度更长的电影，这种需求已经被培养出来了。但是也有证据显示，对于放映商而言，电影长片并没有掀起多大的关注度……他们中的大多数仍然更喜欢单卷电影。"D. W. 格里菲斯受到了意大利电影巨制在长度和内容上的启发，他无视传记公司高层们的警告，拍摄了人生中的第一部电影长片——《贝斯利亚女王》（*Judith of Bethulia*，1914）。

塞利格用实际行动对意大利电影人进行了回应，他所进行的拍摄工作将会从根本上重新定义美国电影，这一定义一直延续到了二十一世纪——时长两小时左右的电影长片。通过这种形式，塞利格旨在拓展他的观众群和边际效益，与此同时，他也让公众普遍认为电影是与文学、戏剧一样的艺术形式。由此，塞利格开始寻找可以改编成电影长片的著名文学作品版权。他对于美国作家写的美国故事尤其感兴趣。

他开始同时与两位他大加赞赏的当代美国作家商讨改编事宜。

第一位作家就是杰克·伦敦。1911 年春天，当演员悉尼·艾尔斯（Sydney Ayres）在恩登戴尔片场完成他的处女秀之后，艾尔斯说服了杰克·伦敦，他可以凭借他的小说《海狼》（*The Sea Wolf*）与公司签下收益丰厚的合约，并且可以由他本人担当主演。艾尔斯也和弗朗西斯·博格斯提过这个想法，不过却遭到了拒绝。毫不退缩的艾尔斯和杰克·伦敦继续与新成立的公司保持联系，他们想要制作一系列由小说改编而成的电影，但是他们的尝试彻底失败了，一部分原因在于艾尔斯自不量力地想当导演和制片人。杰克·伦敦对艾尔斯失去了信心，决定直接和塞利格达成新的协议。在经过数月的商讨之后，双方于 1913 年 7 月底达成共识，但是杰克·伦敦却突然告知塞利格，他已经接受了"洛杉矶当地赞助者的提议……他们会马上开拍新电影"。这些和杰克·伦敦达成协议的"洛杉矶赞助者"的领头人正是霍巴特·博斯沃思，他的计划以往无人理睬，而这无疑是在往塞利格的伤口上撒盐。

塞利格接触的第二位美国作家是雷克斯·比奇（Rex Beach），流行小说《破坏者》（*The Spoilers*）的作者。1913 年 6 月，塞利格和比奇达成协议，决定将《破坏者》翻拍成电影。他们还决定聘请百老汇明星威廉·法纳姆（William Farnum）担当主演，这一决定似乎也让博斯沃思强大的自尊心受到了伤害，最终致使他离开了塞利格，与另外两名资金雄厚的合伙人一起开了一家电影公司。博斯沃思无疑猜中了塞利格企图拍摄电影长片的野心，所以狡猾地和杰克·伦敦签下了令他无法抗拒的协议，最终使他单方面与塞利格解约，并且匆忙赶制了影片《海狼》（*The Sea Wolf*, 1913）。博斯沃思后来也承认，他最初曾被塞利格委任主演《破坏者》（*The Spoilers*, 1914）一片，但他却单方面背叛了塞利格并离开了公司，塞利格还反过来祝福他成功拍摄了"美国第一部长片巨制"。然而，现存的文献却都认为这只是一个虚荣电影人的搪塞之词。不管怎样，塞利格拍摄的《破坏者》都让电影朝着更好的方面发展了，就当代电影的评判标准而言，无论是从时长还是内容上而言，《破坏者》才是第一部真正意义上在美国摄制的"电影长片"。

小说《破坏者》的初版发行于1906年，很快它就成了一本畅销书。虽然《纽约时报》认为"比奇先生并没有什么特别出彩的地方"，但是它也承认《破坏者》讲述了"一个好故事，言简意赅地写出了他的进取心"。1907年，比奇和一位同事将小说改编成了话剧。这个戏剧版本在美国的一些小城市非常卖座，但是在百老汇却惨遭失败，至少在《时代周刊》的批评家看来是这样的。这部小说中含有大量动作戏份，比如水手们从蒸汽船上奋勇逃脱、金矿爆炸和一群士兵在人生首次打架中以一方胳膊的断掉而告终……由于这些场景无法被真实地还原在舞台上，比奇在话剧中大幅度缩减了动作戏，并加入了许多对话场景，用《时代周刊》的话来说就是："在枪林弹雨之中，并未出现爆炸后的粉末或是烟雾。"

塞利格意识到动作电影远比经典戏剧更适合改编以动作为驱动的情景剧，这种改编也从一定程度上提升了这些小说。就电影类型而言，《破坏者》满足了塞利格在艺术上的所有追求——企图打造一部能与流行文学和戏剧相媲美的电影。更加重要的一点在于，那些熟悉小说和戏剧的读者／观众也非常乐于该片的拍摄。最终，塞利格获得了《破坏者》的版权，并且支付了一笔不便说明的"破纪录版权费"，其中包括将部分利润分给比奇。在宣传上，塞利格将这部电影描述成"最撩拨灵魂的美国生活剧……热血男女的情感故事！"

塞利格的电影忠实于比奇的原著小说。健壮的格莱尼斯特和德克崔休假之后再次回到阿拉斯加，他们是诺姆地区最大的金矿迈达斯的共同持有者。他们曾经从一伙恶棍的手中救下了一个名叫海伦·切斯特的漂亮女孩。不过如今的海伦正代表她病重的叔叔和他的同伴——政界要人麦克纳马拉，将一份重要文件呈交给一位律师。这一切都要从格莱尼斯特想要强迫海伦和他发生关系，但是海伦断然拒绝了他说起。在诺姆，海伦天真地将文件交给了一名律师，这份文件中暗藏着一个天大的计划——如何将金矿从它真正的主人手中夺去。这个计划是由她的律师叔叔（一位诡计多端的法官）、麦克纳马拉以及他们在华盛顿的共谋者一起密谋的。格莱尼斯特和德克崔知晓了这个阴谋，舞厅老板娘彻里·马洛特为格莱尼斯特拿来了火把，在她的协助下，他开始计划重新夺回迈达斯金矿。当海伦得知这一计划时，她不惜冒着生命危险去破坏它，与此同时，她也和格莱尼斯特坠入了爱河，这令麦克纳马拉非常恼火。后来，格莱尼斯特引爆了金矿，这令那些"阴谋家们"无法再靠它获利，他甚至还与麦克纳马拉大打出手，影片最后以格莱尼斯特折断了麦克纳马拉的胳膊而告终。

塞利格通过原著作者的知名度来提高公众对该片的关注度，"《破坏者》，雷克斯·比奇"的字样甚至出现在了电影的开场字幕中。不过，编剧的名字并没有出现在开场的演职人员表中，《破坏者》的剧本其实是由塞利格旗下的编剧拉尼尔·巴特莱特所撰写的，他非常聪明地选择了贴近原著小说，而没有向戏剧版本靠拢。在整个改编过程中，比奇参与了故事情节的设计以及阐明一些非主要角色的动机等环节，他甚至还提供了一些诺姆矿区的照片，这些照片拍摄于世纪之交，有助于塞利格真实地再造阿拉斯加的地理环境。

塞利格旗下一流的导演柯林·坎贝尔被选中拍摄《破坏者》。该片的演职人员几乎囊括了塞利格旗下所有的长期演员。不过这其中也有一个例外，那就是威廉·法纳姆，他当时是百老汇最受欢迎的戏剧演员，曾经在舞台剧《宾虚》（*Ben Hur*）中担任主角。

《破坏者》一共花了八周时间被拍摄完成——从 1913 年 7 月一直拍到了 9 月的第一周。影片中的许多室内场景都是在塞利格的恩登戴尔片场拍摄完成的，由阿尔文·威科夫（Alvin Wyckoff）掌镜，他的"伦勃朗式打光"被错认为是其为塞西尔·B.戴米尔拍摄电影时才初次运用的。精心设计的建筑环境准确地描绘出世纪之交时诺姆地区的主要街道，它们在弥生路动物园以及外景地中被建造起来。靠近圣佩德罗的海港则被视作诺姆的海滨。在这部电影中，给人们留下深刻印象的场景当属迈达斯金矿，以及矿区内的建筑物，它们在洛杉矶北部崎岖的山区上被搭建起来。然而，为了建造圣费尔南多地区新的蓄水池，这片区域很快就被淹没了，它也成了为洛杉矶市内供水的三十八万米以外的引水渠的一部分。《破坏者》一片的总成本共计两万三千美元。

塞利格特意在富丽堂皇的斯特兰德影院开业当天首映《破坏者》，这是纽约第一家电影院。斯特兰德影院坐落在时代广场附近的百老汇，可以容纳近三千五百名观众，它由塞利格的好友罗瑟波斐尔经营管理。美国电影不仅在形式和内容上引领了世界影坛，在电影的展映方式上同样独领风骚。在对这座新影院的评价中，《电影世界》宣称："斯特兰德影院对于整个电影工业而言确实意义非凡，业内人士竟然会为了他们对未来电影的信念而打造出这样一座富丽堂皇的观影场所……在这座影院中，高质量的电影将会被淋漓尽致地展现出来，它无愧于电影艺术的理想殿堂。"

1914 年 4 月 11 日，《破坏者》在纽约举行了首映仪式，影片不仅吸引了"那些建议晚上该去看歌剧而不是电影的'社会名流'们"的注意，同时也吸引了那些"视电影为唯一最爱的狂热粉丝的注意力"。《电影世界》的批评家还注意到，塞利格在《破坏者》放映前设置了一个短篇展映环节，在这期间大多数观众的表现都非常典型，他们高谈阔论着剧情的发展、演员的表演以及导演风格。当《破坏者》正式开始放映之后，喧哗的评论声瞬间消失了。

从开场画面开始，《破坏者》就将自己定位成与众不同、前所未有的电影作品。演职人员表以独树一帜的方式呈现在银幕之上。威廉·法纳姆身着戏服，站在一片黑色的背景前，镜头的取景框如同现实生活中的视界一样真实。在取景框的下方标注着他所饰演角色的名字，罗伊格莱尼斯特，再下面是法纳姆自己的名字。法纳姆从容不迫地在景框内自由移动，他首先面向两侧微笑，然后直面观众。每一位主要的演职人员都以这样动态肖像的方式向观众进行介绍，《破坏者》像一件艺术品一样被展示在观众面前。更进一步来说，这是一种动态的、活生生的艺术——电影。

随后，威廉·法纳姆的影像渐渐淡出，转化为贝茜·艾顿所饰演的天真无邪的少女海伦·切斯特。这种切换方式不免有些不协调，两个镜头中都有电影取景框和胶片外框，所以艾顿在镜头中的站位和法纳姆一模一样，看上去就像是从威廉·法纳姆直接变成了贝茜·艾顿。同样的效果后来也出现在了故事当中，格莱尼斯特十分思念海伦，法纳姆选择了一种尴尬的尝试来演绎角色的内心戏，并解释出他闷闷不乐的原因。

美国第一部时长两小时的电影长片

凯瑟琳·威廉姆斯饰演彻里·马洛特，惠勒·沃克曼（Wheeler Oakman）饰演了牛仔男孩，这两位演员的动作幅度都特别大，他们身上体现出了十九世纪舞台剧的非写实风格。罗伯塔·皮尔逊（Roberta Pearson）认为，这种极具"历史意味"的表演在早期电影中十分常见。这种风格是"反身性的、有意识的戏剧化表演，演员本人已经充分意识到了观众的存在"。这样的表演方式使演员压力巨大，他们甚至还需要充分伸展四肢进行表演。在拍完《破坏者》之后（并未上映），凯瑟琳·威廉姆斯已经成为影坛巨星，这无疑要感谢她在"凯瑟琳的大冒险"系列片中所饰演的角色。《电影世界》观察到，在《破坏者》的纽约首映仪式上，当威廉姆斯在银幕上出现之时，观众热烈鼓掌，她是唯一一位获得如此反响的演员。讽刺的是，在电影放映过程中，威廉姆斯直面镜头／观众的表演方式分散了观众的注意力，这与其他大多数演员的细致表演形成了鲜明对比。

电影叙事基于对小说的忠实改编，影片中的一些幕间字幕甚至逐字引用了小说中的关键对话。开场的幕间字幕是"格莱尼斯特和彻里·马洛特断绝关系"。这种幕间字幕的形式宣告了接下来将要发生的事情，这在默片时代的电影中非常常见，虽然它往往也会在一定程度上削弱了随后出现的悬疑或是惊奇时刻。就改编本身而言，虽然观众很清楚整个故事剧情，但这部电影仍有再现效果，再次彰显了它对原著小说的忠诚。

开场画面是高于头部的双人特写镜头。接下来是同一镜头的反打画面，虽然观众乍一看特别难以界定，但是因为这一反打镜头是一个广角镜头，而且角色的站位并没有那么精准，所以观众仍可以界定这是前后衔接的两个画面。这种断裂可以说明在 1913 年，镜头衔接的连续性并没有那么精确，但是在影片《破坏者》中，仍然出现了一个比较精确的反打镜头。

塞利格是运用摄制素材来打造真实环境的先锋，他借助于幕间字幕来介绍另一个序言式的场景——华盛顿。在这个场景中，一群衣冠楚楚的男人围坐在桌子旁抽雪茄，剧情发展到后来观众才会知道他们是反面角色。一幅林肯的画像挂在这间小房间的墙上，从而形成了一种反讽，因为这些面目可憎的男人是政治阴谋家，他们又被称为这个故事中的"破坏者"。

影片开场后不久，一个小角色警告格莱尼斯特，当麦克纳马拉来诺姆的时候一定要提防他。对于电影而言，这是一次重要的改编，在小说中，这个信息是直接传递给格莱尼斯特的老搭档德克崔的。这第一次暗示了德克崔的角色在很大程度上被削弱了，影片聚焦于格莱尼斯特，使其成为故事中的中心人物。虽然塞利格在以往拍摄电影时总是使用替身演员，但在《破坏者》中他却没有使用任何替身演员——贝茜·艾顿从蒸汽船上一跃跳入海中，游向圣佩德罗海港，以及法纳姆的打斗戏份等，都由演员本人出演完成。

格莱尼斯特、海伦和德克崔走在诺姆街头的场景显示出布景师对小镇的真实重现，以假乱真地骗到了《蒙特利尔明星》（*Montreal Star*）的一位评论家，他认为这些场景是在当地真实拍摄的。这些建筑看上去早已饱经沧桑，不像后来主宰好莱坞外景地的虚假油画立面布景那样。街道恰到好处地非常泥泞，映衬出春天的雨季，这是故事的基本元素之一。此外，这个小镇上还遍布着群众演员，所有人都穿上了量身定做的戏服，更为重要的是，他们会非常贴近生活地穿梭在镜头之中。这些仿真场景的建构无疑增强了群众演员的可信度，对于当地的环境和故事内容而言也非常合适，这是导演柯林·坎贝尔的标志性成就之一，这个经典案例经常拿来与 D. W. 格里菲斯编排群众演员的技巧进行对比。

迈达斯金矿的画面构图非常复杂。统览性的画面非常紧凑，摄影师用三人的特写镜头展示出站在斜坡下的格莱尼斯特和他的伙伴。影片中的大量场景都是以这样紧凑的构图展示出来的，直到格莱尼斯特得知麦克纳马拉通过非法途径接管了他的金矿。格莱尼斯特走出镜头，画面随即切换成了广角镜头，观众可以看到整个金矿的状况，甚至还包括远处山脊上的五座建筑，山脚下面则是由木制水槽连接而成的巨大网络，大约有五十名工人在矿山挖矿。一年之后，D. W. 格里菲斯在《一个国家的诞生》中展示了众多电影语言的组成要素，他在影片开场时就呈现出了一个全景镜头，这种手法后来成了一种习惯。然而，《破坏者》中这个介绍矿区的全景镜头有着非常巧妙的构思，呼应了格莱尼斯特的失去之物。

影片《破坏者》中的每一场戏都是比奇原著小说中一个完整的章节，在《破坏者》广泛传播的海报上印有这样一句话："实际上，小说中的一场戏只能浓缩成电影中的几分钟。"所以，当彻里和牛仔男孩密谋要在菲罗纸牌游戏中出老千，骗走格莱尼斯特的钱时，影片在高潮部分仅仅保留了彻里的戏份。正如艾莲·鲍瑟所说的那样，这些情节让我们看到了剧情切分的传统，这与后来的经典好莱坞风格非常接近。影片高潮部分的这一场戏极其复杂地融汇了广角、特写和大特写镜头，以营造纸牌游戏中的紧张感，阿尔弗雷德·希区柯克（Alfred Hitchcock）后来的悬疑风格可以追溯至此。

酒吧内的场景反映出塞利格对于真实细节的重视。与同时期的其他电影相比，影片《破坏者》中的布景显然比其他电影更加真实地展现出世纪之交时酒吧的面貌——大厅十分狭长，二楼的投注站挂着帘子，我们可以在那里看到赛马的信息。房间的另一边是一个舞台，舞台上面合唱的姑娘和黑人歌手正在尽力娱乐那些坐在桌子旁的观众。

迈达斯金矿被炸的一幕堪称奇景。建筑和矿石都被格莱尼斯特炸飞了，以制止麦克纳马拉以及其他破坏者从金矿里挖金子。建筑物的爆炸是从一个很远的地方通过长焦镜头拍摄的。这个镜头是整部电影中为数不多的一个摇摄镜头（全片一共两个摇摄镜头），在爆炸发生之时，摄影机在金矿和金矿周围的空地上移动着。这个镜头展现了令人惊喜的精准编排，摄影机的运动与每幢建筑物按顺序几乎同时引爆。有一位见证了这一场景拍摄的新闻记者是这样描述的：这是由塞利格亲自监制的画面。最高的建筑在屋顶上标有"迈达斯1"，它的引爆跨越了几个独立镜头，虽然由于发生得太过突然而使观众无法完全捕捉到整个画面，然而，这次最初的尝试几乎与好莱坞后来的烟火特技效果一样好，最重要的是，这场爆炸是真实发生的。

《破坏者》中最令人难忘的情节是在电影高潮段落中，格莱尼斯特和麦克纳马拉之间的打斗。据当时的一些评论和报道而言，在此之前观众从未看到过这样精彩的打斗场面。几年以后，汤姆·杉奇回忆道，导演坎贝尔让他和法纳姆竭尽全力地投入到打斗中，因为这场戏只拍摄一次，但是会用上多台摄影机。遗憾的是，摄影机的拍摄角度并没有那么多样化，于是这个场景还是时不时就要停下来重新拍摄，从而致使这个长镜头中出现了多次跳剪。最终呈现出来的打斗效果，恐怕只有让-吕克·戈达尔（Jean-Luc Godard）才会对其大加赞赏。

《破坏者》在全美的大小报纸上都受到了评论家们的赞誉。《纽约剪报》认为"塞利格发现了新的艺术形式（电影），功不可没，在美国具有举足轻重的地位。他的电影在长度和质量上都胜过了美国本土的其他电影"。事实上，其他评论也众口一词，《迪比克电讯先驱报》（*Dubuque Tel.–Herald*）称"《破坏者》是前所未有的、最伟大的美国电影"；《万塞纳商报》（*Vincennes Commercial*）认为"《破坏者》是美国电影史上最棒的作品"；在《普罗维登斯论坛晚报》看来，"《破坏者》毫无疑问是迄今最棒的电影。"许多报纸的广告版都将片中主演们的画像画在了手绘的星星里，这种形式后来成了广告营销中"全明星"阵容的雏形。

《综艺》杂志声称，这部电影在斯特兰德影院第一周上映时就获得了九千美元收入，电影票价从十到二十五美分不等。根据《休斯顿纪事报》（*Houston Chronicle*）中刊发的广告显示，总共有十七万两千名观众在上映的前两周赶到斯特兰德影院观看了《破坏者》一片。一些媒体还预估说，待电影上映到第二周时，大约会有五万名观众在旧金山的波托拉影院观看这部电影，这家影院当时刚刚被业内的知名发行商索尔·勒瑟尔（Sol Lesser）买下了。在电影下线之前，《破坏者》又回到了波托拉影院进行第二次延展放映，它还在洛杉矶的克卢恩大剧院（Clune's Auditorium）单独展映了三次。1914 年的圣诞节，在《旧金山纪事报》（*San Francisco Chronicle*）的资助下，这部电影为福尔松监狱的一千六百名犯人进行了放映活动。1915 年 1 月 1 日，《洛杉矶时报》报道称"D. W. 格里菲斯的《大逃亡》（*The Escape*，1914）和塞利格出品的《破坏者》成了目前电影人致敬的主要对象"。

除了在美国本土大获成功以外，《破坏者》一片也在海外好评不断。1914 年年底，《破坏者》在缅甸仰光上映，1915 年在新加坡的人民电影放映大礼堂和歌舞剧院上映，1918年初则在上海的阿波罗剧院上映。塞利格的伦敦代理人在第一次世界大战之前轮流展映了十一份《破坏者》的拷贝版本，直到战争把这一切都叫停。塞利格后来说，如果他在《破坏者》之后就马上结束自己的职业生涯，那么他将富足地过完他的一生。

显然，塞利格出品的《破坏者》超越了原著小说和戏剧版本。有人甚至引用了雷克斯·比奇的原话来证明这一点，他情不自禁地认为"《破坏者》一片的内涵远远超越了文字世界的表达"。一位俄勒冈州波特兰的观众真诚地称颂，影片中的剧情如同真实发生在舞台上的表演一样。《旧金山纪事报》声称："《破坏者》稳扎稳打地争取到了自己的位置，成为最伟大的电影之一……这在很大程度上得益于塞利格，像他这样优秀的人才能创造出如此精彩绝伦的作品。"《电影世界》则认可了完整放映而非拆开放映的行为，虽然后者曾一度被认为是不成文的行规。《电影世界》认为，虽然在阅读《破坏者》之时，你完全可以暂时放下这本书，稍后再回来继续阅读，但是如果你观看的是电影版本，你完全不可能这样去做。

《破坏者》一直为人瞩目，不仅是因为它前所未有的两个多小时的长度，还在于它的影像和创意都是美国制片史上的首次尝试。就其本质而言，《破坏者》故事的核心是关于"改变"二字的：文明力量如何将一个无法无天的偏远社区变成遵纪守法的社会，为当地追寻梦想的居民提供机会和保障。在某种意义上，塞利格的制片起到了对电影观众文明开化的作用，得以让观众在更大的空间中观赏电影。从那之后，再也没有观众到路边的五分钱影院观看电影短片了，他们会在富丽堂皇、专为电影打造的影院中欣赏史诗长片。《破坏者》吸引了大量中产阶级观影者，观众对影片的赞赏之情无疑是超越国界的，它让全世界观众看到了美国梦。

《破坏者》的品质使它与此前拍摄的其他电影区分开来，因为它彰显了当下史诗级美国故事的写实主义。尽管是在一个多世纪以后，这部电影中的大部分场景仍然看上去很真实，无论是三维的风化布景，还是服装，抑或是各式各样的选景和金矿爆炸的真实场面。D. W. 格里菲斯的经典之作《一个国家的诞生》在一年之后上映，它的成功在很大程度上是基于《破坏者》对电影观众的改造。

维切尔·林塞（Vachel Lindsay）是美国早期的电影理论家之一，他在 1915 年指出《破坏者》是最完美的"动作片"，他认为这类电影是默片时代最寻常的类型之一。有趣的是，正如威廉·K. 艾弗森（William K. Everson）在他对西部片先锋史的论述中所提到的那样，他认为《破坏者》是一部彻头彻尾的西部片，并将其归类为"早期尤为成功的西部片之一"。不过，《破坏者》并不是一部西部片，考虑到它的故事背景，将其分类至"北部片"名下可能更为合适，就像后来的《北国寻金记》（North to Alaska，1960）一样。为了避免类型化的标签，丹尼尔·布鲁姆（Daniel Blum）在 1953 年简单地将这部电影称为"电影史上的一座里程碑"。

为了适应塞利格和其他人所拍摄的电影长片，电影放映机也被重新设计，以承载更多胶片。大多数影院老板被迫购买了他们的第二台放映机，这样电影在放映时才不会因为更换胶片而被打断。同样受到影响的还有电影放映的场所，由于多卷长片的制作成本高昂，影院经理也需要为放映它们而支付更多的钱。五分钱影院的经理们已经习惯每天都更换他们的排片表，如今他们已无力购买昂贵的长片，所以五分钱影院将电影长片让位给空间更大、更雅致的电影院进行放映，这些影院可以通过更持久的放映期来弥补其胶片的租赁费用。《破坏者》的成功使其他制片人（特别是美国第二代电影人）开始模仿它的九卷形式。到了 1914 年上半年，D. W. 格里菲斯通过缪切尔公司（Mutual）发行了六卷长的电影，环球影业则组建了特别长片部门，以制作四到六卷的电影长片。1914 年年底，派拉蒙影业公司、华纳兄弟影片公司和二十世纪福克斯电影公司都发行了五卷长片。

由于《破坏者》的成功和影响力带来了诸多市场反响，人们推测塞利格将在电影发行业中坚定地走下去。事实上，这部电影在 1913 年 9 月底就已经可以上映了，但塞利格却有意推迟了七个月，直到 1914 年 4 月才上映该片。塞利格本人在是否拥有足够多的观众支持两小时长的美国电影这个问题上似乎没有那么自信。因此，他有意推迟了《破坏者》的上映时间，并且开始尝试另外一种可能性，从而为发行更长的多卷故事片做足市场准备——电影系列片。

1912 年下半年，传记公司将《女性世界》（*Ladies' World*）杂志上的一个系列故事改编成了电影。"玛丽故事"（*What Happened to Mary*，1912）系列片的每一部影片在影院上映时，以剧情为梗概的故事都会同步刊登在杂志上。这部系列片共有十二部，它并没有有机组合成一部真正意义上的系列片，因为每一部影片的剧情都是独立的。这让人们联想起法国在 1913 年 4 月上映的"千面人方托马斯"（*Fantomas*）系列片，这是一个由三部电影组成的犯罪故事，由高蒙公司负责发行，后来它被誉为"第一部真正意义上的电影系列片"。不过影史学家对于这一殊荣到底应该给谁至今仍然存在着很大争议，一部分影史学家认为，这一殊荣恐怕更应该归属塞利格的"凯瑟琳的大冒险"系列片，它在 1913 年 12 月就进行了首映。

　　受到"玛丽故事"系列片及其同期公开出版物的启发，塞利格以此为基础策划并制作了他自己的多卷故事片：以动作戏为驱动，将发生在危险丛林中的故事以系列片的形式有机串联起来，每一部电影的最后都是悬念的最高潮，往往是生死攸关的时刻。1913 年 8 月上旬，塞利格指导吉尔森·威列茨撰写了一个发生在印度丛林中的两卷系列冒险电影，应邀出演该片的则是他旗下最受欢迎的女明星凯瑟琳·威廉姆斯。在 1911 年加入塞利格的编剧团队之前，威列茨曾游走过俄国、芬兰和瑞典，他一度是《当代文学》（*Current Literature*）和《罗曼史杂志》（*Romance Magazine*）的编辑，并且还为《科利尔斯》（*Colliers*）报道过美西战争，他的足迹遍布了印度的大部分领地。此外，他在《莱斯利周刊》（*Leslie's Weebly*）供职期间还曾骑马穿越了墨西哥，在《铁路工杂志》（*Railroad Man's Magazine*）工作之时，他的报道涉及美国的每个州。因此，他是撰写首部美国冒险系列片剧本的最佳人选。威列茨命令酒店将一日三餐送到他的房间里，并且切断房间的电话信号，这样他可以尽力在最短的时间内完成十三集剧本的创作，每一集会令他获得一百美元的报酬。在威列茨的剧本中，有很多地方都参考了 E. B. 麦克道尔在印度所拍摄的纪实片，这些素材最终被穿插在故事之中，并成为人物和服装设计的基础。这部系列片唯一留存下来的单卷胶片还显示出威列茨对塞利格动物园的充分利用。

　　故事的主角凯瑟琳·黑尔是动物狩猎者黑尔上校的女儿。黑尔上校曾经在豹子袭击阿拉哈国王时救下了国王，因此而获得了"胜者"的称号。在黑尔上校前往阿拉哈完成神秘使命之后，凯瑟琳接到消息称她的父亲正在召唤她过去。于是，她离开了加利福尼亚的家中抵达了阿拉哈。她在路上遇到了乌巴拉哈，他是一个有权有势、贪得无厌的印度人，他告诉凯瑟琳她的父亲和国王都已经死去了。无论凯瑟琳如何反对，她都将被迫戴上皇后的皇冠，并且即将要嫁给乌巴拉哈。凯瑟琳尽力拖延举行婚礼的时间，并且释放了一位受冤入狱的囚犯和他身为奴隶的妻子。为了报答凯瑟琳的恩情，他们成了凯瑟琳最忠诚的伙伴。在此期间，她也和一位美国运动员布鲁斯成了好朋友。在二十七卷长的系列片中，凯瑟琳和她的朋友们被狮子、老虎、豹子、狼、狒狒和大象轮番攻击，混战发生在各种地方——丛林、沙漠、运动场以及国王的宫殿里。威列茨的叙事反映出那个世纪盛行的种族态度，比如，在第二章节中，凯瑟琳通过"盎格鲁 – 撒克逊人借助控制棕种人的自然电力"来霸凌原住民，而在第六章中，凯瑟琳和布鲁斯通过送给沙漠土匪鸦片最终不战而胜。后来，凯瑟琳发现她的父亲还活着，并且成功营救了他。她发现了一座隐秘的小岛，决定为了岛上的宝藏放弃皇位，但是她和她的伙伴们在火山爆发时差点丧命。乌巴拉哈最终被正法，他被锁在石头磨坊中度过了余生。凯瑟琳将宝藏分发给阿拉哈国的奴隶，他们赎回了自己。故事的结尾，凯瑟琳和她的家人、朋友一起回到了加利福尼亚的家中。待威列茨完成了剧本撰写工作之后，塞利格便马上开始为小说的同期发行进行准备，以配合双周上映的单部电影。

　　大约两年以前，塞利格买下了《芝加哥论坛报》的"照片故事"专栏。随后，《芝加哥论坛报》又在其周日特刊中的一整版都印上了最近上映的电影，不过采用的是精短的故事形式，配合上一些电影中关键情节的剧照。情节剧式的短篇故事是当时报纸上最受欢迎的栏目之一，这种"免费"的发行能为塞利格的电影积聚无形的市场价值。因此，接下来发生的事情可谓是意料之中，1913 年 9 月初，塞利格透镜公司宣布它和《芝加哥论坛报》的周日特刊达成协议，它将配合塞利格即将发行的十三部"丛林—冒险"系列片，同期刊发相应的故事。这意味着《芝加哥论坛报》并不是唯一一家参与其中的报纸，一些其他媒体的周日特刊也都加入了《芝加哥论坛报》的联盟，它们开始同期刊发那些故事。那时，《芝加哥论坛报》正陷入与其他芝加哥报纸的激烈竞争之中，其中就包括两份由赫斯特所持有的小报。得知电影观众的数量激增，《芝加哥论坛报》下了赌注，他们认为那些观看了"凯瑟琳的大冒险"系列片的观众一定也会去报纸上阅读它的故事，正如棒球迷会阅读他们身临赛场的比赛新闻那样。

通过与《芝加哥论坛报》的合作，塞利格除了希望能产生宣传效应之外，他还相信将人气小说家的名字和电影关联在一起，可以让那些鲜少观看电影的观众认可这部系列片。起初，吉尔森·威列茨宣称他的剧本改编自一个美国本土知名作家的小说，不过他并不愿意透露这位作家的名字。两周之后，塞利格透镜公司跟进宣传，他们声称"塞利格透镜公司将会改编一系列小说故事，主标题将会是'凯瑟琳的大冒险'……这些故事由著名作家哈罗德·麦格拉斯（Harold McGrath）亲笔所写"。然而，公司的相关记录却显示"凯瑟琳的大冒险"的系列故事是由威列茨而非麦格拉斯写下的。虽然这是塞利格透镜公司公关部门的首次尝试，但很显然，这并不是他们的最后一次尝试，剧作的名誉总被归于一个与电影创作几乎无关或者完全无关的名人。

"凯瑟琳的大冒险"系列片的第一部于1913年9月投入制作。与凯瑟琳·威廉姆斯联袂出演该片的是塞利格旗下高大强壮的演员汤姆·杉奇，他饰演了布鲁斯一角，查尔斯·克莱瑞则饰演了乌巴拉哈。这部系列片由 F. J. 格兰登在位于洛杉矶东城弥生路的塞利格野生动物农场执导拍摄的。塞利格之所以选择由格兰登执导该片，大部分原因在于《索尔：丛林之王》的成功。与塞利格所有的大制作类似，盖柏·波洛克担任了该片的美术指导。在摄制工作的初期，第一章节原本计划拍摄三卷胶片，而接下来的十二个部分每章则拍摄两卷胶片，隔两周上映一部。不过，后来的第一集系列片并没有完全容纳第一章的内容，1913 年 12 月 29 日《灾难王座》（*The Unwelcome Throne*）发行上映。

在《芝加哥论坛报》宣传该片之时，他们提出"凯瑟琳的大冒险"系列片至少要在十家芝加哥电影院进行放映。这是一个苛刻的要求，那时每部电影平均只会在三家芝加哥的电影院进行上映。为了防止利润流失，《芝加哥论坛报》将整版的新闻都用来宣传这部系列片，高度赞扬它是"最华美、最成功的电影系列片，在这些电影中，观众可以看到此前从未呈现在银幕上的画面"。塞利格共花费了十四万美元在《芝加哥论坛报》上为"凯瑟琳的大冒险"系列片进行广告宣传，这着实令人瞠目结舌。塞利格"丛林—冒险"系列片和《芝加哥论坛报》广告攻势的创新合作显然如愿以偿，"凯瑟琳的大冒险"系列片最终在十一家芝加哥电影院进行上映。在第一部和第二部影片上映的两周时间里，又有十几家其他影院加入了放映。1914 年 2 月的第一周，多于十五家影院开始放映"凯瑟琳的大冒险"系列片，至少有二十八家芝加哥的电影院放映了全部十三部电影。这种广泛的放映盛况前所未有，人们在影院外买票的长队甚至延续到了下一个街区，而且这也是第一次（至少是在芝加哥）——片方在《芝加哥论坛报》上买下广告位来宣传各大影院将上映这部电影。1914 年，罗伯特·格劳（Robert Grau）写下了这样的论述："'凯瑟琳的大冒险'系列片每周的放映量实在惊人，如此之多的重要报纸使电影工业迎来了它的新世纪。"

　　威列茨剧本的连载配上了电影的静态剧照，这种宣传攻势至少在四十五家北美的报纸上出现过，包括《纽约太阳报》（*New York Sun*）、《新奥尔良小报》（*Picayune*）、《圣路易斯快报》（*St. Louis Dispatch*）以及《卡尔加里先驱报》（*Calgary Herald*）等。《芝加哥论坛报》的报道称，"凯瑟琳的大冒险"系列片的故事连载增加了其周日特刊的发行量，总数达到了五万份，这是前所未有的成就。媒体报道所引发的公共讨论不仅让人们对电影产生了兴趣，并且终结了"第四权力"与电影之间的敌对状况。很快，一些报纸马上增设了电影专栏，并且开始采用其他方法来进行跨界营销。在"凯瑟琳的大冒险"系列片宣传期间，塞利格还发明了另外一个创举，他与鲍勃斯-梅里尔公司（Bobbs-Merrill Company）达成协议，将"凯瑟琳的大冒险"系列故事结集成小说出版，最后共卖出了三十万册之多。

　　观众对"凯瑟琳的大冒险"系列片欲罢不能。一些肆无忌惮的影院经理甚至指使放映员以两倍的速度播放电影，这样他们就可以排出更多的场次放映这部电影，以吸引更多观众。《电影世界》精确地捕捉到，塞利格的系列电影代表了制片上新的起点，以及处理延续性主题的新方法。除此之外，"凯瑟琳的大冒险"系列片也为接下来进入冒险和惊悚故事领域的后来者建立了新准则。一个惊险高潮紧接着另外一个悬念，让观众忘记了呼吸，在精神层面上想要与他们一起"作战"。《纽约剪报》写道："就电影史而言，在此之前从来没有一部电影能创造出比这部冒险故事更多的乐趣，很多电影甚至都不敢尝试大量的壮丽场景……对于凯瑟琳·威廉姆斯而言，她是至高无上的王者。""凯瑟琳的大冒险"系列片也因此成就了一位电影明星，同时也衍生出新的电影类型——冒险系列片。

此时的塞利格仍然不满足于他初绽风华的超级明星只出现在报纸上，于是他与公司的公关主管查尔斯·尼克松（1913年年初，他取代了斯坦利·特维斯特接手这一职务）又策划了另外一个创举，这很快又成为商业电影制作的一个主要组成部分。塞利格找到了锡盘巷（Tin Pan Alley）的音乐发行人利奥·费斯特（Leo Feist），令其制作和发行活页乐谱《凯瑟琳华尔兹》（*Kathlyn Waltz*），这首曲子后来被各大音乐公司转录，发行至全球进行销售。大量凯瑟琳·威廉姆斯的周边产品也纷纷出现在市场上，比如香水、雪茄、拖鞋和粉饼，等等。塞利格还将凯瑟琳·威廉姆斯的照片印在了成百上千张明信片上，并将其卖给美国、欧洲和亚洲的影院经理，然后再由他们卖给观众。据说在一周之内，仅在芝加哥的一家影院中，他们就卖出了五万张威廉姆斯的明信片。凯瑟琳·威廉姆斯也因此而遭到了塞利格的私人助理托马斯·帕森斯的指责，他声称威廉姆斯曾在私下与明信片制作商进行了交易。显然，威廉姆斯并没有意识到她的轰动效应，于是她给她的雇主写了一封道歉信，并保证自己会买下这些违规的明信片。在《影剧》（*Photoplay*）杂志1914年6月刊发的读者调查中，威廉姆斯被观众评选为"最受欢迎的电影女主角"的第二名，仅排在玛加丽塔·菲舍尔（Margarita Fischer）之后，她远远领先于梅布尔·诺曼德（Mabel Normand）和玛丽·璧克馥（Mary Pickford）。

在首映六个月之后，"凯瑟琳的大冒险"系列片的最后一部《死亡法庭》（*The Court of Death*）于1914年6月15日上映。《纽约每日镜报》（*New York Daily Mirror*）认为，随着剧情的进展以及质量的稳步提高，《死亡法庭》无论以什么样的标准来评判，它都将令观众感到非常满意。"凯瑟琳的大冒险"系列片创造了非凡的感官享受，于是，塞利格竞争对手的片场也开始忙着摄制他们自己的系列片。爱迪生拍摄了《戴丽家的多莉》（*Dollie of the Dailies*），并于 1913 年 1 月底举行了首映仪式，而威廉·鲁达夫·赫斯特则与百代公司合作，制作了默片时代最著名的系列片"宝林历险记"（*The Perils of Pauline*），并于 1914 年 3 月 23 日上映。雷蒙德·斯特德曼（Raymond Stedman）认为，就每一部影片结束时悬念的精心设定而言，"宝林历险记"系列片远没有"凯瑟琳的大冒险"的一系列作品那么成功，虽然赫斯特也模仿了塞利格将电影与报纸、音乐以及其他方式联合宣传的手法。同一年，西格蒙德·卢宾公司、环球影业和维太格拉夫影片公司都制作了自己的系列片。

早在第一稿剧本完成之时，塞利格和威列茨就已经开始讨论拍摄"凯瑟琳的大冒险"系列片续集的可能性。虽然当时影片还并未开机拍摄，但是拍摄续集的流言已经在演职人员中口口相传。然而，考虑到他所创造的这类电影取得了前所未有的成功，人们十分好奇为什么塞利格没有再拍摄另外一部系列片，而是直到六年后他成为一名独立制片人之时，他才重新开始制作系列片？塞利格拍摄了有史以来最长的电影，不过，很可能出于系列片制作的高昂成本他才踌躇不前。此外，他已经完成了自己最初设定的目标：培养能欣赏时长更长、故事更加复杂的电影观众。"凯瑟琳的大冒险"系列片为塞利格发行《破坏者》以及此后其他电影长片铺平了道路，同时也衍生了新的电影类型——冒险系列片。

在"凯瑟琳的大冒险"系列片中，"勇敢的"凯瑟琳·威廉姆斯和戈尔迪·

科尔韦尔（Goldie Colwell）

第九章 逐出伊甸园

通过在1914年发行"凯瑟琳的大冒险"系列片和《破坏者》，一时间，威廉·塞利格站在了成功的浪尖之上。"丛林—冒险"电影的风靡让他得以建造世界上最大的私人动物园之一以及全球第一座电影主题公园，再加上由汤姆·米克斯主演的西部片在国际上大获成功，最终使得塞利格成为战前时代电影工业的佼佼者。他的杰出贡献被无数报纸和杂志称颂，比如《洛杉矶时报》和《电气评论和西部电工》（*Electrical Review and Western Electrician*），后者更是在1914年3月的特刊中对塞利格的芝加哥片场以及他所雇用的四百多名员工进行了详尽考察。

然而，成功之路远不如想象当中一帆风顺。塞利格的"芝加哥蓝图"在1914年3月公开宣布的三个月后（1914年6月27日）就叫停了。塞利格的很多成就并没有给他带来足够的利润，现有的资金难以支撑他横跨半个北美大陆的项目开销。对于芝加哥片场关闭一事，官方的解释是，除了怡人的天气和多样的场景最初激发塞利格在那里建造片场之外，开拓洛杉矶的事业对于塞利格而言显然是一种更好的选择。在塞利格洛杉矶片场建成六年之后，大多数美国电影公司也都紧随他的步伐，纷纷在洛杉矶建立了自己的片场。一些更成功的电影人则学习塞利格，拍摄西部片甚至是时长更长、剧情更复杂的电影长片。讽刺的是，从某种程度上而言，塞利格成了自己成就下的受害者。

在内部和外部的长期重压之下，威廉·塞利格的帝国从热潮中崩塌、瓦解了。塞利格的电影长片成功影响了新一代美国电影人，他们在纽约诸多银行的支持下迅速崛起。塞利格尽己所能，却如其他"自费投资"的电影先驱一样，无法抵抗飙升的制作费用。与此同时，塞利格的国际事业很早就卷入了第一次世界大战之中，私人动物园庞大的管理费用也拖垮了他日益减少的资本。

塞利格试图抓住所有的融资需求，甚至在"凯瑟琳的大冒险"系列片和《破坏者》大红大紫之时也不例外。在"凯瑟琳的大冒险"系列片和电影长片合力打造的宣传攻势之下，塞利格对长片形式的热情缓和了许多，他宣布"在影院单日的排片中，安排四部单卷电影才是取悦大多数观众的最佳方式，而不是让一部四卷或五卷长的电影独占排片表"。这份宣言暗含对于某些电影人的批判，那些电影人肆意"填充"他们的电影，这不仅损伤了故事本身也妨碍了整个电影工业的发展。塞利格注意到，只有独特的故事和强大的演员阵容才可以令某些电影长片十分出彩。他发言的出发点是可以理解的，因为大多数电影机构仍然十分抵制电影长片，而且他和统一电影公司签订了长期合同，每日几乎都必须给放映商提供单卷或双卷影片。当然，电影长片在制作成本上也相对更高。

统一电影公司成立的理由之一是通过买下之前 FSA 的所有交易来控制放映权，只发行 MPPC 成员的电影。然而，大纽约电影租赁公司

巅峰时期的塞利格透镜公司

（Greater New York Film Rental Company）的主席威廉·福克斯却抬高了整个放映成本。当他的交易许可被撤销之时，福克斯对 MPPC 和统一电影公司提起诉讼。地方法院的判决结果更倾向于 MPPC，但是美国司法部却推翻了这一判决，以《反托拉斯法案》对 MPPC 进行了罚款。三年之后的 1915 年 10 月 1 日，联邦法院做出裁决，MPPC 和统一电影公司非法垄断电影业，他们必须立刻解散。通过模仿塞利格和其他MPPC 成员的商业模式和美学实践，此前的五分钱影院经理阿道夫·朱克、卡·莱姆勒、威廉·福克斯、路易斯·B.梅耶和华纳兄弟都顺利摇身一变，开设了自己的电影公司。然而，美国第二代电影人也开始了重写电影历史的时刻，将先驱们的创新宣称为自己的首创。

我们甚至可以这么说，非 MPPC 制作人的确为电影工业带来了重大改变，即华尔街的资助——但它却极大打击了塞利格和大多数 MPPC成员。与吝啬的纽约信贷公司对传记公司的管理不同，纽约一些银行和投资公司让初出茅庐的制片人用超高片酬笼络了一大批演员、技术人员和行政人员，致使他们离开塞利格和其他 MPPC 成员，来为他们创造出华丽的三到五卷电影长片。对于美国第一代电影人是否只依靠自己融资，或者仅仅是因为他们无法争取到来自华尔街的投资，我们至今都不得而知。但是不管怎样，资助电影新方式的发展加剧了塞利格的财务危机。

塞利格挣扎着想要继续发行电影长片，这也使得他成为统一电影公司中的异类。在公众眼里，他是 MPPC 的忠实成员，但对于塞利格本人而言，由于统一电影公司采取了新的发行方式，他也因此而产生了极大的挫败感。塞利格对于统一电影公司的主席弗兰克·戴尔感到十分恼火，连续几年以来，戴尔一直担任托马斯·爱迪生专利案的辩护律师，自 1908 年起，他开始亲力亲为爱迪生所建立起来的电影帝国。面对只发行短片电影、毫不妥协的戴尔，维太格拉夫、卢宾、塞利格和埃塞尼等人组成了伙伴关系，他们被称为"V–L–S–E"，开始在 1915 年发行五卷长片。为了收回电影的摄制成本，V–L–S–E 维持了合作式的票房链，以此为契机放映商们可以直接与制片人进行私人交易，从而省略了中间人环节。V–L–S–E 同样也致力于重新发行"具有真正优良品质的电影"。更重要的一点在于，V–L–S–E 可以让放映商随心所欲地订购自己想要的电影，而不像其他独立片商那样要求他们买下所有电影，甚至还包括一些没有市场的劣质电影。

塞利格决心拍摄一部更加宏大的电影长片，希望以此复制《破坏者》的成功，虽然他选择越过 V–L–S–E，孤注一掷只为获得更多利润，但是当我们以后人的眼光来回顾这段历史之时，更聪明的做法或许是采取一个更加谨慎的方式。塞利格选择追随《破坏者》的模式，改编了另外一部雷克斯·比奇的小说——《无用之人》（*The Ne'er Do Well*，1916）。这一次，拉尼尔·巴特莱特同样没有在银幕上获得署名权。塞利格则再一次彰显了自己的风格，坚持现实主义的影像调度。他派出了导演柯林·坎贝尔和十几名明星演员所组成的强大阵容，包括凯瑟琳·威廉姆斯和惠勒·沃克曼，以及《破坏者》中的配角演员弗兰克·克拉克和杰克·麦克唐纳（Jack McDonald）等。此外，为了展现影片的真实性，塞利格选择在故事的发生地巴拿马运河区拍摄该片。

1915 年 1 月 4 日，十四名公司成员从新奥尔良启航前往巴拿马运河区。一个月之后，塞利格前来与他们汇合，亲自监制这部野心勃勃的作品。这部电影花费了两个月的时间进行拍摄，剧组还雇用了一些美国士兵，以及巴拿马和牙买加的运河工人和居民作为群众演员。富有异国情调的场面调度仰仗于对古老的巴拿马监狱、西班牙贵族建筑的内景和外景、棚户区、丛林和运河的充分运用。

《无用之人》堪称塞利格最惊人的作品之一。故事是非常经典的情节剧：一名纽约百万富翁与他的儿子断绝了父子关系，在离开父亲之后，他发现自己竟然一文不名。在巴拿马运河区，一位迷恋上他的美国外交官的妻子热情款待了他。然而，他却爱上了一个巴拿马女孩，很快便迎娶了她。外交官的妻子对此怀恨在心，而那位巴拿马女孩此前和一名警察有过婚约。那名外交官发现了自己的妻子出轨之后便选择了自杀，不久之后，外交官的妻子和被那名警察决定诬陷富翁的儿子，他们声称他杀死了外交官，犯下了谋杀罪。幸运的是，他的父亲被邀请前来巴拿马，从而破坏了二人的阴谋，也使得外交官的死因真相大白。这位百万富翁和他的儿子达成和解，随后与那名巴拿马女孩一起回到了纽约的家中，而伤心欲绝的外交官妻子则远走他乡，离开了巴拿马。

柯林·坎贝尔对《无用之人》的导演和剪辑远比《破坏者》更加完美。《无用之人》中穿插着大量的剪辑、紧凑的摄影构图，摄影师更倾向从美学角度来拍摄演员而不是让演员直面镜头。影片中的跟拍镜头也非常多，剧组在到达巴拿马之前，就一路跟拍了沃克曼与朋友行驶在百老汇大街上的镜头，以及威廉姆斯和沃克曼乘坐火车游览运河并游览遗弃的器械和棚户区的种种影像，画面十分炫目。

摄制工作结合了巴拿马当地的自然风光，摄影师拍摄了运河沿岸的平民窟和红灯区，成群结队的巴拿马黑人，以及安肯的贵族别墅，他们的阳台面对着郁郁葱葱的丛林。巴拿马监狱恰到好处的破旧就像拥挤的廉价旅馆一样。黑人群众演员与杰克·麦克唐纳的黑皮肤装扮形成了对比，虽然在某一场戏中，沃克曼维护了其朋友的决定，坐在了火车车厢前部，完全无视隔离政策，这在 1915 年是非常进步的态度。斑驳的丛林城堡成了另一个具有异域风情的外景地，那里还有一座小岛，沃克曼和威廉姆斯就是在岛上的村落中相识的。巴拿马法庭上挤满了黑人观众和士兵的场景也格外引人注目。

与《破坏者》一样，塞利格也花费了诸多时间在《无用之人》的发行工作上。为了推广这部电影，塞利格和他的公关专员弗兰克·伍德沃德（Franc Woodward）让哈勃兄弟出版公司（Harper and Brothers）出版了《无用之人》"特别电影版"小说，书中插入了多张电影剧照。塞利格并没有通过 V-L-S-E 来将这部电影租赁给私人放映商，而是在 1916 年年初就直接将电影卖给了独立交易商索尔·勒瑟尔，并以十五万美元的价格成交。根据勒瑟尔所言，他们在整个过程中没有任何的讨价还价——交易在五分钟以内就结束了，塞利格很快就拿到了十五万美元的现金。在加利福尼亚州的三座城市放映过后，勒瑟尔将《无用之人》的发行权卖给了 V-L-S-E。不过，媒体对于《无用之人》的报道非常之少，这无疑说明塞利格和他的合伙人联手打造了一个昂贵的"票房毒药"。

这些年来，塞利格一直努力拓展电影长片事业，他出品了多部喜剧片和情节剧，但他也曾经遭遇了类似的滑铁卢。八年来，根据塞利格与统一电影公司的协议，塞利格透镜公司每周都将摄制一部电影短片。与阿历山德罗大街上的邻居马赫·森尼特所推广的疯狂闹剧风格不同，塞利格更喜欢贴近生活的原创喜剧。

1915 年上半年，塞利格委任玛贝尔·海克斯·贾斯蒂斯（Maibelle Heikes Justice）和威廉·洛德·怀特（William Lord Wright）打造了一系列剧本，对美国中西部乡村的居民开了一个微妙的玩笑。塞利格对于他的乡村情景喜剧概念非常自信，于是他在弥生路搭建了一个村落。这个取名为"繁华中心"的村落后来成了旅游圣地，吸引了大量前往塞利格动物园的参观者，纵横的街道两旁是古老的路灯、酒店、打印店、酿酒厂、药店、铁匠铺、洗衣房、马厩、理发店、剧场和教堂。药店和打印店内都配有真实的药品和器材。这一系列剧本最终衍生出"繁华中心大事记"（*The Chronicles of Bloom Center*，1915）系列片，由马歇尔·米奇·内兰导演，约翰·兰卡斯特（John Lancaster）和莉莲·雷顿（Lillian Leighton）领衔主演。

该系列片最先推出的一部影片是《第一个消防水喉》（*Landing the Hose Reel*，1915），影片讲述的是一名纽约百万富翁负担了"繁华中心"消防局购买消防水喉所需资金的半数金额，而另一半资金则要靠市民自筹。女红俱乐部也参与了这个项目，他们提议对蓄须的市民征税，以获得剩余的资金。一时间，长胡子的市民纷纷跑去理发店，争先恐后地要把自己的胡子剃干净。随后，"繁华中心"的警察决定制造一个"超速陷阱"，对于那些超速行驶的小镇司机予以罚款，但是这却受到了古怪的捣乱分子胖子格林的阻挠。当消防局买来了消防水喉之后，格林拉响了好几次虚假的火警，最后当消防警长开始习惯性地忽视警铃之后，不料他自己的房子失火被烧得一干二净。《纽约戏剧镜报》称赞这部电影：

令观众从头笑到尾，塞利格打造了自己的幽默品牌，"繁华中心大事记"系列片更加依赖故事情境，并非根植于银幕小丑式的夸张闹剧之中。影片中的每一声欢笑都事出有因，融合了那些发生过的、真实的、有趣的故事……这是真实生活的大杂烩，我们从来没有看过它们如此被融合在一部电影里。

在完成了十部"繁华中心大事记"系列喜剧之后（共十二部），导演内兰因家庭内部纠纷选择辞职，并且搬回到纽约生活，虽然事后他非常后悔自己的这个决定。考虑到此前对"繁华中心大事记"系列喜剧的大手笔投资，塞利格本可以再委派另一位导演来代替内兰继续进行拍摄。但他并没有这样去做，这恐怕是因为"繁华中心大事记"系列喜剧并没有为他带来丰厚的利润。

塞利格所打造的情节剧主要针对女性受众，这是塞利格电影制作计划中另一个非常稳定的组成部分。塞利格制作出品的那些广为人知的"女性电影"，最长的一部堪称 1906 年发行的《女劫匪》。这类电影的代表作诸如《女人四十》（*When a Woman's Forty*，1914），影片中的大量情节都围绕主角尤金妮娅·贝茜尔，她饰演了一位朝三暮四的二十岁女人，随着剧情的发展，在这个角色四十岁之时，她仍然渴望更有意义的生活。当这位年近中年的角色看着壁炉中燃烧的木头之时，火焰淡入到接下来发生的场景中，讲述了她在多年以前的恋爱故事。这份回忆令她突然对孤儿产生了兴趣，根据《纽约剪报》的说法，这一幕造成了观众意料之外的哄堂大笑，因为影像的并置在无意间告诉观众，这些孤儿都是她过往情史中的私生子。她一生中的挚爱被设定成了一个喜爱狩猎的男人，这样的人物设定无疑使塞利格动物园中的野生动物增加了曝光度。《纽约剪报》写道："影片似乎是在告诉大部分女性观众，女孩们，抓住那个唾手可得的男人，不然他就会离开你去狩猎老虎，并且很可能离开你长达十年或者二十年之久。"

《欲望悲剧》（*The Tragedy of Ambition*，1914）让贝茜·艾顿得

尤金妮娅·贝茜尔在《女人四十》中的着装，左下角的签名是"致我钦佩的老板塞利格先生"

以展示她最戏剧性和细致的表演。她饰演了一名贫困潦倒的小餐馆收银员，并且爱上了前来贫民窟闲逛的花花公子雷金纳德·范多伦（惠勒·沃克曼饰）。当地的黑帮分子洗劫了范多伦，随后将他扔进了大海之中。艾顿拿起一把椅子砸向了黑帮分子的头部，并纵身一跃跳入海中，最终将溺水的范多伦救活。接着，艾顿联系了他的家人，并且悉心照料他渐渐恢复健康。范多伦的家人赶到艾顿居住的小屋里，将范多伦带回家中，与他的家人一同前来的还有他的名媛未婚妻。就在艾顿试穿婚纱期待着嫁给范多伦之时，她收到了他写下的亲笔信："我们永远都不可能结婚，我们之间的差距太大了，我会给你一千美元的支票作为补偿。"身心受创的艾顿发誓要报仇。范多伦与那位名媛结了婚，毫无幸福感而言地生活了四年的时间。不久之后，他在一场车祸中身受重伤，被安排照料他的护士竟然是艾顿。医生当面叮嘱并指导艾顿如何给范多伦注射正确的剂量，并且声称："多注射一滴就会将他杀死。"在医生离开之后，艾顿命令他的妻子离开病房，将他环入自己的胸前，她的嘴角微微上扬，随后画面慢慢淡入黑屏。艾顿的似笑非笑有意制造了暧昧的结局，影片的结尾很可能是艾顿与范多伦重归于好，也有可能她通过"多一滴"药剂来完满实现她的复仇。比起她所饰演的天真角色，《欲望悲剧》展示了艾顿精湛的演技。然而，《电影世界》观察到"惠勒·沃克曼的演技非常糟糕，影片结尾甚至出现了他笑场的镜头"。沃克曼对于诠释雷金纳德·范多伦这个人物所使用的情节剧式的过度表演，与杰克·格里森（Jackie Gleason）对雷金纳德·范·格里森的人物塑造有着惊人的相似度。

塞利格希望能将女性短片转换成利润更丰厚的长片，于是他摄制了被凯文·布朗洛称为"第一部妇女参政的大电影"，在暂时重新开放

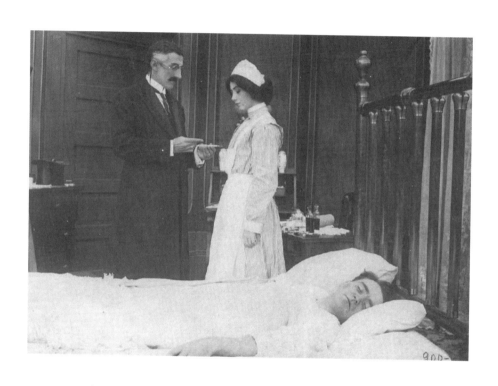

《欲望悲剧》中的护士贝茜·艾顿正在学习药剂的使用量

的芝加哥片场中秘密完成了拍摄工作。《你我的女儿》（*Your Girl and Mine*，1914）由美蒂儿·麦考密克（Medill McCormic）女士发起并监制，她是美国妇女投票选举权协会国会委员会（Congressional Committee of the National American Woman Suffrage Association）的主席，并一手策划发起了"成为选举权运动中《汤姆叔叔的小屋》（*Uncle Tom's Cabin*）"的项目。颇有社会名望的麦考密克女士是一位美国议员的女儿，以及《芝加哥论坛报》出版商的妻子。这部八卷长的电影由吉尔森·威列茨执笔撰写剧本，他为"凯瑟琳的大冒险"系列片所写的剧本是选举权运动人士的最爱。

《你我的女儿》一片倡导女性需要投票权，以修正不公正的法律，影片以一位生活艰难的女人为主线，她被迫为酒鬼丈夫偿还债务。在她的丈夫去世之时，根据遗嘱，他们的孩子将由她的公公抚养。为了争夺孩子的抚养权，她设计绑架了自己的女儿，很快她就被警方抓获并被关押在看守所里。一位女律师成功为她辩护，在法庭上与法官争论说："如果这位母亲的行为是犯罪的话，那么所有的母亲都是潜在的罪犯。"选举和"平权运动"中的寓言式人物仿佛就是《汤姆叔叔的小屋》中的希腊合唱队——"将人类呈现为自然而然的恶人"，而珍妮阿姨则是"献身行善的天使般的人物"。

影片在芝加哥和纽约举行了声势浩大的、时髦的首映仪式，吸引了众多妇女选举权运动人士前去观影。虽然这部电影拥有犀利的主题，《公告牌》还是称这部电影是一部"首屈一指、难能可贵的情节剧"。《纽约剪报》则热烈讨论说："从来没有一位剧作家设计过如此深刻而又令人心满意足的电影……它需要威廉·塞利格这样的天才来呈现，才不会重复犯错误……"虽然在首映之后好评如潮，但是这部电影并没有渗透到广大观众中去。麦考密克女士及其同伴眼中那些毋庸置疑的议题，对于观众而言还是过于说教和激进了，或者说，对于那些毫不关心她们议题的观众而言，这部电影一点儿都不娱乐化。因此，《你我的女儿》也堪称一次"昂贵的失败"。

美国政治环境的突变无疑给塞利格的电影长片判了死刑，虽然在影片摄制之前公司就已经投放了大量广告，但这些电影长片最终还是沦为了默片时代最为声名狼藉的作品。1915年，塞利格与锡盘巷的音乐发行人利奥·费斯特商议，将当时最流行的歌曲《我的儿子不该成为战士》（*I Didn't Raise My Boy to Be a Soldier*）改编成电影。这首歌反映了第一次世界大战开战之时弥漫在美国各地的反战情绪。吉尔森·威列茨应邀前来执行这一改编任务。起初，这部电影旨在成为专为国际观众准备的另类的亲战版本。影片的海外版本被命名为《真高兴我儿子成为战士》，这个名字源于费斯特创作的歌词中。威列茨的剧本一如既往的精细，切实地将每个版本都天衣无缝地融入到故事的视觉呈现中，并且在幕间字幕中援引了每首歌的歌词。在美国版本中出现了这样的幕间字幕："为那些无辜死去的人们，心碎无痕"，而在国际版本中，幕间字幕则替换成了"希望他高贵地死去，虽然这伤了我的心，但也好过待在家里成为懦夫"。

1915年10月中旬，当这部电影准备在美国本土上映时，国内已经从中立进入了战争筹备阶段。最终，塞利格只能被迫放弃"和平"的版本，取而代之地上映了亲战的国际版本。这种偷梁换柱的做法在弗兰克·伍德沃德策划的广告活动上可以得到证明，片方宣称《真高兴我儿子成为战士》"受到了费斯特的流行歌曲《我的儿子不该成为战士》的启发"。虽然退伍老兵弗兰克·比尔（Frank Beal）的导演手法并非那么动人，但是演员尤金妮娅·贝茜尔的丈夫和独子都在战争中丧生，她的表演传达出了一种动人的感染力。

在《真高兴我儿子成为战士》发行后不到一个月，统一电影公司开始了重组工作。弗兰克·戴尔辞去了主席的职位，由乔治·克莱恩接管整个公司。重组之后的统一电影公司继续为之前的 MPPC 会员以及那些新晋的独立电影人发行单卷、双卷和三卷电影。戴尔在管理期间所做的最后一件事就是废除了"标准预定政策"，允许 MPPC 成员重新统筹他们的个人资金，以此来制作时长更长的多卷长片。但是，这一切都已经太迟了。

与此同时，电影工业也开始进入结构转型时期。1916 年 5 月，美国烟草公司（American Tobacco Company）投资了维太格拉夫影片公司，这家公司在一夜间摇身一变成为身价两千五百万美元的大公司。四个月之后，维太格拉夫买下了 V-L-S-E，并使其成为自己的电影发行渠道。塞利格和埃塞尼在此之后加入了乔治·克莱恩和托马斯·爱迪生的电影发行合作社，并成立了 K-E-S-E。西格蒙德·卢宾没能安稳地挺过这次商业巨变，他在 1916 年 8 月停止了电影摄制工作。传记公司也在 1916 年开始暂停电影拍摄活动，此时距离 D. W. 格里菲斯的离开已有两年时间了。根据艾伯特·史密斯的说法，维太格拉夫在 1916 年获得了卡勒遗留下来的资产。在查理·卓别林（Charlie Chaplin）和埃塞尼短暂的结盟以失败告终之后，布朗乔·比利·安德森将他在公司的股权卖给了乔治·K. 斯波，后者正忙于在 1918 年年初破产之前制作出更多的电影。几乎是在同一时间，托马斯·爱迪生也暂停了他的电影事业。

1916 年年初，塞利格关闭了恩登戴尔片场。芝加哥片场则面临着崩塌的国际市场、加剧的竞争、巨额的管理费用等严峻考验，塞利格必须花费高昂的费用来维持片场的日常运转，另外两座位于洛杉矶的片场也都处于相同的困境之中。塞利格撤出了对弥生路上动物园的投资，正在兴建中的实验室也成了烂尾工程。很快，恩登戴尔片场就被卖给了前五分钱影院经理威廉·福克斯（如今的他是一名制片人）。福克斯在 1914 年开始涉足电影工业，在他买下塞利格的恩登戴尔片场之时，他已经摄制了四十部电影短片，其中有很多都是由威廉·法纳姆主演的。1917 年，福克斯和汤姆·米克斯签订了一份长期合约，与法纳姆一样，他们之间的合约期长达十年之久。

正当塞利格的资金大幅度缩水之时，一些美国第二代电影制片人正通过银行资助的雄厚资金去挖掘大量人才。从恩登戴尔片场走红的影星贝蒂·哈特在 1912 年年初宣布离开塞利格透镜公司，随后她便加入了大卫·霍斯利（David Horsley）的内斯特公司。1915 年，查尔斯·克莱瑞加入了环球影业。就在这时，塞利格的爱将奥蒂斯·特纳也加入了环球影业，威廉·唐肯则与维太格拉夫影片公司签订合约。几年之后，柯林·坎贝尔也离开了塞利格，从 1918 年起他开始为环球影业导演一些电影，通常选用尤金妮娅·贝茜尔和弗兰克·克拉克搭档主演。不久之后，他也开始兼职做起了演员。虽然一些电影先驱纷纷破产，以至于许多演员都开始另做打算，寻找其他报酬丰厚的工作，但是塞利格却继续开拓进取，将重心放在制作五到九卷长的电影长片上。

史蒂芬·布什（Stephen Bush）在 1912 年的《电影世界》中提到，威廉·塞利格是少数几个可以做到"让电影关注社会的阴暗面，并且呼吁调整和改革的制片人"。塞利格在他的职业生涯中拍摄过好几部这样的电影，它们都获得了不同程度的成功。但是在第一次世界大战时期，任何试图改变人们对法规态度的尝试都堪称一种失策，这显然与观众的想法之间存在着一定的心理断层。

七卷长的影片《谁能决定我的生死？》（*Who Shall Take My Life*，1917）讲述了引人深思的故事，并且深刻谴责了死刑。玛贝尔·海克斯·贾斯蒂斯参观了兴格监狱（Sing Sing Prison）的死刑室，随后便撰写了一部以死刑为主题的小说，吉尔森·威列茨改编了这个故事，柯林·坎贝尔担当导演，汤姆·杉奇、贝茜·艾顿和尤金妮娅·贝茜尔主演了这部影片。《谁能决定我的生死？》讲述的是一个女人的爱人另娶他人，这个女人发誓要进行报复。后来，这个女人诬陷曾经的爱人是一名杀人犯，无辜的男人最终被判死刑。在死刑执行之前，这个女人最终被劝服，匆匆忙忙赶过来证明男人的清白，但是一切都已经太迟了……《谁能决定我的生死？》通过美国反死刑协会芝加哥分部的协助，举办了一场令人印象深刻的首映仪式，著名律师克莱伦斯·丹诺（Clarence Darrow）也到场观影。虽然这部电影受到了《纽约戏剧镜报》的赞许，不过该片的发行量却十分有限，因此并未获得多少利润。

随着财富的日益萎缩，塞利格的产出也日益减少。1917 年，他只发行了一百部电影，相比于 1916 年总数锐减了一半，并且有很多都是改名后的老片重映。1918 年，塞利格只发行了九部电影，虽然每一部都是精心打造的，但从中脱颖而出的只有两部电影，不过这足以造就了爵士时代的女明星——柯琳·摩尔（Collen Moore）。

塞利格聘用了青春年少的柯琳·摩尔来出演他最后一部获得成功的电影《小孤儿安妮》（*Little Orphant Annie*，1918）。请大家不要把这部电影与之后发行的漫画版本混淆在一起，《小孤儿安妮》是基于印第安纳诗人詹姆斯·惠特康姆·赖利（James Whitcomb Riley）的一首叙事长诗改编而成的。角色塑造的灵感是一位饱受虐待的孤儿，在

在影片《谁能决定我的生死？》中，汤姆·杉奇跟随美国黑人爵士乐团的音乐

跳舞

十九世纪中叶被诗人父母带回家中。赖利和他的兄弟姐妹都很喜欢听这个小女孩讲阴郁的鬼故事，而她往往会以这样句子结尾——"如果你不注意听，你会被说成是饭桶的！"

1916 年年初，塞利格买下了《小孤儿安妮》的电影改编权，并为这位耄耋之年的诗人拍摄了几部电影。吉尔森·威列茨被派去与赖利进行了会面，他了解了许多关于安妮、赖利的家庭和美国内战爆发前印第安纳小镇生活的信息，不过就在那次会面过后不久，赖利就去世了。正如塞利格的其他改编作品一样，威列茨节选了赖利的诗句作为影片的幕间字幕。

1917 年，《小孤儿安妮》正式投入拍摄，由柯林·坎贝尔担当导演。与柯琳·摩尔一起出演该片的还有汤姆·杉奇和尤金妮娅·贝茜尔。影片的开场字幕是对原著者赖利的致敬："致过往时光中的孩子们——亘古不变的爱。"接下来的镜头是赖利和孩子们聚在一起，他打开了一本《小孤儿安妮》，开始朗读。影片从安妮安慰生命垂危的母亲开始，母亲去世之后，安妮就被带到了一所孤儿院中，在那里她用古怪的鬼故事来取悦其他孩子们。她的叔叔唐普斯将安妮从孤儿院中接了出来，虽然安妮与他住在一起，但是唐普斯却开始了虐待她的生活。英俊的大卫·杰弗里斯（David Jeffries）救下了身心俱疲的安妮，此后她开始幻想有一天自己能够嫁给这个男人，她想象他是佩戴着熠熠生辉的盔甲的骑士，随后画面渐渐淡出。得益于柯琳·摩尔极富魅力的表演方式，所有这一切都显得非常迷人。后来，安妮又被一位善良的乡绅以及他的妻子领养，她被带到了他们的家中，并继续用古怪的鬼故事来让她的兄弟姐妹们开怀大笑。当战争爆发时，大卫·杰弗里斯应征入伍，当安妮听说他战死沙场时顿时悲痛欲绝。在影片的结尾，我们从乡绅的口中得知，安妮已经从悲恸中缓和过来了。塞利格原本计划拍摄多部根据赖利作品改编的电影，但是如今的他已经无力继续投资了。

在塞利格卖掉恩登戴尔片场之后的几个月，他又卖掉了一处位于芝加哥的住宅。根据《芝加哥论坛报》的报道，一位神秘人物委托律师约翰·A. 范霍文（John A. Verhoeven）接手了塞利格位于湖景大道的十八间房屋。范霍文一度曾是塞利格的律师，塞利格在二十世纪二十年代中期一直都按期支付他的薪金。

到了 1917 年年底，塞利格彻底停止了所有电影的摄制工作。由于没有任何电影可以发行，统一电影公司也在 1919 年结束了营运。虽然一度有谣言传出塞利格将会复出拍摄电影，但是塞利格透镜公司终究还是成为历史，于 1920 年消失于世。同一年，塞利格以四十万美元的价格卖掉了他庞大的芝加哥片场，后来那里变成了一间汽车零售商店，最后整个西部大道都变成了芝加哥汽车交易中心。

虽然承受着经济上的阵痛，但塞利格还是很快将自己重新塑造成一名独立电影制片人。他接手的第一个项目是《被蹂躏的亚美尼亚》［*Ravished Armenia*，影片后来改名为《拍卖灵魂》（*Auction of Souls*，1919）］，这是他职业生涯中最重要的作品之一，该片根据一个二十世纪伟大的悲剧故事改编而成。从 1915 年万圣节开始，土耳其的亚美尼亚人（信仰基督教）惨遭种族灭绝。据估计，到了 1917 年，土耳其境内的两万名亚美尼亚人经历了残忍的大屠杀，人口锐减至一万人。受害者马尔迪吉安一家来自赞美什–戈策克城（Tchemesh–Gedzak）。十三岁的奥罗拉侥幸躲过一劫，因为她长得十分讨喜，所以没有像她的父母和兄弟姐妹一样被杀害。在随后的一年多时间里，奥罗拉和其他亚美尼亚姑娘一样，饱受土耳其人和车臣穆斯林的强暴和迫害，她被卖给了一位伊斯兰教族长，之后被迫赤身裸体地在一座村庄里游行，随后她在奴隶市场上被一位库尔德酋长买走。历经种种磨难的奥罗拉见证了残忍的大屠杀和性强暴。终于，她逃离了追捕者的魔爪，这位年轻的姑娘整年都在亚美尼亚的荒野中逃亡，经常食不果腹、衣不蔽体。她从一个村落逃到另一个村落，最终在俄罗斯和挪威得到了庇护，作为难民乘船来到了美国。

不久之后，她被纽约的一个美国亚美尼亚家庭所接纳，奥罗拉将她的故事告诉了《纽约太阳报》和《纽约论坛报》的记者们。剧作家哈维·盖茨（Harvey Gates）及其妻子埃莉诺在偶然间读到了这个令人毛骨悚然的故事，于是夫妻二人便请求奥罗拉协助他们将她的故事写成一本书。这位年轻的姑娘依靠自己的信念历经了种种磨难，她毫不犹豫地接受了这一邀请，她一直都相信，是上帝拯救了她，让她能够分享她的故事，并且激发更多的美国人来帮助大屠杀中的幸存者。后来，哈维·盖茨和埃莉诺·盖茨成了她的监护人，将奥罗拉的姓氏从马尔迪吉安改为马尔迪甘尼安（Mardiganian）。在全书撰写完成之后，奥罗拉被送往康涅狄格，她在那里待了几周的时间以学习最基本的英文。当她重返纽约之时，埃莉诺·盖茨命令奥罗拉签下一份文件，同意出演由她的书改编而成的电影——《被蹂躏的亚美尼亚》（《拍卖灵魂》），为此她每周可以得到十五美元的报酬，不过这个年轻的姑娘并不知道她的监护人收下了不菲的佣金。

塞利格代表亚美尼亚和叙利亚救济美国委员会（American Committee for Armenian and Syrian Relief）获得了拍摄这部电影的权利。作为回报，他将电影的一部分收益捐赠给慈善事业。奥斯卡·阿普费尔（Oscar Apfel）获邀担当该片的导演。与奥罗拉一起出演影片的还有安娜·Q.尼尔森（Anna Q. Nilsson）和欧文·卡明斯（Irving Cummings）。其他配角演员还包括饰演母亲的尤金妮娅·贝茜尔和饰演神父的弗兰克·克拉克，这位神父因为不愿改信伊斯兰教，而被土耳其人折磨至死。盖柏·波洛克设计了影片的布景，在他和塞利格漫长的合作中，这是他第一次在银幕上署名。影片在塞利格动物园内取景拍摄，圣莫尼卡沙滩被布置成了沙漠，而波德里山（Mount Baldy）则成了影片中的阿勒山（Mount Ararat）。

这部八卷长的电影定档于 1918 年的感恩节，伍德罗·威尔逊总统宣布将督促美国人捐赠三千万美元以帮助一百万名亚美尼亚大屠杀的幸存者。在电影开拍首日，奥罗拉从试衣间出来时，发现了一群戴着土耳其流苏毡帽的男人。突然间，她的情绪变得非常激动，并且出现了幻觉，一度以为自己要被带回到土耳其。她的监护人埃莉诺·盖茨并没有清楚地告诉她拍电影到底是怎么一回事，她当然也不知道自己需要亲自表演一些惊险的动作。在拍摄某一场戏时，奥罗拉试图逃离追捕者的魔爪，她需要从一个屋顶上跳到另外一个屋顶上，奥罗拉要从六米高的地方跳下来，由于缺乏表演经验，她不慎扭伤了脚踝。不过，电影并没有因为她的脚伤而停止拍摄，奥罗拉被工作人员抬到了另外一个拍摄地，而埃莉诺·盖茨则让她稳稳地站在地上，这样她才能够好得更快。

《被践踏的亚美尼亚》（《拍卖灵魂》）在 1919 年第一周的周末圆满杀青，影片只花了一个半月的时间就拍摄完成了。早在杀青之前，电影就开始了预售工作，针对奥罗拉·马尔迪甘尼安的宣传也早已开始。除了出版配套的书籍以外，赫斯特新闻集团还在全国的媒体上连载了这个故事，让更多读者知晓了土耳其人和车臣教徒在地球另一端所犯下的罪行。渐渐地，奥罗拉成了一位名人，她的故事激发了一众好心肠的名流以及贵妇们的兴趣。

1919 年 2 月 14 日，《被蹂躏的亚美尼亚》（《拍卖灵魂》）为纽约上层阶级的特邀观众进行了提前放映，他们也因此需要支付十万美元的服务费，这部分收入将会捐赠给远东的救济委员会。奥罗拉·马尔迪甘尼安在放映仪式上进行了发言，她表达了自己对美国的热爱，并且声称帮助亚美尼亚人就是在帮助他们自己。直到后来人们才发现，那个被土耳其人和库尔德人奴役的女孩现在成了委员会主席奥利弗·哈里曼（Oliver Harriman）女士和乔治·范德比尔特（George Vanderbilt）女士的傀儡。一名《电讯早报》（*Morning Telegraph*）的记者出席了此次放映活动，他热烈赞扬了这部电影，认为该片能够轻而易举地进入少数伟大的银幕作品之列。即使该片由 D. W. 格里菲斯再次翻拍，《被蹂躏的亚美尼亚》（《拍卖灵魂》）也是一部难以超越的杰作。

到了 3 月中旬，塞利格和国家第一协会（First National）签署了一份发行协议。为《被蹂躏的亚美尼亚》（《拍卖灵魂》）进行广告宣传的出版物指出了电影中情欲的一面："影片中的女主角曾经和其他裸体女孩一起被囚禁在库尔德酋长的后宫中，奥罗拉·马尔迪甘尼安美丽的身体售价为八十五美分。"这显然不是塞利格一贯的风格，他从来没有认可过情色电影。诉诸这种方式，或多或少是受限于他目前的经济困境。这部电影中存在极具情欲的场景，电影的剧照刊登在全球的报纸上：八名裸体年轻女子被钉在木制的十字架上，她们的长发勉强能够遮住私处。

《被蹂躏的亚美尼亚》（《拍卖灵魂》）中的情欲画面

　　奥罗拉亲自拉开了银幕的帷幕，这部电影在最后时刻将名字改成了《灵魂拍卖》，1919 年 5 月 11 日，片方在纽约首都剧院为站着的观众进行了官方首演。奥罗拉揭秘了"十字架酷刑"那一场戏：

　　　　十七名女孩赤身裸体地被十七匹马驮着。库尔德酋长贝克拉姆·贝（Bekram Bey）让我们走在队伍的最前面，直到我们抵达了古老的迪亚贝可城（Diabekir City）。城门紧闭，贝克拉姆·贝不想再管我们了。城墙外矗立着十六个巨大的木头十字架。女孩的人数正好多了一人。这就是为什么我今天能够站在这里的原因——其余十六名女孩都被钉在了十字架上。

　　这份自我揭露真是令人们分外震惊，但她口中的事实并非所有的一切，真正的故事更加恐怖。七十年之后，奥罗拉·马尔迪甘尼安向影史学家安东尼·斯莱德（Anthony Slide）坦白了"十字架酷刑"的全过程：

　　　　土耳其人制造的十字架并不像片中所展示的那样。他们制造了尖尖的木头十字架，扒掉女孩们的衣服，让她们趴在十字架上。强暴完她们之后，再让她们坐在木头尖端上，刺穿阴道。这就是他们杀人的方式——土耳其式。美国人用了比较文明的方式将其重现在电影之中，他们无法展示如此惨烈的事情。

　　《灵魂拍卖》在时代广场首映当晚，奥罗拉还在纽约的另外两家剧院进行了演讲，一处位于下东区，另一处在布鲁克林。第二天，埃莉诺·

盖茨与她一同前往水牛城，奥罗拉在那里再次对电影进行了说明。那时，这位忧心忡忡、受尽剥削的年轻人的压力实在太大了，仓促之下盖茨打发她住在了一座修道院中，并且雇用了七位艺人参与在费城、芝加哥、波士顿和洛杉矶各地举行的慈善活动。在逃离修道院之前，奥罗拉一度想要自杀。

《灵魂拍卖》于 1919 年 11 月在战后的伦敦上映。在出席了《灵魂拍卖》的私下展映之后，美国前外交大使布莱斯勋爵（Lord Bryce）注意到，这部电影似乎简略了一些事实，这似乎也能辅证奥罗拉·马尔迪甘尼安后来说出来的那些话。两个月之后，即 1920 年 1 月，同盟国联盟（League of Nations Union）安排《灵魂拍卖》在伦敦的艾伯特大剧院进行了为期三周的展映。由于害怕遭受充满敌意的穆斯林的报复，英国外交部必须确保"十字架酷刑"这场戏以及所有的字幕中，凡是涉及基督徒的内容都必须删去之后方可放映。九十年之后，世界继续承受着类似的威胁和压力，似乎没有人意识到这是人类历史上最悲惨的事件之一。

在看过《灵魂拍卖》之后，汉福德·C.贾德森（Hanford C. Judson）在《电影世界》中写道："这是一部诚意之作，片中对人性进行了真实的讨论，毫无疑问，在几年之内它将广为流传，成为电影艺术中的杰作。"不幸的是，正如塞利格的其他作品一样，到了二十一世纪，这部深刻阐释了一名女孩在亚美尼亚大屠杀中侥幸存活的电影只留下了些许片段。

1920 年到 1924 年，除了五六部"丛林—冒险"长片和一些系列片以外，塞利格还制作了一些其他主题的长片和短片，有成功也有失败。在《突击者》（*The Raiders*，1921）的高潮部分，正当坏人要枪击英雄时，他在一瞬间被闪电击中，很快便倒下了。《玫瑰经》（*The Rosary*，1922）由路易斯·史通（Lewis Stone）、华莱士·贝瑞（Wallace Beery）以及尤金妮娅·贝茜尔主演，影片将拍摄地定在了蒙特雷市。贝瑞在片中饰演了反面角色，他炸毁了一家罐头厂，然后便藏身在一座教堂中。他向神父开了枪，但他的母亲上前一步挡住了子弹，牺牲自己拯救了神父。贝瑞试图逃避追捕，他跳到了涨水的河流中，最终致使自己丧失了生命。《玫瑰经》在上映后的反响非常之好，在全美范围内大获成功。

结束了《玫瑰经》的摄制工作之后，塞利格继续让路易斯·史通和华莱士·贝瑞搭档出演了四部双卷电影，这些影片几乎都在 1921 年到 1922 年的冬季发行，大部分都翻拍自塞利格早期的经典电影作品。塞利格将赌注押在了两卷动作戏之上，他采用了高辨识度的明星阵容，电影中渗透出崇高的价值观，这使得它们和插科打诨的喜剧短片一样广受欢迎，其受欢迎程度超过了当时主宰大多数排片表的五卷电影长片。《洛杉矶时报》的评论家埃德温·沙勒特（Edwin Schallert）记录下了他在观看这两部电影时所获得的"愉悦感"："在整个观影过程中，没有任何间隙让我觉得十分无趣，这种无聊感在电影长片中是非常常见的。"虽然就连纽约首都剧院这样位高权重的观影场所都预购了这两部电影，但是影片上映的时间并不长。

虽然塞利格的事业仍在衰败之中，但他仍然受到了人们的尊敬，他被列入独立电影艺术家行会（Independent Screen Artists' Guild）之中，这是一个致力于与来自电影工业外部的审查进行抗争的组织。这里有一张该行会成立大会召开之时的照片，此次会议于 1921 年 12 月 15 日在国宾酒店（Ambassador Hotel）召开，我们可以看到塞利格在会议桌旁边，他坐在巴斯特·基顿和查理·卓别林的身旁。其他应邀出席的知名人士还有金·维多（King Vidor）、路易斯·梅耶、米奇·内兰、索尔·勒瑟尔、B. P. 舒尔贝格、拉乌尔·沃尔什（Raoul Walsh）和莫里斯·特纳（Maurice Tourneur）等。这张照片代表着电影工业的过去、现在和未来。

在所有 MPPC 成员中，维太格拉夫影片公司是唯一活跃于彼时的电影公司了，远比同时期其他电影公司的寿命更长。1925 年，维太格拉夫影片公司被华纳兄弟影片公司收购，那时的艾伯特·史密斯和 J. 斯图尔特·布莱克顿从电影工业中全身而退。不过，塞利格却与他们一起，在二十世纪三十年代又合作摄制了三部电影长片，其中就包括《搜索网》（*The Drag-Net*，1936）。

1936 年年初，塞利格与巴勒斯 – 泰山电影公司（Burroughs–Tarzan Pictures）签署了一份六部电影的制片合约。毋庸置疑，埃德加·赖斯·巴勒斯的成功在很大程度上都归功于塞利格，他从塞利格二十五年前拍摄的 "丛林—冒险" 电影中得到了启发。不久之后，艾伯特·史密斯、J. 斯图尔特·布莱克顿和塞利格成立了独立电影制片公司，拍摄《泰山》和其他小成本电影。他们拍摄的第一部电影就是《搜索网》。在这部电影的制作过程中，塞利格除了贡献了他在二十年前所建构的故事以外，他还扮演了什么样的角色我们如今不得而知。然而，我们可以从影片的开场字幕中确认《搜索网》是属于 "W. N. 塞利格的电影"。根据约翰·泰尔费拉（John Taiaferro）的说法： "整部电影在不到两个月的时间里就制作完成了，并且辗转被运送到各地发行上映。"《搜索网》一片效仿了 1934 年上映的一部小成本电影《瘦人》（*The Thin Man*），威廉·鲍威尔（William Powell）和穆莱拉·卢瓦（Mryna

从左到右：塞利格、巴斯特·基顿、托马斯·H.恩斯、杰基·库根（Jackie Googan）和查理·卓别林，拍摄于独立电影艺术家行会成立仪式上

Loy）分别饰演高大、穿着燕尾服的洛德·拉罗什和矮小的马里恩·尼克松，他们可谓是电影史上视觉反差最大的搭档。由于故事情节十分老套，观影时间似乎比影片的实际时长七十分钟长不少。果然，《搜索网》惨遭票房滑铁卢，每周的票房收入只有区区三百美元。随后，巴勒斯 – 泰山电影公司终止了与塞利格的合作协议。但是，塞利格并没有就此终结他的电影事业。他无法停下前行的脚步。

塞利格拥有大量的故事素材。早在 1909 年，塞利格就购买了上百部小说的电影版权。通常情况下，他会为每个故事支付五到五十美元不等的报酬。卡尔顿·拉休在 1911 年写道："塞利格拥有刊登在《史崔特和史密斯》（*Street and Smith's*）等流行杂志上所有故事的独家电影改编权。"当塞利格透镜公司宣布破产时，在所有被清算的资产中，有四百本书、戏剧和短篇故事被卖给了事业刚刚起步的罗伯逊·寇尔公司（Robertson Cole），这后来成了 RKO（雷电华电影公司）一笔宝贵的财富。这次买卖中涉及的流行作家有德尔·比格斯（Derr Biggers）伯爵、欧·亨利（O. Henry）、奥佩·里德（Opie Reed）、艾拉·惠勒·威尔康（Ella Wheeler Wilcon）和詹姆斯·奥利弗·柯尔伍德。虽然我们并不知道罗伯逊·寇尔为这笔"文学库"支付了多少钱，但是塞利格的分类账目上显示了他在 1919 年 4 月底收到的一笔最终付款是五千五百美元。从 1918 年开始，塞利格开始变卖更多广受欢迎的故事版权，其中包括将赞恩·格雷的西部片卖给二十世纪福克斯电影公司。威廉·福克斯因此而接管了塞利格的恩登戴尔片场，他很快就签下了几名塞利格旗下最受欢迎的影星（包括汤姆·米克斯和威廉·法纳姆），并且拍卖了塞利格监制、出品的一些电影。然而，这一切却变成了一个神话——"美国新一代电影人更愿意迎接挑战……并且涉足新领域。"

与罗伯逊·寇尔的买卖只是塞利格版权交易中的一小部分。从 1918 年到 1935 年，他几乎向好莱坞的每一家电影公司都〔从米高梅电影公司、环球影业到哥伦比亚电影公司和字母组合电影公司（Monogram）〕卖出了一百多部小说、短篇故事和剧本的版权。一些演员也购入了一部分电影版权，比如诺玛·塔尔梅奇（Norma Talmadge）和早川雪洲（Sessue Hayakawa）。此外，导演马歇尔·内兰和金·维多也买下了塞利格所持有的一小部分版权。塞利格甚至还卖掉了《灵魂拍卖》和《百万牛仔》，后面那则故事是塞利格自己在 1909 年撰写而成的，它曾两度被搬上银幕。

自 1925 年塞利格卖掉了他的动物园开始，直到他生命的尽头，这些故事和电影版权交易成了他们夫妻二人的主要经济来源。1926 年，塞利格赚了一万六千三百美元，其中有一万两千美元是通过将《危在旦夕》的翻拍权卖给米高梅电影公司所得。1927 年，塞利格只获得了七千多美元的收入。

在关闭了芝加哥片场之后，塞利格在洛杉矶定居。由于资金周转十分困难，塞利格夫妇在 1920 年到 1948 年间至少搬了十三次家。在美国经济大萧条时期的前几年，他们的生活尤为困顿，无奈之下他们甚至变卖了家具和珠宝，此外还向朋友借了一小笔钱。

塞利格本人比恩登戴尔片场要更长寿。自塞利格之后，恩登戴尔片场经历了不同的持有者，马歇尔·内兰也一度买下了它，1936 年，它最终被拆毁。如今，取代恩登戴尔片场的建筑群也在 2007 年被拆毁，政府极力希望可以将其修复成与 1909 年 8 月类似的状况。

在二十世纪二十年代，翻过塞利格恩登戴尔片场所在的小山，就是米克斯的宅邸，这是威廉·福克斯在片场内为汤姆·米克斯专门建造的。直到 1928 年，米克斯一直与福克斯保持着合作伙伴关系，作为旗下最受欢迎的明星，在接下来的几年时间里，米克斯跟随各式各样的"狂野西部秀"和马戏团进行巡回演出，1940 年死于一场车祸之中。

1921 年，当凯瑟琳·威廉姆斯与派拉蒙影业公司的合同到期之后，她选择继续当一名自由自在的配角演员（直到 1935 年）。虽然她一度是洛杉矶的社会名流，但是当凯瑟琳·威廉姆斯在离开塞利格之后，她的人生充满了悲剧色彩。1922 年，她唯一的孩子在 16 岁的花样年华去世了，她和查尔斯·艾顿的婚姻也在 1931 年以离婚告终。1949 年 12 月 29 日晚上，当威廉姆斯与两位社会名流庆祝完圣诞假期，从拉斯维加斯返回的途中，她被卷入了一场惨绝人寰的车祸之中。她的右腿被截肢，她从此便陷入了绝望的深渊中，很少离开自己位于好莱坞的公寓。1960 年 9 月 24 日，凯瑟琳·威廉姆斯因服用大量酒精和巴比妥酸盐死亡。当时的报纸还会保护过气明星的声誉，《洛杉矶检察报》只报道说"凯瑟琳·威廉姆斯死于自然原因"，但是在讣告中却引用了威廉姆斯曾经坦白过的话："一旦意识到自己是多么糟糕，我就想要立刻去死。"

长期作为主演的汤姆·杉奇在塞利格透镜公司破产之后又签约了多家公司，作为自由演员，他在离开塞利格之后最大的成就恐怕就是出演了约翰·福特执导的影片《三个坏男人》（*Three Bad Men*，1926）。杉奇和威廉·法纳姆一起出演了派拉蒙影业公司在 1930 年翻拍的《破坏者》，二人在片中都奉献了精彩的表现。然而仅在一年之后，汤姆·杉奇突发心脏病，与世长辞。尤金妮娅·贝茜尔在离开塞利格之后又继续在 D. W. 格里菲斯的几部电影中担当配角演员，最令人印象深刻的当属她在《爵士歌王》中饰演了艾尔·乔逊（Al Jolson）的母亲。1934 年，她也离开了我们。霍巴特·博斯沃思则死于 1943 年年底，在他生命中的最后二十年时间里，他一直都出演一些名不见经传的小配角。塞利格旗下最广为人知的"玉女"演员贝蒂·哈特和贝茜·艾顿均于 1965 年离开人世。在 1917 年年末离开塞利格之后，导演柯林·坎贝尔改行成了一名演员，直到 1966 年逝世以前，他一直作为配角出演了多部电影。

从二十世纪三十年代初到二十世纪四十年代中期，塞利格一直以"剧作家和职业经理人"的身份维系着位于日落大道 6606 号的办公室。他仍然继续打拼他的事业，努力与当时的潮流齐头并进，并希望吸引更多电影公司购买他所持有的版权。到了二十世纪三十年代末，他的版权交易额并不多。塞利格在自己的回忆录中写下了一些半心半意的讽刺性语句。

一些经验丰富的专栏作者尝试帮助他们的老朋友摆脱困境。当塞利格年近八旬之时，每一篇有关他的评论文章都会提到他的活力以及令人尊敬的地位，并极力避免谈到他惨痛的经济状况。无论塞利格晚年的光景多么悲凉，正如他的妻子玛丽所说："我们曾经富有过，我们一起贫穷过，但是我们一直都没有变过。"回顾 1915 年，无论塞利格夫妇经历过什么，他们一直信念坚定，彼此谅解。

在塞利格人生的最后十年中，他非常幸运地与查尔斯·G. 克拉克（Charles G. Clarke）成为挚友，克拉克是当时首屈一指的电影摄影师，隶属于二十世纪福克斯旗下，他在电影工业的奠基地洛杉矶长大。克拉克花费了大量心血来保存这段历史。他买下了一些横跨二十世纪三十年代末到二十世纪四十年代早期与塞利格有关的文档，甚至包括在 1910 年到 1918 年四百一十六封与外国沟通的信件，这成为他帮助这位赤贫先驱的一种方式。

1938 年，塞利格领衔建造了一座电影博物馆，用来保留及展示他和其他人搜集的美国电影工业在发展过程中的大量珍贵资料，他曾经说过："趁着这些资料现在还没有流失或被破坏，我们有义务将它们完好保存起来。"毫无疑问，塞利格也希望能有一个这样的机构买下他的商业文件。幸运的是，克拉克最终说服了塞利格，他将自己保存的文档和照片捐献给了电影艺术与科学学院图书馆。塞利格的捐赠大致在 1946 年到 1947 年间进行，这是电影艺术与科学学院图书馆的第一笔大型捐赠，这也恐怕成了世界上最早的电影档案。塞利格将他生命中的最后一段时光都用在了图书馆的建设上，为文档进行注解，以便为未来的人们提供更清晰的解说。

由于塞利格"对于新媒介的信念，以及对该媒介发展的贡献"，他被授予奥斯卡终身成就奖。不过，仅过了四个月之后，1948 年 7 月 16 日，塞利格在家中病逝，享年八十四岁。当时新闻和杂志的讣告都对塞利格的电影事业进行了简短的总结，但是这些总结中的大量信息都是错误的，这些错误的信息大多都保留到了二十一世纪的数位资料库中。在塞利格的葬礼上，与玛丽一起默哀的两百人中还出现了凯瑟琳·威廉姆斯、马歇尔·米奇·内兰和威廉·法纳姆。一起出席葬礼的还有路易斯·B. 梅耶，他在听到塞利格死讯后的第一时间就发表了声明："自从我们在 1910 年首次进行商业交易时，我与塞利格之间的感情就很深厚。"而塞西尔·B. 戴米尔则高度赞扬塞利格"是一位真正的先驱，具有百折不挠的精神。当我第一次涉足好莱坞时，我在他的片场待了许多天，观看他极受欢迎的系列片'凯瑟琳的大冒险'的拍摄情况，并且学到了许多电影拍摄以及表演技巧……对于世界影坛而言，他的离开无疑是一个沉重的损失"。塞缪尔·戈尔德温（Samuel Goldwyn）全面地看待了塞利格的成就，他写道："虽然近年来他在电影制作事业上并非那么主动，但我们仍能感受到他的影响，这种影响会一直持续下去。"
在圣公会和共济会仪式之后，塞利格的遗体进行了火化。他的妻子玛
丽也在八年之后与世长辞。他们的骨灰合葬在洛杉矶市中心附近的松
柏墓园（Chapel of the Pines Crematory）内。

结语

　　自威廉·塞利格将电影工业带到洛杉矶之后，时间已横跨了一个多世纪。他所创始或者指导发展的事物都紧密地根植于电影布局之中，但这并不是说电影的发展完全仰仗他的成就。因此，这似乎意味着在塞利格与世长辞之后，商业电影并不亏欠他什么，更让人们疑心的是，在过去的八十年中，众多电影人并没有意识到这份恩情。不过这也是可以理解的，因为自默片时代起，在塞利格拍摄的三千五百多部电影中，只有很少一部分进行了公映。更让人们感到困惑的是，威廉·塞利格的名字从大多数的影史记录中消失了。

　　虽然塞利格是第一位将自己保存的文献资料捐赠给电影艺术与科学学院图书馆的电影人，但似乎从来都没有人彻底审视过这些资料。这是为什么呢？正如早期电影史中所记载的那样，塞利格在这个产业中的地位已经摇摇欲坠。影史叙述中对于美国商业电影的起源都倾向于探究和关注在默片时代晚期拓展事业的电影人，影史学家们的焦点尤其聚焦于第二次世界大战爆发之后的那几年。这段时期，这些控制着电影工业的先驱将美国第一代电影人发展出来的创意和实践视为己出。更加伤人的是，美国第二代电影人将前辈的努力归纳为"粗陋而笨拙的尝试"，他们声称那些成就根本不值得引起人们的注意。书写电影史的作者往往会听信他们的声音，在叙述中以偏见而发声，因为这样的研究更加容易，不用花费更多时间来搜寻原始资料。

仅从二手资料里想找出一定的真理是一件非常困难的事情。就《基督山伯爵》1908 年的版本而言，有些影史学家会将它引述成在洛杉矶摄制的第一部电影。实际上，早在 1898 年，洛杉矶市区就已经有多部纪实片在进行拍摄了，一部拍摄洛杉矶鸽子农场的电影既出现在了塞利格 1903 年的电影目录中，也出现在世纪之交时爱迪生的电影目录中。每个人恐怕都会猜测到底是谁盗版了谁的电影。此外，查尔斯·G. 克拉克写道："1903 年，一个扛着摄影机的男人来到洛杉矶拍摄关于罗伊·科纳本休（Roy Knabenshue）飞船的电影，但是马克·沃纳梅克（Marc Wannamaker）宣称科纳本休本人实际上就是一名电影人，他在 1904 年摄制了《老飞船》（*Old Dirigible*）一片。"凯文·布朗洛则声称，传记公司于 1906 年在洛杉矶建立了片场，但是简·奥尔森（Jan Olsson）的记录则表明，直到 1910 年 1 月 23 日，D. W. 格里菲斯才将传记公司的演员带到了洛杉矶。然而，传记公司确实在 1906 年委派了一位摄影师到洛杉矶拍摄《南加州大劫案》（*A Daring Hold-Up in Southern California*，1906），将一起发生在有轨电车上的真实抢劫案进行银幕再现。艾伯特·E. 史密斯声称自己于 1904 年 5 月在南加州地区拍摄了一部西部片，但是维太格拉夫影片公司的文档记录根本无法支持他的说法。这其中，较为无可争辩的是，《基督山伯爵》中海滩场景的设定最终导致了电影摄影组的诞生，让精简的工作人员奔赴远离片场的外景地进行拍摄，以将真实的元素或者故事中的外部影像融入到一个虚构的故事中去。

在电影理论几十年的研究中，人们总是将理论放置于历史之前，使得我们对于电影的理解产生了很大偏差。将历史最小化成人为建构的方便之说成了一种潮流，从而导致读者在信息上的错置和认识上的误解。公平地说，好几代电影爱好者都因此而忽视或无视了那些电影先驱。电影研究的领域需要认知、调配以及放大对严肃历史的探索，这是独立于理论之外的。一份更完整、准确的历史记录无疑将引发更深层次的理解，这将有机会打造更值得信任的理论。

塞利格遗留的实体备忘录极少保存到了二十一世纪。1909 年，塞利格为他的西部大道和欧文公园大道的大楼增设了一座五层玻璃天顶的片场，这是他在芝加哥产业中唯一存留至今的建筑物。近年来，这座建筑物被改造成了一座"共管公寓"，历史遗留下来的唯一痕迹是在公寓正门入口上方钻石状的"S"型雕饰。虽然，塞利格确实一手独立打造了芝加哥的电影环境，但对于芝加哥人而言，埃塞尼影片公司似乎更为人们所知，这可能是因为查理·卓别林曾在这家公司待过一年的时间。不过讽刺的是，查理·卓别林却拒绝在埃塞尼影片公司的芝加哥片场里进行电影拍摄工作。

在洛杉矶高尔街和埃尔森特罗大道之间的好莱坞大道上，"威廉·N. 塞利格"也在星光大道上留下了自己的手印。位于洛杉矶东部的"塞利格区"是一条半封闭的街道，通向早已被人们遗忘的塞利格动物园和片场的大门，这条街道与弥生路相交。

当塞利格的西部分公司在 1909 年 3 月末抵达洛杉矶时，整座城市的人口不过三十万人。仅仅过了五六年的时间，洛杉矶的人口数量就

塞利格芝加哥片场留存下来的唯一建筑物，摄于2007年

增加了一倍，此后的洛杉矶则成了"全球电影之都"。一百年之后，大概有一千万人居住在洛杉矶，电影工业仍然主宰着这座城市的发展。周末时分，一些电影会在洛杉矶市区开拍，摄影车往往停靠在第七大道和第八大道之间的椭圆形停车场上，这一片区域属于当时的新山中国洗衣房，也就是塞利格在洛杉矶第一次开拍电影的地方。

1916年1月1日，《洛杉矶时报》赞赏说：

> 总有一天，毫无疑问……一个合适的纪念碑将被嵌入恩登戴尔片场的某一特定位置……在那里，在塞利格透镜公司的恩登戴尔片场中，藏身在钢筋玻璃片场和巨大的水泥建筑之间的是加利福尼亚第一座持久性的电影舞台——这堪称电影工业的"第一个脚印"。自从电影先驱们从芝加哥抵达这里，在短短六年时间里，他们极大地影响了南加州地区人民的生活。

塞利格位于洛杉矶的建筑在2007年年底被彻底推平，这些建筑一度标志着半个多世纪的风潮，它们本该在电影史中留下属于自己的重要地位。之前被放置在那里的地标物是用来向马克·森尼特（Mack Sennett）致敬的，他因制作了《这是你的人生》（*This is Your Life*，1954）而名声大噪，但是这个地标物显然放错位置了。森尼特的基石片场（Keystone Studio）位于阿历山德罗大街上（现在是格兰戴尔大道），我们需要从塞利格的恩登戴尔片场向南穿过两个街区才能到达这里。"先知在本地无人尊敬"，这句话似乎格外适用于整个电影工业的先驱们。

自威廉·塞利格不再作为电影工业中的"玩家"之时，他的愿望之

曾经的塞利格动物园大门入口已经物是人非，摄于2010年

《赛马员之心》开拍后的一百零一年，摄于 2010 年

一便是自己的贡献能够被各界所认可。玛格丽特·赫里克图书馆隶属于电影艺术与科学学院特典收藏部门，这个部门在保存塞利格临死前捐献的大量文件和照片的工作中做出了卓越贡献。若要理解和欣赏塞利格的作品，其首要任务就是收藏和管理好现存的二百二十五卷胶片。就全球电影收藏界而言，这些作品无疑是电影发展史上最重要的电影。

在塞利格的一生中，他往往被认为是"因为他的事业进取心……才使得南加州地区成为世界上最伟大的电影摄制中心。他是第一个在这里建造电影片场的人，恐怕也可以因此而被称为'加利福尼亚电影工业之父'"。1945年，在好莱坞的黄金高峰时期，《洛杉矶时报》审慎地写道："如果没有威廉·N.塞利格，就永远不会有这样一个好莱坞。"很可惜，这些对于塞利格卓越贡献的公开认可，只是屈指可数的少数例子。

幸运的是，电影艺术与科学学院联合洛杉矶动物园在2009年举办了一场特别庆典，庆祝电影工业在南加州地区建立一百周年，并且特别强调了塞利格透镜公司所做出的巨大贡献。我们希望通过在这些庆典仪式中的放映和展示，以及我的研究调查，能够激发人们更多的兴趣，不仅仅是对于威廉·塞利格，同时还有最为人所忽略的，但无疑也是最具创造性和激情的——早期电影史。

致谢

我初次知晓威廉·塞利格是在阅读凯文·布朗洛（Kevin Brownlow）撰写的那段迷人的早期电影史之时——即《战争、西部和荒野》（*The War, the West and the Wilderness*）。布朗洛先生为电影学术界做出了无可匹敌的贡献，他持续不断地教育并激励后人。我特别感谢他无私的指导、优质的资源和无尽的知识，尤其是他对我所进行的研究给予了充分认可。

本书的研究是在美国电影艺术与科学学院的玛格丽特·赫里克图书馆特别典藏部门的支持下所进行的。我非常感谢研究档案员芭芭拉·霍尔（Barbara Hall）让我进入威廉·塞利格的收藏库，同时也非常感激菲·汤普森（Faye Thompson）和苏·古尔丁（Sue Guldin）的热心协助。这些年来，我在玛格丽特·赫里克图书馆所进行的研究，大大增进了我和特典部门工作人员之间的友谊。在此需要特别感谢盖伦·威尔克斯（Galen Wilkes），尤其还要感谢兰迪·哈佛坎普（Randy Haberkamp），当我们在 2009 年和 2010 年一起整合塞利格的电影放映资料时，他们让我看到了许多珍贵的欧洲电影。

在这里，我还要感谢以下同人的大力协助：洛杉矶电影和电视档案馆（UCLA Film and Television Archive）的马克·詹斯（Mark Gens）和马克·奎格利（Mark Quigley）；美国国会图书馆（Library of Congress）的罗斯玛丽·哈奈斯（Rosemary Hanes）、裘斯·沃尔特斯–约翰斯通（Josie Walters–Johnston）和杰拉尔德·哈特菲尔德（Gerald Hatfield）；乔治·伊士曼藏品馆（George Eastman House）的杰瑞德·凯斯（Jared Case）；沙洛特·霍尔博物馆（Sharlot Hall Musuem）的瑞恩·弗拉维（Ryan Flahvie）；杰克逊维尔公共博物馆（Jacksonville Public Library）的雷蒙德·W. 尼尔（Raymond W. Neal）和鲍勃·谢尔凯特（Bob Silkett）；目影协会（Eyefilm）的罗尼·泰美（Ronny Temme）；科罗拉多历史学会（Colorado Historical Society）的芭芭拉·戴（Barbara Dey）和詹妮弗·维嘉（Jennifer Vega）；罗德岛学院（Rhode Island College）的罗素·A. 波特（Russel A. Potter）和哈利·梅德韦德夫（Harry Medved）；洛杉矶公共图书馆（Los Angeles Public Library）的泰瑞·嘉斯特（Terri Garst）；南卫理公会大学（Southern Methodist University）的G. 威廉·琼斯电影和视频收藏库（G. William Jones Film and Video Collection）的艾米·特纳（Amy Turner）；以及洛杉矶动物园（Los Angeles Zoo）的吉尼·瓦塞尔斯（Genie Vassels）和南茜·西梅里（Nancy Simerly）。

另外还要感谢吉姆·伯尔（Jim Burr）和其他得克萨斯大学出版社的员工们，谢谢他们对这个研究项目的信任，以及对出版这本书所付出的辛勤努力。

本书的一部分内容写于我在查普曼大学（Chapman University）就

读期间。我十分感激乔·斯洛温斯基（Joe Slowensky）、米尔德里德·刘易斯（Mildred Lewis）、乔纳森·维索斯基（Jonathan Wysocki）、杰·道格拉斯（Jay Douglas）和艾琳·琼斯（Eileen Jones）对我的鼓励，以及同学之间的深厚友谊。

杰夫·卢克（Jeff Look）是威廉·塞利格的侄孙子，他同时也是家庭档案的保存者，他慷慨地邀请我到他的家中，分享他的家庭资源和所知。在这之后，杰夫和我一同参观了塞利格位于芝加哥片场的原址。不过我们却感到十分沮丧，如今只有一栋楼被保留下来，其余的建筑物全都被摧毁了。但是奇迹还是发生了，在新建成的大楼地基中，我们居然挖出了一小段古老的三十五毫米电影胶片。随后，我们又挖掘出了一些胶片，我觉得自己像是《浴血金沙》（*The Treasure of the Sierra Madre*，1948）中的沃尔特·休斯顿。这段经历令我们没齿难忘。

我非常幸运地能得到了许多朋友的支持与鼓励，无论是出于友情还是其他目的，他们无疑都协助我完成了本书的写作。我要特别提及乔尔·迪纳斯坦（Joel Dinerstein），在他的指导下，我确立了硕士论文的理论框架，该论文也成为本书第二章和第三章的雏形。此外，他还提出了许多宝贵的建议，使我不至于在学术发表时迷失方向。乔·奥恩斯坦（Joe Ornstein）校读了本书的初稿，约翰·曼德尔（John Mandel）用他源源不断的热情协助我完成了许多研究任务。我从他们睿智的辅导中受益良多。我由衷地感谢卡尔·蒂德曼（Karl Tiedemann）、杰罗姆·乌尔德（Jerome Vered）和马克思·普洛斯（Max Pross），他们在物质上给予了我很多帮助。

我永远对我的朋友们心怀感激之情，迈克·本奇文嘉（Mike Bencivenga）、凯特·布兰登（Kate Brandon）、汤姆·布雷格曼

（Tom Bregman）、兰迪·卡特（Randy Carter）、汤玛斯·柯特（Thomas Coté）、科维尔一家（the Covells）、马克·狄更斯（Mark Dickens）、吉姆·艾斯曼（Jim Eiseman）、布奇·爱普斯（Butch Epps）、卡·法纳姆（Cal Farnham）、艾伦·弗斯特（Alan Ferster）、娄·菲洛萨（Lou Filosa）、马克·格利森（Mark Gleason）、理查德·哥尔德曼（Richard Goldman）、加里·格特曼（Gary Guttman）、布莱斯·加拉米拉（Bryce Jaramilla）、玛利亚·杰索普（Maria Jessop）、理查德·基冈（Richard Keegan）、吉姆·柯南（Jim Kenah）、潘丘·曼斯菲尔德（Pancho Mansfield）、理查德·马科维茨（Richard Markowitz）、莫妮卡·麦考密克（Monica McCormick）、马迪·麦肯纳（Marty McKenna）、乔安妮·梅特卡夫（Joanne Metcalf）、莱恩·墨菲（Layne Murphy）、瑞奇·内桑森（Rich Nathanson）、马克·罗克（Mark Rocke）、迈克尔·沙本（Michael Sajbel）、布伦达·萨蒙（Brenda Salmon）、尼克·瑟西（Nick Searcy）、雷·特南鲍姆（Ray Tennenbaum）、乔尔·巴斯克斯（Joel Vazquez）、尼尔·王尔德（Neal Wilde）以及克里斯·杨（Kris Young）和巴尼（Barney）。特别感谢我在天堂的朋友卡尔·斯温森（Carl Swenson）和汤姆·曼凯维奇（Tom Mankiewicz）。

此生有福，我拥有世界上最有爱、最温暖的家庭。我的父亲安德鲁（Andrew）和母亲桑德拉（Sandra），他们无条件的爱和鼓励一直围绕在我的身边，还有我的兄弟杰（Jay）和里奇（Ricci），以及我的侄子乔希（Josh）。你们对我的意义真的使我无以言表。在这里还要感谢我的叔叔、阿姨和堂兄弟姐妹，哈里斯（Harrises）、弗兰吉洛（Frangellos）、罗曼诺（Romanos）和弗洛伊德一家（the Floyds）。

尤其还需要感谢我的表兄弟科里（Corey）和塔米（Tami），以及我的阿姨汤妮（Toni）和叔叔汤尼（Tony）的协助。

愿上帝保佑你们！

安德鲁·A. 艾瑞什